教育部全国高校思想政治理论课教学科研团队择优支持计划项目（15JDSZK128）建设成果；

安徽省教育厅思政专项马克思主义基本原理学科领航项目（szzgjh2-3）建设成果。

# 当代大众文化建设研究

## ——基于科学发展观的视角

李明◎著

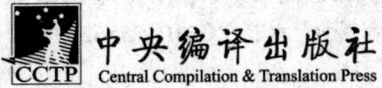

中央编译出版社
Central Compilation & Translation Press

**图书在版编目（CIP）数据**

当代大众文化建设研究：基于科学发展观的视角 /
李明著 . —北京：中央编译出版社，2018.1
ISBN 978-7-5117-3400-6

Ⅰ . ①当…

Ⅱ . ①李…

Ⅲ . ①群众文化—研究—中国

Ⅳ . ① G249.2

中国版本图书馆 CIP 数据核字（2017）第 228695 号

当代大众文化建设研究：基于科学发展观的视角

出 版 人：葛海彦
出版统筹：贾宇琰
责任编辑：曲建文
责任印制：刘　慧
出版发行：中央编译出版社
地　　址：北京西城区车公庄大街乙 5 号鸿儒大厦 B 座（100044）
电　　话：（010）52612345（总编室）　　　（010）52612370（编辑室）
　　　　　（010）52612316（发行部）　　　（010）52612346（馆配部）
传　　真：（010）66515838
经　　销：全国新华书店
印　　刷：北京市金星印务有限公司
开　　本：710 毫米 ×1000 毫米　1/16
字　　数：230 千字
印　　张：19.5
版　　次：2018 年 1 月第 1 版
印　　次：2018 年 1 月第 1 次印刷
定　　价：65.00 元

网　　址：www.cctphome.com　　　邮　　箱：cctp@cctphome.com
新浪微博：@ 中央编译出版社　　　微　　信：中央编译出版社（ID：cctphome）
淘宝店铺：中央编译出版社直销店（http：//shop108367160.taobao.com）（010）55626985

本社常年法律顾问：北京市吴栾赵阎律师事务所律师 闫军 梁勤
凡有印装质量问题，本社负责调换，电话：（010）55626985

# 目 录

# 绪 论

## 一、研究背景

　　无论是对科学发展观的研究还是对大众文化的探究，就学术研究层面而言已并不是一个什么新的选题了。但将这二者联系起来，系统分析中国当代大众文化科学发展的问题，深入剖析中国当代大众文化发展的道路、价值观构建及具体建设路径等问题，至少在笔者看来，还是有些新意的。当然，选择这个题目来研究，主观上并不是刻意要在大众文化研究上追求多大的理论创新成果，因为一方面中西方大众文化理论非常多，消化、吸收、整合、驾驭、利用这些理论资源就已相当不易；另一方面理论创新本身也是十分艰难的事，因此只是尽量在理论上能说出自己的一些观念和想法。面对大众文化不断勃兴的客观事实和研究现状，特别是大众文化在当代中国文化总体战略发展中，越来越占有着不容忽视的重要地位以及其本身存在着一系列有违科学发展的态势与问题，让笔者认为有必要从科学发展观视角来对大众文化进行中国话语式的探索。

　　目前我国大众文化的研究所依凭的理论资源依然主要来自于西方，诸如法兰克福学派、伯明翰学派、后现代主义、文化民粹主义、符号学、费斯克大众文化观等，但客观地讲，这些思想理论往往是解释不了我国当代繁杂的大众文化现象的，更不能对我国当代大众文化建设提供必要的理论指导。我们需要在借鉴这些理论话语的基础上，构建中国特色社会主义大众文化理论来指导国内的大众文化实践。随着社会主义市场经济体制的确立与不断完善，文化产业的发展，市民社会的兴起，消费社会的来临，当代大众文化不断勃兴，且越来越多地占据了普通人大部分的日常生活空间，这已成为一个不争的文化事实。

在中国，大众文化既已形成了一幕炫目的文化景观，又演化为一种复杂的社会现象。大众文化在推动社会主义文化大发展大繁荣中到底扮演着怎样的角色？大众文化在文化强国战略中到底起着怎样的作用？在追求科学发展的时代，色彩缤纷、光怪陆离、引爆民众狂欢的大众文化有没有一个科学发展和如何科学发展的问题？倘若脱离了大众文化的科学发展，我国整个社会主义文化的科学发展是否可能？没有了文化的科学发展，构建中华民族精神家园、提高社会主义文化软实力、促进人的自由全面发展是否成了一句空话？这些问题都越来越让笔者认识到从科学发展观视角出发关注我国当代大众文化建设既是促进大众文化理论研究的需要，更是做好我国当代大众文化建设实务工作的需要。

另外，从科学发展观角度来看，科学发展观能否被真正落实、长期贯彻，关键之处不在于中央文件下发多少，领导干部在主席台上多么高声地强调它的重要性，而在于科学发展观中的思想内容能否真正融入中国人的日常生活之中，科学发展观的基本理念能不能渗透到中华民族的文化血脉之中，科学发展观能否最终化为中国人的一种文化自觉。纵观目前国内学术界有关科学发展观的研究成果，不难发现，从文化层面上来探索如何践行科学发展观的研究相对薄弱，这不能不说既是有关科学发展观的理论研究和其贯彻落实过程中的缺憾，同时也是当代中国文化大发展大繁荣背后隐藏的忧患所在，这种缺憾与忧患同样也构成了当下乃至相当一段时期内中国社会最为深层次的社会问题之一。

中国当代大众文化无论是生成机制、建设机制、运作机制、经营机制还是评价机制等，都与西方资本主义社会存在较为显著的区别，其中一个重要原因在于我国的主导文化对于大众文化具有强大的影响力，甚至是引领力和控制力，大众文化在建设过程中对于主导文化具有较强的依附性。不过，这种影响、引领、控制、依附并没有消解和剥夺中国当代大众文化的商品性、世俗性、娱乐性等特征，而这既是中国特色社会主义大众文化的特色之处，也是优势之处。虽然从目前大众文化建设现状来看，大众文化还难以肩负起将科学发展观的思想内容、基本理念渗透到大众的日常生活、民族的文化血脉中的这样颇具"形上"的文化使命，但从应然的角度来看，中国当代大众文化的科学发展离不开其对科学发展观的贯彻和落实，离不开在"润物细无声"中将科学发展的理念、"以人为本"的理念、"人的自由全面发展"的理念融入其中，从而有利于塑造一种更为积极、更为科学合理的普通人的日常生活方式，尤其是大众的日常文化生活方式。我们对此充满期待！

## 二、研究意义

1. 从科学发展观视角去研究我国当代大众文化建设将有利于重新审视、理解大众文化的本质与特征、结构与效应，厘清大众文化与主导文化、精英文化以及与中国特定语境下"大众文艺""群众文化"等之间的关系，在汲取众多思想流派的大众文化理论精华和结合当代大众文化实践的基础上构建中国特色社会主义大众文化理论，因而具有重要的理论意义。

2. 从科学发展观视角去研究我国当代大众文化建设将对树立"以人为本"的文化价值观，保障人民基本文化权益，更好地发挥大众文化在提高国家文化软实力、构建中华民族共有精神家园乃至促进人自由全面发展等方面的作用有着重要价值，这也说明该选题的研究具有重要的现实意义。

## 三、研究目标

1. 在理论上阐明科学发展观与我国当代大众文化建设之间的深刻关系，以马克思主义文化哲学为理论基础，以科学发展观为指导，并合理借鉴多种国外大众文化理论流派的思想，初步探索具有中国特色的社会主义大众文化理论。

2. 把握我国当代大众文化建设的现状，反思存在的问题，辩证分析其产生的社会效应，探索如何克服大众文化及其建设过程中的种种弊端，合理发挥大众文化的经济、文化、意识形态等功能，并基于科学发展观的理念，尝试提出一系列促进我国当代大众文化科学发展的对策措施。

## 四、国内外研究现状 [①]

大众文化一般是指以工业方式进行批量生产、以商业模式进行传播流通，带有显著的消费性、商品性的现代文化形式。国外对它的研究先后经历了 19 世纪中后期—20 世纪初的阿诺德（Matthew Arnold）、利维斯（F. R. Leavis）为代表的精英主义批判时期；20 世纪 30—40 年代兴起的以霍克海默（M. Max Horkheimer）、阿多诺（Theoder Adorno）等人为代表的法兰克福学派工业文化批判时期；20 世纪中叶兴起的威廉斯（Raymond Williams）、霍加特（Richard Hoggart）等人为代表的"文化唯物主义"分析时期；60 年代以来以巴特（Roland Barthes）、霍尔（Stuart Hall）等人为代表兴起的"符号—符码—文本"解读时期；80 年代以费斯克（John Fiske）等为代表的"重估大众的文化力量"的文化多元分析时期和 80—90 年代以来以詹姆逊（Frederic Jameson）、鲍德里亚（Jean Baudrillard）等为代表的后现代主义文化反思与批判时期。当然这种阶段划分只是相对的，各阶段也并非是绝对线性发展的，往往也是交互重叠

---

① 国内外现状中涉及有关学者的具体论著可参阅文末所列出的参考文献。

在一起，共同构筑了大众文化理论史上的炫丽风景线。

美国著名文化研究专家约翰·斯道雷（John Storey）认为西方大众文化理论大体上形成了"剩余文化"模式、工业文化模式、流行文化模式、民众文化模式、葛兰西模式、后现代模式6种认知模式。① 总体而言，当代西方大众文化的研究，比较善于对现有的大众文化作品、现象等进行文本分析、美学批判和符号解读，但缺乏在社会发展、文化建设层面上深入探讨大众文化的内涵、功能、意义，不甚注重研究当代大众文化的发展规律、战略规划、建设路径等重要问题。

大众文化与我国特定语境下的"大众文艺""群众文化"等概念之间既存在联系又有着区别。20世纪80至90年代初是我国当代大众文化研究的初始阶段，这一阶段的研究成果主要集中在对西方大众理论的引介上，特别是法兰克福学派大众文化批判理论，当时的中国学者对此情有独钟。由于忙于理论输入，加之当时国内文化体制还比较僵化，大众文化才刚刚兴起，因此，学术界缺乏有意识地去构建中国特色的社会主义大众文化理论。当时的思想理论界对大众文化多持批判态度，有关大众文化建设的研究尚未提到议事日程上来，因而有关大众文化建设的实务问题的研究成果相对较少。当时国内批判大众文化的维度主要体现在以下几个方面：认为大众文化是"社会水泥"，本质上是反文化的；对大众文化进行美学批判，认为大众文化是反艺术的；站在文化民族主义立场上，认为大众文化属于当代西方文化形态；站在意识形态立场上，把大众文化等同于一种资本主义性质的文化等。在该阶段主要有李佗、黄会林、傅铿、许纪霖、陶东风、黄力之等学者对此类问题关注较多。20世纪90年代中期，随着我国市场经济、文化产业等方面的初步发展，大众文化不仅"火"了起来，大众文化研究也"热"了起来，众多学者主张要正视大众文化的积极方面，引导大众文化健康发展，大众文化建设研

---

① 参见〔英〕约翰·斯道雷：《文化理论与大众文化导论》，常江译，北京：北京大学出版社2010年版，第6—16页。

究随之开始受到重视。该阶段的主要学者有金元浦、王一川、周宪、罗钢、姚文放、刘象愚、戴锦华、陈刚等人。2000 年后的十多年，我国大众文化研究的氛围异常活跃，常与后现代文化、消费文化、视觉文化、媒介文化、休闲文化等一系列新兴文化问题的研究结合在一起，新领域、新内容、新成果不断涌现。整个研究在理论上，表现出思想多元性、视域多样性和追求创新性等特点，在具体研究过程中显示出文化学者积极参与大众文化建设、不断贴近大众媒体与文化市场、日益关注人们的日常生活等特点。该阶段的主要学者有陆扬、周宪、金卿民、陶东风、赵勇、傅守祥、孙迎春等人。[①]

但总体而言，我国当代大众文化研究依然是以哲学批判、美学分析、文化反思等为主，理论性、思想性、学术性较强而实践性、应用性、现实感较弱，尤其是在科学发展观视角下对大众文化建设问题的关注较为不足。近年来虽有邹广文、徐海波、陈立旭、罗剑明、陶相国、孙鹤、朱效梅等学者开始致力于研究如何在科学发展观指导下更好地建设我国当代大众文化等问题，但总体而言，该方面的研究依然薄弱。这就导致我国当代大众文化建设方面的研究与大众文化在人们日常生活中所占据的实际地位不甚相称，与党十六大以来提出的以发展文化产业推动先进文化建设、构建和谐文化，十七大提出的大力发展文化产业、提高国家文化软实力，尤其是十七届六中全会提出的推动社会主义文化大发展大繁荣和十八大提出和强调的文化强国等战略要求之间还存在较大差距。

## 五、研究方法

1. 文献法：一是通过对马克思主义经典文献中有关文化理论的挖掘，

---

[①] 在此需要指出的是不同阶段的代表性学者的罗列是不全面的，这主要是依据于笔者接触的文献和这些学者代表性论著发表的时间而确定的，并不是一个严格的学术史的划分，只是大致勾勒出我国当代大众文化研究的基本学术状况。

为整个研究奠定马克思主义文化哲学基础；二是通过对中外重要大众文化理论文本的研读，以期能较好地把握大众文化理论研究领域的前沿理论与思想；三是通过研读大量大众文化作品，以期能较全面掌握当代大众文化发展与建设的现状。

2. 历史总结与现实分析相结合：将考察中外大众文化发展史与分析我国当代大众文化建设中的现状、问题等结合起来研究。

3. 战略研究与对策分析相结合：将大众文化建设提升到落实科学发展观、构建中华民族共有精神家园、提高国家文化软实力等战略高度，并对如何落实这项战略性任务进行实效性的对策分析。

4. 跨学科综合研究：运用马克思主义哲学、文艺学、文化学、政治学、管理学等多门学科进行跨学科研究。

## 六、主要内容及其内在逻辑

本研究成果主要是从科学发展观的角度对我国当代大众文化建设进行研究，成果共划分为六章来具体展开，其研究内容主要涉及以下四个方面。

一是基础理论研究。该部分主要论述两个问题。其一，科学发展观与文化的科学发展的基本内涵及其两者关系，科学发展观与大众文化建设之间的关系。其二，对大众文化基本理论进行思想史梳理，从多重语境中揭示出大众文化的内涵、特征、功能，目的在于为构建中国特色社会主义大众文化理论提供可资借鉴的学术参考资源。由于中国当代大众文化无论是生成机制、建设机制还是运作机制、评价机制等都与西方资本主义社会存在显著的区别，不能简单地挪用和复制西方大众文化理论，构建中国特色社会主义大众文化理论应成为目前我国整个社会主义文化理论建设的重要题中之义。

二是大众文化建设现状与未来发展道路。从目前大众文化建设现状及其产生的社会效应来看，大众文化尚存在一系列有违科学发展观要求的问题，深入剖析这些问题，结合我国文化体制改革，探索如何促使大众文化成为建设中华民族共有精神家园的重要资源和手段，成为提升我国社会主义文化软实力重要路径，这对于坚持和走好中国特色社会主义文化道路有着重要的意义。

三是大众文化价值观建设研究。目前我国大众文化建设方面还存在诸多发展不科学的问题，但最容易引起人关注、最可能遭人诟病、对社会影响最为直接和广泛的就是其宣传、包含、体现、隐藏着的价值观是什么，所以要促使大众文化更进一步地符合科学发展观的要求，就必须重视其价值观建设。当前我国大众文化价值观建设需要以社会主义核心价值体系来引领，融入培育和践行社会主义核心价值观的大背景、大环境和相关语境中来扎实推进，这也是在大众文化价值观建设上贯彻落实科学发展观要求的具体体现。

四是大众文化科学发展的路径研究。科学发展观为中国未来发展指明了努力的方向，更为中国文化建设开拓了新的境界，特别是为我国大众文化建设提供了基本的战略思维和对策思路。我国当代大众文化建设在具体路径的构建上必须要贯彻"以人为本"的方针，注重构建当代中国特色社会主义大众文化的话语体系，协调好大众文化与主导文化、精英文化等之间的关系，兼顾大众文化的经济效益与社会效益，促进大众文化建设与传统文化资源开发相结合，体现出"创新、协调、绿色、开放、共享"五大发展理念的新要求。在建设的方式方法上，通过创作优秀大众文化文本，改善文化企业管理方式，进一步拓展大众文化企业融资渠道，建立良性文化市场运作机制，推进大众文化与高科技的融合，推动大众文化"走出去"，形成大众文化品牌效应，统筹安排和具体落实各项措施，并使之协同发力来推动我国当代大众文化的科学发展。

本研究成果虽然是从科学发展观视角出发来探讨大众文化建设问题的，但在内容的逻辑安排上，特别是在章节安排上并没有按着科学发展观几个方面的内容来做"形式逻辑"式的展开，诸如大众文化的全面发展、大众文化的协调发展、大众文化的可持续发展、统筹兼顾建设大众文化，大众文化中的"以人为本"问题等来设计章节，而是基本围绕"什么是大众文化的科学发展—合理挖掘能促进我国当代大众文化科学发展的理论资源—我国当代大众文化存在哪些不符合科学发展观要求的问题—当代大众文化科学发展意义何在—如何按照科学发展观的要求推进我国当代大众文化建设"这样一个大的逻辑框架展开的。

　　之所以按着这样的逻辑次序来安排章节，主要是基于以下几个方面的考量，当然这样的考量可以说虽然体现了笔者在谋划整个课题研究时的"良苦用心"，同时也是笔者努力的方向，但是在实际的研究过程中有时难免会出现"理想与现实"不能有效对接的情况，这在一定程度上可能会影响到整个研究成果的质量。

　　首先，从某种视角或视域出发思考问题关系到一个方法论问题。德国解释学大师伽达默尔（Gadamer）曾指出，"视域就是看视的区域，它包括了从某个立足点出发所能看到的一切"[1]，这就是说，视角或视域只是研究问题的一个立足点，站在这个立足点上，必须能用全面、联系的观点来看待所研究的问题及其涉及的领域，不能就所研究的问题做单线思考。从科学发展观视角出发去研究中国当代大众文化建设就需要将有关大众文化的科学发展问题置放在整个经济社会的科学发展，特别是促进社会主义文化大发展大繁荣和文化强国的大背景下来进行阐述，不能仅就大众文化而论大众文化。在我国，当前加强与改善大众文化建设已成为推动整个文化科学发展的重要环节，倘若大众文化建设偏离科学发展之道，整个社会的文化发展的顶层设计、战略规划、体制政策等也就可能存在严重的隐患。因此，论述我国大众文化建设就必然会涉及社会主义文化发展道路问题、社会主义文化软实力、中华民族共有精神家园建设等一系列重大的文化理论与实践问题，如果按着科学发展观本身的几个方面的内容"形式逻辑"式地安排章节的话，这些重大的文化建设

---

　　[1]〔德〕伽德默尔：《真理与方法》，洪汉鼎译，北京：商务印书馆2007年版，第411页。

问题就难以合理地纳入有关章节中进行较为充分的论述。

其次，从科学发展观视角出发来探索我国当代大众文化建设，需要厘清它目前存在的发展不科学之处。正如科学发展观的提出恰恰是基于我国当代经济社会中大量存在不科学发展的实际情况而有针对性地提出来的。大众文化建设领域也存在诸多有违科学发展观要求的地方，因此，有必要对我国目前大众文化的建设现状及其产生的社会效应进行必要的梳理，如此才能为进一步推动我国当代大众文化科学发展奠定认知基础，否则对存在的问题认识不清楚，提出的对策建议就可能失去针对性、实效性和可行性。

再次，理论研究要服务于现实。研究大众文化及其建设，需要在理论探索方面尽量为构建中国特色社会主义大众文化理论做出必要的努力，合理挖掘能促进我国当代大众文化科学发展的思想资源，为此通过吸收、借鉴、反思、批判有关西方大众文化理论，结合我国文化建设的实际去努力创建中国特色社会主义大众文化理论则成为本课题研究不可回避的一个重要的问题。另外，本课题研究还不是仅局限在理论探索的层面，更为关注大众文化建设这一现实的实践问题，为此必须结合科学发展观的要求，对推动我国当代大众文化科学发展进行战略思考和对策谋划，以期更直接地服务于我国当代大众文化建设。

最后，文化建设的核心问题是价值观建设，研究大众文化建设需要高度重视大众文化的价值观问题。由于科学发展观不仅是指导我国经济社会全面发展的战略思想，同时其内容、理念上也深刻蕴含着社会主义价值观的根本内容，其与社会主义核心价值体系、社会主义核心价值观之间存在深刻的内在联系，或者说科学发展观本身也是一种广义的社会价值观，因此，从科学发展观视角探讨大众文化建设就更需要关注大众文化价值观建设。从世界文化发展态势来看，目前是一个全球文化日益碰撞、彼此交融、相互激荡的时代，一系列重大的文化与意识形态领域的问题，诸如围绕普世价值的争论不休、各类新思潮的层出不穷、各种思想意识的相互交锋、多元价值观念的鱼目混珠等都促使我们要更加注重社会主义的文化建设。价值观建设看似是文化与意识形态领域内的问题，却往往又与重大政治、经济、社会等问题纠缠、交互在一起，成为各国、各民族在加强文化建设，包括大众文化建设时需要审慎思考的重要内容，所以有必要将社会主义大众文化价值观建设单独设立一章进行专门的论述。

## 七、创新之处与存在的不足

1. 从研究视角和内容上来看，力图突破中外大众文化研究的传统范式，努力探究科学发展观视角下我国当代大众文化的本质与特征、功能与效应，探索和谋求我国当代大众文化的发展战略与建设对策。从已掌握的文献来看，该方面的研究具有创新意义。

2. 从研究目标上来看，在科学发展观指导下，一方面试图构建中国特色的社会主义大众文化理论，另一方面力图探求出一套符合实际、具体可行的我国当代大众文化建设思路与方案，这在目前国内外大众文化及文化哲学研究领域中具有一定创新价值。

3. 本研究成果尚存在一些不足，学术无止境，这些不足期待能在后续研究中再加以完善。例如，虽然力图围绕科学发展观视角来展开大众文化的研究，但为了能将社会主义文化软实力、社会主义文化发展道路、社会主义核心价值体系、核心价值观等必须融入的内容融入研究成果中来，所以在一定程度上影响了成果的系统性和逻辑的严密性。另外在理论深度和对策分析方面，笔者虽然做了大量努力，但是仍有进一步深化和拓展的空间。

# 第一章　科学发展观与文化的科学发展

　　科学发展观涵盖了经济、政治、文化、社会、生态建设等多个领域，它的提出"体现了深邃的历史意识和对当代人类生存处境的理性自觉，是在对现代历史发展模式和发展观念认真反思的基础上提出的社会发展战略"[①]。就从目前学界的研究现状来看，有关科学发展观与经济、政治、社会、生态建设之间的关系及其自身涵盖的诸如"以人为本"的核心理念、核心立场，全面、协调、可持续发展战略以及统筹兼顾的方法论等具体内容受到关注较多。文化问题虽然一直特别是近年来学界研究的热点和重点，但有关文化建设与科学发展观之间的关系以及何谓文化科学发展、文化如何科学发展等问题则关注不够，这方面的研究成果也相对较少。即使是在党的十七届六中全会提出推动社会主义文化大发展大繁荣的背景下，有关科学发展观与社会主义文化建设之间的关系也并没有得到应有的重视。这不能不说既是科学发展观研究的遗憾，也是社会主义文化建设研究方面的缺憾。究其缘由，可能与科学发展观提出的社会背景有关。科学发展观提出伊始主要是基于对我国传统的经济增长模式

---

[①]　陈学明、罗骞：《科学发展观与人类存在方式的改变》，载《中国社会科学》2008 年第 5 期。

的反思与批判。由于旧的发展方式和发展观范式①导致一系列社会问题、自然环境问题，从而促使人们反思什么才是科学的发展、什么是科学的发展观。正因为如此，使得科学发展观内在本应蕴含的文化理路被遮蔽起来。虽然目前科学发展观已经成为我们党和国家的指导思想，但对其理解还有待于进一步深化，特别是对其研究的视角可以进一步加以丰富和完善。

## 第一节 历史视野与现实观照：科学发展观内涵解读

要深入理解科学发展观与文化建设之间的关系，更好地加强科学发展观对社会主义文化建设的指导作用，或者说要将科学发展观指导文化建设的作用充分发挥出来，促进社会主义文化能科学地向前发展，首先对什么是科学发展、什么是科学发展观需要进行理论上的思考和学理上的探究。

### 一、科学与发展

在理解科学发展观涵义之前，需要对"科学发展"中的两个基本范畴，即"科学"和"发展"进行必要的分析。首先我们稍加探析一下"科学"这个概念。"科学"一词来源于拉丁文 scientia，原意指学

---

① 所谓发展观范式是由我国学者刘会强在其专著《发展观的范式变革》（上海社会科学院出版社 2010 年版）中提出的概念，其中"范式"一词借鉴和化用了美国科学哲学家托马斯·库恩（Thomas Kuhn）的观点。在库恩看来，"'范式'一词无论实际上还是逻辑上都是很接近于'科学共同体'"。（〔美〕库恩：《科学革命的结构》，上海：上海科学技术出版社 1980 年版，第 141 页。）它的基本涵义是指科学共同体成员所坚守的共同信念、规则、规范、认知图式、结构模型等。所谓的发展观范式是指不同历史时期人们对"发展"所坚守的普遍信念、基本信条及其认识结构。

问或知识。在英文中，"科学（science）"是指有关自然界的系统性知识，是"自然科学"的简称。在德文中，"科学（Wissenschaft）"则是指自然和社会等领域内的一切知识，既包括自然科学，也包括人文社会科学。汉语"科学"一词则是从日本引入的，近代日本人西周在翻译英文"science"时，将"科"与"学"两个汉字组合在一起，取分"科"之"学"的意思。①由于汉语中"科学"一词一开始就是溯源于英文的，因此其内含的意思也是更多倾向于英文传统中的"science"含义，正因为如此，大多数中国人一提到"科学"一词时首先想到的就是"自然科学"，人文社会科学往往是被排除在"科学"之外的。

但即使是在德国文化传统中，科学也一直被认为是"人的智力发展中最后一步，并且可以被看成是人类文化最高最独特的成就"，对于科学之于人类的作用，"我们可以用阿基米德的话来说：给我一个支点，我就能推动宇宙。在变动不居的宇宙中，科学思想确立了支撑点，确立了不可动摇的支柱"。②这是德国著名哲学家卡西尔（Ernst Cassirer）在题为《人论》的一书中对科学的伟大意义所进行的论述，但这里所论及的科学指的是自然科学，人文社会科学是被排除在外的，至少是被忽略了。有着深厚的人文思想底蕴的哲学家卡西尔对于科学的认知尚且如此，这足以说明"科学＝自然科学"在传统西方学术话语以及人们的显意识或潜意识中是非常顽固的。在日常生活的话语中，提到科学更多指的也是自然科学，提到科学活动，指的便是探索自然奥秘的活动，这俨然成为一种"常识"。

面对此等认知现状，复旦大学俞吾金教授在《科学发展观》一书中通过对科学一词的词源学考察、学理分析和现实反思，主张我们应从自然科学和哲学社会科学统一的角度出发来理解科学发展观中的"科学"

---

① 参见肖前：《马克思主义哲学原理》（合订本），北京：中国人民大学出版社1998年版，第338页。

②〔德〕恩斯特·卡西尔：《人论》，甘阳译，上海：上海译文出版社1985年版，第263页。

概念[①]，这无疑是具有启发意义的，也是符合马克思主义哲学对科学的全面理解的。马克思认为："自然科学往后将包括人的科学，正像关于人的科学包括自然科学一样：这将是一门科学。"[②] 这说明自然科学与人文社会科学之间虽存在差异，但两者是互通的，未来的科学的发展趋势也必将是自然科学与人文社会科学之间交互融合式的发展。

无论是自然科学还是人文社会科学都是以探索自然、社会和人的发展规律为己任的，将发展观用"科学"来限定，就是要表明这种发展观一方面要遵循自然、社会和人的发展规律，另一方面其成果在运用于社会实践过程中时既要能够合理地改造自然又必须符合社会与人的发展的尺度。因此，科学之维从深层程度上来讲，就已经蕴含着发展之维，只是这一维度需要不断地被挖掘、彰显出来，才能被人或者说被更多人自觉地认识与体悟到。

在马克思主义哲学看来，发展是与运动、变化属于同一个序列，相互联系而又有着区别的一个重要范畴。运动是标志着世界上一切事物、现象发生变化及其过程的一个范畴。变化这一概念则更强调事物、现象的具体运动，这个运动既可以是上升式的，也可能是下降式的，还可以是水平式的，而发展在运动方向上则是上升式的。[③] 这就是说"发展显然不是简单的、普遍的和永恒的生长、增多（或减少）等"[④]，体现出的是事物的进化，反映在社会历史方面则是指社会历史的进步。在社会历史领域内，"发展是结构的辩证法，是社会整体内部各种组成部分的联结、相互作用以及由此产生的活动能力的提高"[⑤]，它并不完全表现在单一"量"的增长上，其实质更多地体现在总体"质"的改善方面。

---

[①] 参见俞吾金：《科学发展观》，重庆：重庆出版社 2008 年版，第 10—20 页。

[②]《马克思恩格斯全集》第 3 卷，北京：人民出版社 2002 年版，第 208 页。

[③] 参见李秀林、王于、李淮春：《辩证唯物主义与历史唯物主义原理》，北京：中国人民大学出版社 2004 年版，第 156—157 页。

[④]《列宁全集》第 55 卷，北京：人民出版社 1990 年版，第 215 页。

[⑤] 刘大椿：《科学技术哲学导论》，北京：中国人民大学出版社 2005 年版，第 129 页。

科学所揭示出的规律是客观的，人按着科学方式去活动，体现出的是人活动的合规律性特征。发展过程及其成果本身也是客观的，人们对发展的认识却存在主观性，对发展诉求则体现了人活动的合目的性特征。从概念分析的层面来讲，发展本身无所谓"科学"与"非科学"，只有科学的发展观和非科学的发展观之分。而我们所阐述的作为特定术语的"科学发展观"，是在吸收了人类众多发展观所包含的科学养分基础上的一种综合创新，一种合规律性与合目的性高度统一的发展观。科学发展观与其他类型的发展观相比较，最大特点就在于它不仅体现了"合规律性与合目的性"辩证统一，更重要的是它通过坚持"以人为本"的核心立场、运用统筹兼顾的方法论等促进了包括文化在内的社会各结构领域的全面发展、协调发展、可持续发展，从而使自身所坚守的理念能在社会实践中得以贯彻落实，这才是科学发展观能超越其他类型的发展观的根本原因之所在。

## 二、发展观释义

发展观是关于事物发展的根本看法和总的观点，在此主要是指对人类社会发展的根本看法和总的观点。马克思主义的发展观是科学发展观提出的理论基础和思想源泉，其基本要义主要包括以下几个方面。

第一个方面体现为对发展的普遍规律的理解。马克思主义哲学认为，世界是普遍联系和永恒发展的，"世界不是既成事物的集合体，而是过程的集合体"[1]。矛盾是推动事物发展的根本动力，事物在具体的发展过程中又呈现出螺旋式上升和波浪式前进的特征，这也促使事物的发展往往不是一帆风顺，而是充满曲折的。

第二个方面体现为对人类社会历史发展规律的理解。马克思主义哲学认为，人类社会的发展是一个自然历史过程，生产力是推动人类社会

---

① 《马克思恩格斯选集》第4卷，北京：人民出版社1995年版，第244页。

历史发展的最终决定力量，而"人的因素"在生产力所有的软硬要素中占据首要地位、主体地位。生产力与生产关系、经济基础与上层建筑之间的矛盾构成了贯彻社会历史发展之始终的两大基本矛盾，两大基本矛盾运动则又构成了推动社会历史发展的基本动力。生产关系要适应生产力的发展状况，上层建筑要适应经济基础的发展状况共同构成人类社会发展的基本规律。社会历史发展规律不同于自然规律，因为它归根结底是人活动的规律，人的活动又总是有着一定的目的性，这就使得人类社会在历史发展过程中呈现出了客观规律性与主体选择性的统一。社会历史毕竟是一个复杂性的系统，社会历史发展体现出了统一性与多样性、前进性与曲折性等方面的辩证统一的特点。由于人既是历史的剧作者，又是历史的剧中人①，因此，人的物质生产实践活动始终是铸造历史之基，始终是推动历史发展之本，历史主体理所当然的是人，而不是"神"，或别的超自然的力量，而"人"的身上又总是附着了各类社会关系，被称为"现实的人"，在"现实的人"的集合体中，人民群众则又成为历史真正的创造者。马克思主义哲学始终相信人民群众是推动社会发展的根本性的主体力量，反过来，人民群众也理应要成为社会发展成果真正的享受主体。这就决定了科学发展观中的"以人为本"归根到底是以人民利益、需求、权利为本的，始终站在人民的立场上说话和行动的。

　　第三个方面体现为在人类社会发展的基本要求、根本方法等方面，马克思主义哲学强调，人类社会发展必须正确处理好人与人之间、人与社会之间、人与自然之间的关系，强调全面协调可持续发展，主张消灭阶级之间、城乡之间、脑力劳动和体力劳动之间的对立和差别，实现人的自由而全面发展，最终达致这样一个社会，在那里，"每个人的自由发展是一切人的自由发展的条件"②。马克思主义哲学所揭示的发展观其实更多的不是对何谓"发展"的概念式解读，而是基于社会实践之上而展

---

　　① 参见《马克思恩格斯选集》第 1 卷，北京：人民出版社 1995 年版，第 147 页。

　　②《马克思恩格斯选集》第 4 卷，北京：人民出版社 1995 年版，第 731 页。

开的对于社会全面协调可持续和人的自由全面发展的诉求，从这个意义上来讲，马克思主义发展哲学蕴含着科学发展观的基因，或者说马克思主义哲学视域下的发展观是我们今天科学发展观的思想基础和智慧之源。

## 三、当代人类发展观的演变

发展不仅是社会向前运动的总趋势，也是人类追求的目标和得以实现各类具体目标的手段。人类究竟需要如何去发展，需要在怎样的发展观的引领下去实现发展始终是人类面临的重要课题。20 世纪 40—80 年代国际学术界对于发展观的探索大致也逐渐形成了诸如生态学、社会学、经济学、科学技术等路向。[①] 如果溯源，对于当代社会发展观问题的自觉探索始于 20 世纪 40 年代兴起的"经济增长论"。该理论认为工业化是一个国家或地区经济活动的中心内容，经济增长是一个国家或地区发展程度的主要标志，其标尺就是 GDP 总量以及人均 GDP。在这种发展观的指导下，形成了以 GDP 增长为核心的传统发展理念。

实践证明，以经济增长，具体就是以工业化程度和 GDP 增量为核心的发展观对促进经济增长、较快速度地积累社会财富起到了积极的推动作用。但是由于经济增长并不能自动带来收入分配的改善、社会结构的完善、人类文化的发展，相反片面地追求经济增长，却容易导致高增长下的分配不公、政治腐败、社会动荡与环境污染以及道德滑坡等负面效应。这种发展观其实是以牺牲环境和人类长远利益为代价来追求产量的增长的，其实质是功利主义和实用主义在发展观上的体现，是工具理性膨胀的表现，它虽然在短时期内可能带来经济上的繁荣，特别是工业上的发展，但从总体上来讲，这种发展观不仅在理论上没有解决好"发展是为了什么""发展与人之间的关系是什么"等问题，而且在实践上容易

---

① 参见刘会强：《发展观的范式变革》，上海：上海社会科学院出版社 2010 年版，第 3—5 页。

导致"有增长无发展"现象的蔓延。在这种发展观所支配下的"发展"让人们看到的往往是这样一幅世界图景："从绝对数字来看，世界上挨饿的人比任何时候都要多，且人数仍在继续增加。同样，文盲的数字、无安全饮用水和安全、像样的房子的人以及没有柴火用于做饭和取暖的人的数目也在增加。"[①]它与人类追求"公平正义""人的自由全面发展"等总体趋势是背道而驰的。这种以经济利益至上，忽视社会其他方面和社会结构要素之间和谐发展的发展观具有相当大的局限性，它不但违背了发展的初衷，最为直接的后果就是对自然环境造成了严重的破坏，此等状况激发了众多有识之士对此进行深刻反思，进一步来探求发展之真义。

这个反思的重要时间节点是在 1962 年，该年度美国女生物学家蕾切尔·卡逊（Rachel Carson）出版了一部名为《寂静的春天》的环境科普著作，因揭示了西方社会为了获得经济增长而大肆破坏生态环境的大量事实而引发了人们去深入反思与批判旧式发展观的不合理性。有关生态问题的思考曾经"更多是作为背景或理论舞台的布景，而不是作为自主和半自主的历史过程和动力来发挥功能的"[②]，可是到了 20 世纪 60 年代，随着环境公害的频发[③]和与之相关的发展观问题的探讨而不断升级，使之从理论的边缘逐步走到了中心地带。1972 年，英国经济学家巴巴拉·沃德（B. Ward）和美国微生物学家雷内·杜博斯（R. Dubos）所著的《只有一个地球》更是给人类敲响了生存的警钟。同年，罗马俱乐部发布了一份名为《增长的极限》的研究报告，其中深入探讨了一系列关

---

① 世界环境与发展委员会：《我们共同的未来》，王之佳、柯金良等译，长春：吉林人民出版社 1997 年版，第 3 页。

②〔美〕詹姆斯·奥康纳：《自然的理由——生态学马克思主义研究》，唐正东、臧佩洪译，南京：南京大学出版社 2003 年版，第 108—109 页。

③ 20 世纪 30—60、70 年代西方社会爆发了令人震惊的"八大公害"事件。它们分别是 1930 年比利时的马斯河谷烟雾事件、1948 年美国的多诺拉事件、20 世纪 40 年代洛杉矶的光化学烟雾事件、1952 年的伦敦烟雾事件、20 世纪 60 年代日本的四日市哮喘事件、1968 年发生在日本北九州市和爱知县一带的米糠油事件、1953—1956 年发生在日本熊本县水俣市的水俣病事件、20 世纪 50 年代中期—70 年代初发生在日本富山县神通川流域的骨痛病事件等。

乎全人类发展前途的人口、资源、粮食、环境等重大问题，并对原有单纯追求经济总量增长的经济发展模式提出了质疑。此次质疑与以往研究成果相比较，其深刻性在于，它揭示了传统发展观是以"理性经济人"为根据的。"理性经济人"将谋利、效率、数量性增长看作一切行为的出发点和归宿，并且这种以"理性经济人"为支撑的增长型发展观还固执地认为经济增长的成果会自动扩散到社会贫困阶层，形成所谓的"滴漏效应"，从而使所有社会人群都能共享社会发展的成果。针对此种观点，罗马俱乐部指出："在我们的现代社会中，最普遍的已被接受的神话之一是指望我们现在的增长模式继续下去并导致人类平等。"①《增长的极限》以反思与批判的视角从人口、农业生产、自然资源、工业生产和环境污染等方面阐述了人类在发展问题上所面临的窘境与困境，警示人们旧式发展模式存在诸多弊端，启发人们要重新思考人类社会发展的新模式。

20 世纪 80 年代，人口膨胀、资源耗竭、环境污染等问题愈加严重，所带来的社会问题更加复杂化，国际社会对环境与发展问题越来越重视。1980 年联合国制定的《世界自然保护大纲》首次提出一种新的发展观，这就是"可持续发展"思想。1987 年联合国世界环境与发展委员会发表了名为《我们共同的未来》的研究报告，该报告被称为"关于可持续发展的第一个真正的国际宣言"，它在理论上首次清晰、系统地阐述了可持续发展观的基本内容。可持续发展观的主要思想在于：第一，可持续发展的主要目标是长远满足人类基本需求和欲望；第二，可持续发展要求实现代内与代际公正；第三，可持续发展要求人口适度增长；第四，保护环境是实现可持续发展的基本保障。说到底，可持续发展观无非是要实现三个目标："一是提高生产潜力，二是确保每个人都有平等的机会"②，三是其最终目标是为了"促进人类之间以及人类与自然之间的和

---

① 〔美〕丹尼斯·米都斯等：《增长的极限》，李宝恒译，吉林人民出版社 1997 年版，第 137 页。

② 世界环境与发展委员会：《我们共同的未来》，王之佳、柯金良等译，长春：吉林人民出版社 1997 年版，第 53—54 页。

谐"[①]。1992 年世界环境与发展大会通过的《21 世纪议程》将可持续发展观从理论层面转化为一种更为具体的发展战略，而受到世界各国的重视，并被越来越多的国家所接受。

但我们也需要认识到可持续发展观也存在着诸多的不足之处。首先，该发展观表面上是站在人类生存发展的角度上来思考发展问题，但实质上是以西方发达国家的经济发展程度为考量基准的，忽视了世界各国之间的经济差距，从而导致可持续发展目标在发展中国家是难以实现的。这种以"西方中心主义"为思想根基的发展观，在实践上会导致国与国、民族与民族之间在发展机会上存在严重的不公正，同时所诉求的让每个人都拥有公平发展的机会也只能是痴人说梦，换句话说，可持续发展观看似合理，但深藏着"不正义性"。其次，由于可持续发展观是从抽象的人类宏大视野出发来考虑发展问题的，很少具体涉及国家、地区、民族内部客观存在的发展差异与困境，且缺乏可操作性的规定，这导致可持续发展观往往只是更多地停留在理念阶段而难以转化为实际的行动，所取得的现实成效也是有限的。再次，可持续发展观所关注的发展主要还是经济的发展以及如何以经济的发展来适度满足人的物质欲望，对"文化发展""人的精神需求"等方面的内容涉及甚少。最后，可持续发展观主要强调保护自然和生态环境系统，虽然它也涉及到发展的问题，但对社会和人的发展的关注明显不够，并没有形成"以人为核心"的发展理念。

与可持续发展观不同，法国经济学家佩鲁（François Perroux）在1983 年出版的著作《新发展观》中提出了"以人为核心"的"综合发展观"。在这种综合发展观看来，"经济并不是一种单纯局限于自身的孤立现象，相反，经济现象和经济制度的存在依赖于文化价值"[②]，脱离了对文化价值进行考量的发展观是片面的，而在文化价值观考量中，人的因

① 世界环境与发展委员会：《我们共同的未来》，王之佳、柯金良等译，长春：吉林人民出版社 1997 年版，第 80 页。
② 任洁：《唯物史观视野中的文化与制度变迁关系研究》，北京：中国社会科学出版社 2010 年版，第 114 页。

素、人的发展则是第一位的。为此，佩鲁提出，发展应该是以人为核心的"整体的、综合的、内生的"发展。所谓"整体的"发展是指发展模式必须考虑到作为社会整体的各个方面及其社会生活与人的发展的多样性；所谓"综合的"发展是指各个部门、地区、各社会阶层之间的协调发展；所谓"内生的"发展是指要充分合理地利用本国、本地区的自然资源、社会资源来促进发展。更重要的是，发展要突出人的发展，发展终究体现在人的发展上，并且这里的"人"不是指"某些人"，而应该是所有的人、是每一个人。为此，佩鲁指出，面对传统的增长型发展观，我们需要质问或反思的是："增长的目标是什么？……增长是为什么人的？只是为国际社会中的某些人，还是为了所有人？"①

20世纪90年代，以人为核心的综合发展观越来越受到国际社会的重视。联合国开发计划署（UNDP）从1990年开始，每年发表一份《人类发展报告》，报告中开始使用"人文发展指数"HDI（Human Development Index）代替传统的国内生产总值（GDP）来衡量联合国各成员国经济社会发展水平，目的就是促使各国家地区领导人把发展的目标从单纯性的经济增长转到综合性的人的发展上来。1994年，在开罗召开的世界人口发展大会上，联合国明确提出"发展的中心问题是人"这一重要思想。1995年联合国秘书长加利（Boutros Boutros-Ghali）发表的《发展纲领》是第一部综合阐述联合国所主张的发展观的重要文献，在《发展纲领》中，加利指出，一方面应承认发展是当代最紧迫、影响最深远的任务，但另一方面也必须看到发展涉及政治、经济、文化、生态等多个方面的内容，关涉到人类和平、环保、正义、民主等问题，其中增进人类的自由幸福应是发展的核心所在。在这篇《发展纲领》中还有一个引人瞩目、发人深思的内容就是它不仅提出还特别强调"发展文化"的重要意义，涉及人的文化发展权、民族文化权益等重要问题，这是对以往过多侧重经济发展的发展观的一种深刻纠偏。进入21世纪以来人类

---

① 〔法〕弗朗索瓦·佩鲁：《新发展观》，张宁等译，北京：华夏出版社1987年版，第9页。

的发展观总体上越来越呈现出如下的特征，即它"赋予了人作为发展主体的内涵，从物质为中心的发展转到以人为中心的发展，为人们寻找最美好的社会发展道路，打开了广阔的视界"①。

经过半个多世纪艰难曲折的探索，以人为中心，以实现人的发展权利为目标，以实现社会公正为原则，以经济、政治、文化、社会、生态综合和谐发展为内容的发展观目前已获得国际社会广泛认同。随着时代的不断进步，关于发展问题的探讨也将越来越聚焦于"人的问题"上，关于人类的发展，乃至每个作为个体的人的发展也将越来越成为发展观的重要课题。换句话说，当代发展观总体上呈现出一种"以人为本"的价值取向，当然这个"以人为本"与我国科学发展观中所主张的"以人为本"，特别是党的十八大提出的贯彻科学发展观要坚持"以人为本"的核心立场之间还是存在着差异的，但我们又不得不承认，科学发展观中的核心理念即"以人为本"，它契合了当代人类社会新的发展观的基本精神，借鉴了当今世界各种注重以"人的发展"为基本思想的新的发展观中的合理内容。

## 四、科学发展观的形成与发展

如果上述对当代发展观演变的梳理，为我们理解科学发展观在中国的提出奠定了一个全球性的思想支援背景、文化心理环境的话，那么，论述科学发展观在中国的"出场"，则在很大程度上是要探讨科学发展观提出的具体语境。

提到科学发展观时，常常有人会有这样一个困惑：难道全世界只有中国讲"科学发展"，世界其他国家就不追求科学发展吗？我们在此需要指出的是，科学发展其实是人类的共同追求，但对什么是"科学发展"，或者说"科学发展"的标准、"科学发展"具体内容是什么，不同国家、

---

① 刘大椿：《科学技术哲学导论》，北京：中国人民大学出版社2005年版，第130页。

民族，甚至每个人又有着不同的理解。我们不能断言别人对科学发展的理解就一定是错误的，换句话说，任何国家和地区，包括个体都可以有自己的"科学发展观"。但在中国的语境下，当我们提到"科学发展观"时，"科学发展观"已经成为一个特定的话语，它既是我国社会主义现代化建设的重大"战略规划"，也是我们社会主义现代化建设的"指导思想"和"行动指南"。

作为一个史实常识来说，科学发展观的基本理念是2003年7月28日胡锦涛总书记在全国防治非典工作会议上的讲话中提出的。2003年10月，党的十六届三中全会首次明确提出了科学发展观的重大战略思想，要求必须坚持以人为本，树立全面、协调、可持续的发展观，促进经济社会和人的全面发展。从思想史探源与梳理上来说，我们需要对科学发展观提出的深刻历史背景加以必要的考察，方能更为深入地理解科学发展观的内涵及其重大意义。世纪之交，特别是进入新世纪以来，中国正处于改革开放取得巨大成就，但多种社会矛盾和各类社会问题也日益凸显的关键时刻，整个社会的发展确实存在"不平衡""不公正""不科学"等问题，特别是经济结构不合理、产业结构比较落后、环境生态污染日益严重、贫富差距悬殊、城乡差别越拉越大、不断走高的房价、看病难、社会利益分化严重、群体性事件时有发生等问题不断凸显，中国进入一个重要的"矛盾与问题突发期""机遇与挑战并存期""改革日趋进入深水区"的阶段。

正是由于矛盾日益凸显甚至激化，才使得如何在不断完善社会主义市场经济体制过程中，继续推进社会主义事业不断向前发展成为摆在中国人面前的重大的理论与现实问题。党中央提出要"坚持以人为本，树立全面、协调、可持续的发展观，促进经济社会和人的全面发展"，按照"统筹城乡发展、统筹区域发展、统筹经济社会发展、统筹人与自然和谐发展、统筹国内发展和对外开放"的要求推进各项社会主义事业的改革，一方面构成了科学发展观的最基本思想，另一方面也是对问题倒逼的改革指明了方向。因此，科学发展观既是新阶段、新时期推进社会主义国家建设的一种方法论，也是中国共产党治国理政的重大战略思想。

党的十七大将科学发展观写入党章，强调了其与马克思列宁主义、毛泽东思想、邓小平理论、"三个代表"重要思想一脉相承的关系。党的十八大将科学发展观与马克思列宁主义、毛泽东思想、邓小平理论、"三个代表"重要思想一同确立为党的指导思想和行动指南。在这里需要指出的是，科学发展观并不是如某些人所想象的那样，只是一个仅具有"修辞学"意义的"概念翻新"，只是通过一个新的语词形式或概念上的变化把不同代际领导人有关发展理论加以整合、"打包"而形成的"思想集成"。只要我们不抱着任何意识形态上的偏见或某种抵触心理，静下心来对科学发展观进行认真解读和深入思考，就不难发现，"科学发展观既不是对以前的发展理论的简单重复，也不是对已有发展术语的修辞学上的改写，而是发展观念上的一场真正的革命"[①]，而且这种"观念的革命"不仅事关中国当下和未来的经济社会的发展，也关乎中华民族未来的文化走向和民族精神的重塑。

党的十八大以来，科学发展观不仅在理论表述上更为严密，也提出了一些新的观点，如"贯彻科学发展观必须坚持以人为本的核心立场""求真务实"是科学发展观的精神实质等重要思想。党的十八届五中全会明确提出了"创新、协调、绿色、开放、共享"五大发展理念，为我国"十三五"和今后更长时期的发展提出了更明确的要求，指明了更清晰的方向，而五大发展理念在笔者看来是对科学发展观的继承与发展，是科学发展观在历史新阶段更为具体的体现和深化，成为指导中国经济社会文化进一步发展的发展哲学和战略理念。[②]

---

① 俞吾金：《科学发展观》，重庆：重庆出版社 2008 年版，第 4 页。
② 基于"五大发展理念"重要性及其与科学发展观之间的深刻关系，当前探索我国当代大众文化的科学发展问题，理所当然地要研究"创新、协调、绿色、开放、共享"这"五大发展理念"与大众文化科学发展之间的关系，以及如何在遵循和运用"五大发展理念"基础上进一步推动我国当代大众文化的科学发展。这部分内容将在第六章"推动我国当代大众文化科学发展的路径探索"中具体展开。

## 五、科学发展观：聚焦当代中国社会深层问题

自科学发展观提出并贯彻落实以来，经济社会的粗放型发展格局得到了较大程度的纠偏，国民经济持续快速健康发展，生产力水平不断提高、生产关系格局不断调整优化、体制环境逐步改善、对外经济联系日益密切、国际影响力不断增强、文化软实力日趋提升。但是我们在看到这些建设成就的同时，也必须居安思危，清醒地认识到在社会主义建设过程中依然存在着诸多的困难和风险。进入改革"深水区"的中国，当前面临的最大的问题和困难还是"发展"的问题，不过这个发展已经不是单纯的 GDP 增长、单向度的经济的发展了。因为伴随三十多年的改革开放事业的进程，一路走来并不都是成就，也存在多方面的问题和矛盾，这些问题和矛盾在社会改革之初有时并不凸显，或被遮蔽、被置放，甚至被漠视，如果中国的社会改革事业、社会发展大业不想"积重难返"、止步不前的话，就必须重视发展中的一系列"深层问题"，并拿出切实可行的方案加以解决。诸如城乡差距、地区差距、居民收入差距依然明显，就业和社会保障压力不断增强，社会利益格局、分配机制不合理，教育、卫生、文化等社会事业发展依然相对滞后，经济发展同生态环境、自然资源有限性矛盾加剧，经济增长方式还比较落后、经济整体竞争力不强，人口结构有待优化、人口素质总体偏低，道德滑坡现象严重，主流意识形态凝聚力有待提升等，都使中国在继续发展的道路上面临着重大风险和挑战。

科学发展观的提出与践行实际上就是在聚焦中国当代社会这些深层矛盾与问题的基础上，运用"以人为本"的核心理念、站在"以人为本"的立场上，利用"统筹兼顾"科学方法论，以"求真务实"的态度不回避这些问题与矛盾，推进中国社会主义建设事业"可持续发展"下去。因此，贯彻科学发展观，是我国妥善应对在经济社会发展关键时期已经或可能遇到的各种风险和挑战的一项极为重要的战略性举措。在力争推进社会进一步发展的过程中，我们会面临这样一个极为现实的问题，即

科学发展观能否或如何才能被切实地贯彻下去。

一种思想、观念能否贯彻，取决于多种因素，其中最为根本的是这种思想观念能不能解决现实社会生活中的实际问题，符不符合社会历史发展的规律，符不符合人民的愿望，这是思想观念能否被贯彻的客观因素。在上述的论述中，我们已经指出科学发展观不仅能"把脉"当前中国问题，也能为中国未来发展指明方向，其不仅符合中国实际，也符合社会历史发展的规律和中华民族与人类的长远利益，所以我们认为科学发展观在中国贯彻落实的客观因素是具备的。

思想能否贯彻终究不是思想本身去"行动"以实现自身的价值，而是要依靠贯彻的主体去落实和践行。科学发展观能否贯彻终究要落脚到行为上。人的行为之所以称之为"实践"就在于它是一种"自由自觉"的活动，总是在一定的社会意识的指导和调控下，被一定的文化心理所激发和调节。当马克思说"全部社会生活在本质上是实践的"①的同时也预示着，所有的实践价值终究指向和体现在全部的社会生活中。科学发展观是中国特色社会主义理论体系的重要组成部分，贯彻科学发展观是社会主义实践在当代中国的生动而具体的呈现，其价值最终也是要落脚、体现在普通中国百姓的日常生活实践之中。在某些思想家看来，因为日常生活的平庸，会使其本身拒绝、排斥严肃的思想。倘若如此，科学发展观就会难以切实融入日常生活之中，事实当然并非完全如此，虽然科学发展观融入日常生活之中尚需要做大量的理论转化工作，构建整套的理念渗透机制，且这种转化和渗透具有相当大的难度，但作为党和国家的指导思想的科学发展观要在现实生活领域中真正发挥出应有的社会效应特别是文化效应，就必须有机地融入日常生活之中，对人们的日常行为、生活方式等产生积极的影响。

在资本主义社会中，日常生活是资本主义意识形态运作的重要场所，是资产阶级实施政治统治的意识形态"被动同谋"，正如列斐伏尔

---

① 《马克思恩格斯选集》第 1 卷，北京：人民出版社 1995 年版，第 56 页。

（Henri Lefebvre）所说："从日常生活这个微观角度揭示出现代社会制度（当代资本主义社会——引者注）的无孔不入的控制这种恐怖主义本质"①，成为揭露当代资本主义意识形态"隐秘的恶"的重要方式。日常生活在资本主义社会里俨然无奈地幻化成类似于福柯（Michel Foucault）的规训社会、马尔库塞（Herbert Marcuse）的单向度社会以及霍克海姆与阿多诺的文化工业社会、巴特的符号暴力社会、德波（Guy Debord）的景观社会、鲍德里亚的拟像化社会等所揭示出的异化生活的集合体。我们不否认，诸多思想家对资本主义社会日常生活的批判中包含着的对资本主义意识形态内容的正确研判，对其剥夺人的反思、批判能力的批判也是极其深刻的，但他们从另一个侧面则又反映出在当今时代，任何一种社会理论、意识形态如果不介入日常生活之中，或不被日常生活所介入，其运作空间将会大为萎缩，其生命力也会大打折扣。

科学发展观的贯彻落实也需要介入日常生活或被日常生活所介入。这也就是说，作为中国特色社会主义的指导思想的科学发展观功能的发挥，不仅在于"顶层设计""制度体制安排"，也在于如何在日常生活中的具体践行，这才能体现社会主义意识形态的科学性、价值性、理论性、实践性的高度统一。正因为如此，我们才认为贯彻落实科学发展观的最终将指向一个深层的问题，就是人应该"如何生活"，说到底，科学发展观要求无论是经济、政治还是社会、文化等诸多方面的发展，最终都要服从和服务于人的全面自由发展，而不只是为了某种指标性任务而发展，正是要创造一种更适合于人和人类生存与发展的新的生活方式，因而科学发展观的贯彻落实是与社会主义日常生活合理构建紧密联系在一起的。

---

① 刘怀玉：《现代日常生活批判道路的开拓与探索——列斐伏尔哲学思想研究》，南京：南京大学 2003 年度博士论文，第 193 页。

# 第二节　透视"文化发展观"

当发展还只是停留在经济层面的时候，这种发展是不全面的，当发展观还仅仅关注于经济方面的时候，这种发展观是不完善的。佩鲁在理解发展这一概念时就曾深刻指出："经济现象和经济制度的存在依赖于文化价值"，"企图把共同的经济目标同它们的文化环境分开，最终会以失败告终"，因此，脱离文化上的考量，"任何经济概念都不可能得到彻底的深入思考"。[①] 其实，任何具有科学性的发展观其本身的演进轨迹本然与应然地都有着"文化发展观"的身影，科学发展观毋庸置疑地内含着科学的"文化发展观"。当前每个国家、民族对于文化建设都倍加关注，推进文化建设的自觉意识不断增强，但在具体文化建设过程中是否遵循了文化的科学发展之道，是否符合文化发展的自身规律，则是需要反思的。作为整个社会结构意义上的文化及其建设如果缺乏一种科学的发展观的指导，那么该社会的文化建设的实效性、该国家的文化发展道路的科学性、该民族的文化活力无疑会受到严重影响。

## 一、何谓文化

众所周知，文化是学术史上一个长期纠缠不清的概念。1952 年，美国学者克罗伯（A. L. Kroeber）和克拉克洪（C. Kluckhoh）在《文化，关于概念和定义的检讨》一书中，对 1871—1951 年的 80 年间在西方有重要影响的文化定义进行了系统梳理，结果发现关于文化的定义竟然多达 164 种。从文化学史角度来看，国际上著名的文化学流派多达几十种，其中著名的有泰勒（E. B. Tylor）、摩尔根（L. H. Morgan）、巴斯蒂安（Adolf Bastian）、弗雷泽（J. G. Frazer）等为代表的进化论学派，以

---

① 〔法〕弗朗索瓦·佩鲁：《新发展观》，张宁等译，北京：华夏出版社 1987 年版，第 165 页。

博厄斯（F. Boas）、克罗伯等为代表的历史学派，以迪尔凯姆（Emile Durkheim）、莫斯（Marcel Mauss）等为代表的法国社会学派，以马林诺夫斯基（Bronislaw Malinowski）、布朗（A. R. Brown）等为代表的功能学派，以本尼迪克特（Cumberbatch Benedict）、米德（G. H. Mead）等人为代表的文化心理学派，以怀特（Leslie White）、斯图尔特（Juliar H. Steward）等为代表的新进化论学派，以列维·施特劳斯（Levi Strauss）、尼达姆（Rodney Needham）等为代表的结构主义学派等。这些学派都从不同视角对文化进行了相应的界定，不断深化了人类对文化的理解。

近现代以来，文化这一概念也在我国思想界引发了大量的争议。美国著名汉学家费正清在《剑桥中国晚清史》中指出，中国近代以来的历史，从根本来说，是在演绎着一场最广义的文化冲突。这种冲突大体上包括两个方面的内容：一是中西方文化的冲突；二是中国传统文化和现代文化的冲突。正因为如此，文化问题便成为近现代以来中国众多政治家、思想家所关注的重大时代课题。张之洞的"中学为体，西学为用"，康有为的"以群为体，以变为用"，严复提出的"以自由为体，以民主为用"，都可以看作试图改造近代中国的文化方案。"五四"新文化运动所激发出来的思想，总体是以"德先生""赛先生"以及"自由"为核心来统摄所有的文化问题的。"五四"以来围绕对文化的界定、中西方文化比较以及中国文化革新等问题构建了一套较为清晰的文化哲学脉络与格局。"中国文化哲学基本格局由三种思潮构成：自由主义文化哲学、当代新儒家文化哲学和马克思主义文化哲学。"① 以胡适为代表的自由主义文化哲学，认为文明是一个民族应付其所处环境的总成果，文化则是一种文明所形成的生活方式。由梁漱溟、熊十力等人为代表的新儒家其实也主张文化是一种生活方式。"文化是什么东西呢？不过是那一民族生活的样法罢了。"② 或者更

---

① 刘进田：《文化哲学导论》，北京：法律出版社1999年版，第115页。
② 《梁漱溟全集》第1卷，济南：山东人民出版社1989年版，第24页。

明确地说："文化就是吾人生活之所依靠。"[①] 从这里我们不难发现，自由主义和新儒家对于文化的界定实质上存在相同之处，不同的是，基于对哪种生活方式更符合人之自由和幸福的理解存在差异，并进而对中西方的文化也采取了迥异有别的态度。在胡适看来，西方文明下的生活方式强调必要的物质享受，因而它更符合多数人对幸福、自由的追求。新儒家强调崇高性、道德性对于人达至幸福生活与自由境界的重要意义，因而主张要"返本开新"，认为绝不能丢弃中国传统文化的内在精神质素，盲目走"西化"的道路。马克思主义文化哲学则从人的创造性、阶级性，文化的时代性、民族性多重视角出发，辩证看待文化上的古今中外问题，突破了自由主义文化观和新儒家文化观的较为狭隘的问题域，使文化与政治、经济等结构性地并置在一起，认识到"文化革命"是中国无产阶级革命事业的一个基本组成部分，同时使文化与意识形态紧密联系起来，当我们指认"一定的文化（当作观念形态的文化）是一定社会的政治和经济的反映"[②] 的时候，"文化—意识形态"双重话语是交互融合的，这既成为马克思主义文化哲学的重要思想特征，也使得文化与意识形态之间的关系演化为马克思主义文化理论体系中的一个核心问题。

那么，到底如何界定文化呢？笔者无意也无力在此揭示或给出一个公认的文化定义，只是想通过对多元理论资源的挖掘与利用来解读文化这一概念，从而揭示文化范畴的基本内涵，以便使探索的问题能够相对集中不至于漫无边际而游离主题。

文化是人类社会生活的重要内容，是一个民族和国家赖以生存和发展的重要智力资源和精神动力。文化学鼻祖、英国著名人类学家泰勒在 1871 年出版的《原始文化》中认为："文化，或文明，就其广泛的民族学意义来说，是包括全部的知识、信仰、艺术、道德、法律、风俗以及作为社会成员的人所掌握和接受的任何其他的才能和习惯的

---

① 梁漱溟：《中国文化的命运》，北京：中信出版社 2010 年版，第 156 页。
②《毛泽东选集》第 2 卷，北京：人民出版社 1991 年版，第 663—664 页。

复合体。"① 指的是在特定的区域范围内的社会生活共同体所普遍反映出来的行为模式、风俗习惯、价值观念、宗教信仰、社会规范、伦理秩序等文化现象的总和。马克思主义认为文化就其本质而言是"人化自然"与"自然的人化",这其实是将文化与社会两个范畴重叠了起来。马克思说:"动物只生产自身,而人再生产整个自然界。"② 推而言之,文化创造的过程其实也是人及整个自然界被再造而形成社会的过程。按着这种理解,文化"不是与政治、经济等相并列的领域或附属现象,而是人的一切活动领域和社会存在领域中内在的生存方式"③。从描述性定义来看,广义的文化是人类在改造自然和改造社会过程中所创造的物质财富和精神财富的总和,是物质、制度、观念等的复合体,每一种文化都是某一个社会历史的产物,每一个社会都有与之相适应的文化,并随着物质生产的发展而发展。"简言之,凡是超越本能的、人类有意识地作用于自然界和社会的一切活动及其产品,都属于广义的文化。"④ 它本质上是支撑人类精神生活、规范社会行为、促进社会整合、传承和推动人类文明的系统。狭义的文化指的是精神生产能力和在这种能力支配下生产出的精神产品,或者说"文化就是人类社会生活及其方式的观念表达和精神体现"⑤,但文化又始终指向人的个体生活,特别是与个体精神生活、精神境界紧密联系在一起,因此,一种社会、一个民族的文化如果离开鲜活的个体生命的承载的话,就会变得抽象而干瘪。

其实在马克思主义经典作家那里,直接使用"文化"一词的频率并不是很高,有学者曾做过相关文献学意义上的统计工作,以《马克思恩格斯全集》中文第一版(共 50 卷)为例,"文化"一词在全集中的分布

---

① 〔英〕泰勒:《原始文化》,连树生译,桂林:广西师范大学出版社 2005 年版,第 1 页。

② 《马克思恩格斯文集》第 1 卷,北京:人民出版社 2009 年版,第 162 页。

③ 衣俊卿:《文化哲学——理论理性和实践理性交汇处的文化批判》,昆明:云南人民出版社 2005 年版,第 66 页。

④ 冯天瑜等:《中华文化史》,上海:上海人民出版社 2005 年版,导论第 15 页。

⑤ 胡萧:《"从地上升到天上"的文化学理式——马克思文化唯物论思想探赜》,载《马克思主义研究》2009 年第 4 期。

状况是：7 卷零状态（14%），34 卷有 1—5 处（68%），7 卷有 6—9 处（14%），两卷有 13—15 处（4%），零状态与极少量状态占 82%。[①] 但这并不能说明马克思和恩格斯不重视文化问题，他们在多种意义上和不同语境下使用"文化"一词，对文化的基本观点的阐述也往往融合和渗透在有关"文明""文学""艺术""精神生产""意识形态"等思想理论中。因此，第一，马克思恩格斯对于包括文学艺术、意识形态等在内的各类文化现象是很关注的，后来的列宁、毛泽东由于历史原因又特别重视阶级意识的作用，强调人的主观能动性，就更为关心文化问题了。第二，马克思恩格斯所关注和理解的文化是狭义层面上的文化，而不是人类学、民族学意义上的广义文化或被泛化了的"文化"，这一点被后来的马克思主义者坚持下来，列宁、毛泽东等人所言说的文化主要也是指观念形态的文化。因此，要正确理解文化的内涵，就要在深刻把握文化即"自然的人化"这一本质界定的基础上，更为具体地阐明人与文化的关系，应该摆脱抽象的"大文化观"，即不分语境将人的一切创造物笼统地都称之为"文化"的这种文化观。在研究文化时，也不能将文化的外延与社会的外延完全一致起来，这才符合经典作家的思想，也符合唯物史观对社会历史发展的整体认知。当前面对"文化研究热"，乃至"运动式的文化建设热"时，有学者主张人们在理解文化这个概念上，需要还原到文化本来意义上，即精神层面上，而不是泛化地使用"文化"[②]一词，是具有启发意义的。这也正如伊格尔顿（Terry Eagleton）在《文化的观念》一书的最后所告诫我们的那样，即在承认文化的重要性的同时，"让文化回归其原有的位置，现在该是这样做的时候了"[③]。所谓的"原有的位置"，就是将文化更多地置于人类精神生活层面上来加以考察，这对于当前防

---

① 参见黄力之：《马克思主义与资本主义文化矛盾》，开封：河南大学出版社 2010 版，第 64—65 页。

② 参见俞吾金：《我们该在何种意义上使用文化——对"文化自觉"的元批判》，《探索与争鸣》2013 年第 1 期。

③ 〔伊〕格尔顿：《文化的观念》，方杰译，南京：南京大学出版社 2006 年版，第 108 页。

止"文化"进一步"泛化"的倾向确实具有启示作用。

本书所论及的文化取的是指与政治、经济处于同一社会结构划分层面上的狭义范畴，但在此需要说明的是，在人类发展过程中，器物、行为、制度、精神之间本身就是相互关联、互动发展的，这也导致广义文化与狭义文化也许在理论上可以划分得比较清楚，但在实际生活中却又是纠缠在一起的，不过无论怎样，真正的文化（文化物）总还是指向、内蕴某种精神、观念或思想。"一块天然的岩石不具备文化意蕴，但经过人工打磨，便注入了人的价值观念，进入'文化'范畴"，只有"包蕴了人的价值取向的石器"[①]，才能被称为"文化之物"。

文化其实还是人对自我进行界定的一种重要方式，正如亨廷顿（Samnel Huntington）指出的那样，"人们用祖先、宗教、语言、历史、价值、习俗和体制来界定自己"[②]，同时也界定、审视、反思着自己的认同，力求取得他者的认同。提到认同，需要指出的是，人类经历了一个从"血缘认同""契约认同"进入"文明或文化认同"的转变过程。正因如此，当今时代的文化建设、文化发展中的一个至关重要的核心问题就是文化认同问题，而文化认同的核心内容体现为对价值观的认同，外在的表现形式往往表征为对一种文化生活方式的认同。这种文化生活方式对普通人而言又往往是通过文化消费揭示出来的，对于现时代的普通人而言则往往通过对大众文化的消费方式折射出来。因为在当今的文化话语体系中，正如文化"可以是指莎士比亚或超人漫画，可以是歌剧或足球"[③]，表明当今时代文化本身是多元的，但倘若"不通过可视可感的方式证明文化多元化的创造性和想象力，所谓文化多元化只是一种空洞的

---

① 冯天瑜等：《中华文化史》，上海：上海人民出版社 2005 年版，导论第 15 页。

② 〔美〕塞缪尔·亨廷顿：《文明的冲突与世界秩序的重建》，周琪等译，北京：新华出版社 2002 年版，第 6 页。

③ 〔英〕阿雷恩·鲍尔德温等：《文化研究导论》，陶东风等译，北京：高等教育出版社 2004 年版，第 4 页。

说教"①。因此，文化多元发展及其带来的错综复杂的"文化认同""文化生活方式认同"等问题为当代大众文化的发展及其研究敞开了更多的理论空间和实践场域。萨义德（Edward Waefie Said）则更明确地将对当代文化的理解与大众文化勾连起来，在萨义德看来，文化有两层意义：首先，它指的是描述、交流和表达艺术的活动，这些活动虽然都需要以一定的美学形式呈现出来，不过，其主要目的之一是娱乐；其次，文化成为一个舞台，各种政治的、意识形态的力量都在这个舞台上尽情地表演、较量。② 客观地讲，当今政治和意识形态借来表演和较量的这个文化舞台，在很大程度上是由大众文化搭建的，大众文化已构成一个民族和国家文化发展的重要领域，一个民族和国家文化发展规划中本然或应然地包含大众文化发展战略设计及相应的对策谋划。

## 二、文化多元发展时代的到来

文化多元发展是利益多元化、经济全球化的必要结果，在一定意义上可以概略地说，"文化多元化是顺应经济全球化的精神产物"③。文化发展可以从多个层面来加以分析，从空间上讲，"所谓的文化发展，是指不同民族文化传统碰撞、交融引起的历史进步"④；从时间上讲，所谓的文化发展，是指不同历史时代的文化在传承的基础上的创新；从文化类型上讲，所谓的文化多元发展，是指不同类型的文化，诸如主导文化、精英文化、大众文化、民间文化等之间激荡交融而推动文化的不断进步。文化发展说到底是为人类的个体、群体、整体的自由发展及其和谐相处

---

① 潘一禾：《文化安全》，杭州：浙江大学出版社 2007 年版，第 41 页。
② 参见〔美〕萨义德：《文化与帝国主义》，李琨译，北京：生活·读书·新知三联书店，2003 年第 2—4 页。
③ 张世英：《哲学导论》，北京：北京大学出版社 2002 年版，第 316 页。
④ 何萍：《马克思主义哲学与文化哲学》，武汉：武汉大学出版社 2002 年版，第 76 页。

提供精神条件与思想保证。文化是人创造的，但最终也是为了人的发展，成就人的发展，人在发展的过程中始终需要继承人类的优秀文化传统，并不断创造着新的文化内容与形式，促进文化形态的发展，丰富着人类的精神世界和精神生活。因此，文化的发展与人的发展是相辅相成的，在一定程度上也可以说文化的发展标志着人的发展，人的发展集中体现在文化的发展上。这正如恩格斯指出的那样，"文化上的每一个进步，都是迈向自由的一步"[①]。

马克思认为"动物只是按照它所属的那个种的尺度和需要来建造，而人懂得按照任何一个种的尺度来进行生产，并且懂得处处都把内在的尺度运用于对象"[②]。这说明人能够按着事物发展的规律，结合自身的物质需求，通过物质生产实践不断改造客观世界，同时结合自身的精神需求，按文化活动的规律，通过相应的精神性生产实践活动，从而推动了文化的发展。当前文化发展已进入一个更为自觉的时代，一个国家、民族的文化发展已具体化于相应的发展理念、理论、思想的指导下，由国家主导、全社会参与的一种极具规划性的文化建设活动的集成。由于文化总是与经济、政治紧密联系在一起，因此，无论是文化发展还是文化建设，总是要在一定的经济政治制度、经济政治体制之下，相应地再转化为有关文化发展道路、战略规划、建设方案等内容。

文化发展是社会发展的重要内容，也是社会进步的显著标志。目前文化的影响力和竞争力已成为各国综合国力的重要指标，文化与经济、政治等相互交融在一起，在综合国力竞争中的地位和作用越来越凸显。文化的力量，深深熔铸在民族的生命力、创造力和凝聚力之中，提高建设社会主义先进文化的能力已经成为中国共产党的执政能力建设的一个重要方面。

霍尔曾指出，当代全球文化领域已被大众文化所主宰。不可否认，

---

① 《马克思恩格斯选集》第 3 卷，北京：人民出版社 1995 年版，第 456 页。
② 《马克思恩格斯选集》第 1 卷，北京：人民出版社 1995 年版，第 47 页。

大众文化在全球的传播使任何一个国家、民族和地区的文化形态都发生了重要改变。自改革开放尤其是进入新世纪以来，中国当代文化呈现出多元发展的格局，主导文化对人们精神生活绝对性的支配地位已逐步丧失，时至今日已形成了相对稳定的主导文化、精英文化、大众文化"三足鼎立"的文化格局。"主导文化是意识形态文化，对整个文化起着导向作用，即'弘扬主旋律'；精英文化成为知识分子'有限生产场'的文化，承担着人类精神财富传承的使命；大众文化作为一种新的文化形态，则成为一般平民大众的休闲文化。"[①]休闲是人的一种生存状态，也是一般人所必须经历的一种文化体验，我们需要深刻地认识到"弘扬主旋律"与"倡导多样性"之间并不矛盾，甚至在某种意义上，只有通过多样化文化方式的呈现，"主旋律"才能得到合理的弘扬，才能营造一种更为融洽的文化氛围。在这个意义上，当前我们甚至可以认为不是大众文化需要"绑架"主导文化，而是主导文化在"迁就"大众文化，或者说，是需要利用大众文化的方式来增强自身影响力和亲和力。

另外，大众文化在当下中国的兴起，说明"在改革开放过程中逐渐获得主体意识的民众，不仅需要新的娱乐形式，渐次也需要表达这一阶层的意识形态"[②]。因此，无论在国家文化发展战略层面上还是在具体的社会文化建设层面上，都必须将大众文化如何发展、如何建设纳入考量的视野之内，唯有如此，中国文化发展战略规划和实际的文化建设才会更全面、更科学。

## 三、树立科学的大众文化发展观

树立科学的大众文化发展观既是一个亟待探索的理论问题，也是一

① 刘自雄、闫玉刚：《大众文化通论》，北京：中国广播电视出版社 2007 年版，第 164 页。
② 孟繁华：《众神狂欢——当代中国的文化冲突问题》，北京：今日中国出版社 1997 年版，第 41 页。

个重要的文化实践问题。在理论上需要弄清楚的是何谓大众文化的科学发展，这就涉及大众文化发展的"科学性"问题，并需要厘清科学发展观与大众文化科学发展之间存在怎样的关系，科学发展的大众文化应呈现怎样的状况，面向何方、走向何处。当然，探讨大众文化的科学发展是需要将其放在文化科学发展这一更大的语境下来进行，因为大众文化的科学发展构成整个文化科学发展不可或缺的部分，是文化科学发展的重要标识。

## （一）文化发展的"科学性"与文化的科学发展

马克思主义认为社会发展有着自身固有的客观规律，但这种规律又有别于自然界的自发规律，它是历史决定性与主体能动选择性的辩证统一。社会发展的科学性指的就是社会发展的合规律性与合目的性的统一。从合规律性角度来看，历史虽然是人活动的历史，但它依然可以理解成"一个自然史的过程"[①]，生产力与生产关系、经济基础与上层建筑之间的矛盾运动规律支配着这个"自然过程"。从目的性角度来看，社会发展规律不过是人们自己的实践活动的规律，而"历史不过是追求着自己目的的人的活动而已"[②]。作为广义社会发展的重要组成部分的文化发展，其科学性主要体现为文化发展的合规律性与合目的性的统一。

理解了什么是文化发展的科学性才能更真切地把握什么是文化的科学发展。所谓文化的科学发展是指文化的发展要在遵循社会历史发展的基本规律前提下，一方面符合文化发展本身的规律，另一方面通过人的实践活动，特别是精神领域的实践活动去创造更为丰富、精彩的文化世界以满足人的精神需求，提升人的精神境界。为此，脱离社会历史实际、社会历史发展规律、文化发展规律，不以人的正常、合理的精神需求为

---

①《马克思恩格斯文集》第5卷，北京：人民出版社2009年版，第10页。
②《马克思恩格斯文集》第1卷，北京：人民出版社2009年版，第295页。

目的的所谓的文化发展则是不科学的。因此，"文化繁荣"不一定就是代表着文化的发展，也不一定就是文化科学发展的必然结果，有时文化的表面繁荣恰恰是文化的不科学发展而造成的短期效应。

### （二）大众文化发展的"科学性"与大众文化的科学发展

大众文化发展的科学性体现在大众文化发展的合规律性与合目的性的统一上。所谓的大众文化发展的合规律性既是指它要符合文化发展的规律，诸如受生产力制约又与经济发展不具有完全的同步性，受不同区域的经济发展水平制约但又具有相应的不平衡性等宏观意义上的一般规律，同时也要遵循文化发展过程中的积淀、继承、传播、变迁、分化、创新等相对微观意义上的具体规律。这就是说，大众文化的发展与其他文化发展一样都受生产力制约又与经济发展不具有完全的同步性，受不同区域的经济发展水平制约但又具有相应的不平衡性，同时关注大众文化发展必然要考虑到大众文化的积淀、传播、变迁、继承、分化、创新等问题，要深刻认识到积淀、继承、传播、变迁、分化、创新等是文化发展规律在大众文化领域内的一种具体体现。除此之外，与其他的文化形态相比，探索大众文化发展的"科学性"更需要侧重对当今的文化产业化、文化市场化、文化媒介化、文化高科技化、文化数字化等方面的规律性内容进行深度挖掘。就规律性而言，大众文化发展的科学性体现在它与人类社会发展、文化发展的总体契合性上，它在一定程度上是人类进入工业化社会、电子化社会、信息化社会的重要表征。

所谓的大众文化发展的合目的性是指它的发展与其他形态文化发展一样，在根本上也是为了满足人的精神需求，促进人心智的成长、思想的成熟、生命境界的提升、自由程度的提高。只是大众文化作为世俗性文化，其满足人精神需求的方式和程度一般更多地停留在世俗和日常生活的层面上，以满足人正常的感性愉悦为主，并在此基础上进一步探索如何使人获得精神上的满足和观念上的教化、心灵上的慰藉乃至思想上的进步、灵魂上的升华等更深层次问题。从某种意义上来说，文化的科学发展最需要体现"以人为本"的精神，展现人文关怀的情怀，呈现创造创新的意识、折射对人的自由全面发展的追求意志，只是不同类型的文化所体现、展现、呈现、折射的方式有所不同而已。大众文化发展的合目的性恰恰要求大众文化要发挥自身易传播、可普及、外在美而善于抓人眼球亦能影响人的思想、形式活泼而精于市场运作亦能产生社会效益等特点和优势，促使文化发展的目的能在媒介化社会、信息化社会、数字化社会的时代背景下获得进一步的合理彰显与具体实现。

大众文化的科学发展从根本上来讲就是大众文化发展的科学性，即其合规律性与合目的性的统一，并在现实生活中得到切实的体现和贯彻。当然就目前大众文化发展的本然状态来说，大众文化科学性要想完全实现尚具有一定的理想化色彩，因为从总体上来说，当前的大众文化依然是以精心策划和过度包装的形式美来掩饰其内在"真善美"的稀缺。但就大众文化发展应然的角度来说，其科学性的内涵将会不断得以丰富，并能在其与经济社会总体发展的不断磨合、协调的过程中将自身科学性充分凸显出来。从现实层面来讲，我国当代大众文化的科学发展就是需要大众文化的建设能按着科学发展观的要求，遵循"创新、协调、绿色、开放、共享"五大发展理念的要求，把"以人为本"作为自身首要的价值追求和核心立场，自觉融入文化强国的战略中，切实推动社会主义文化大发展、大繁荣、真发展、真繁荣。

### （三）科学的大众文化发展观的树立与践行

1. 以积极的心态推动大众文化建设

伊格尔顿认为"文化理论的黄金时期早已消失"，那些曾经著名的文化理论家或对文化研究产生过重大影响的思想家也都与我们渐行渐远。"雅克·拉康、列维–施特劳斯、阿尔都塞、巴特、福柯的开创性著作远离我们有了几十年。R. 威廉斯、L. 依利格瑞、皮埃尔·布迪厄、朱丽娅·克莉斯蒂娃、雅克·德里达、H.西克苏、F.杰姆逊、E.赛义德早期的开创性著作也成明日黄花。"① 但文化研究势头并未停息，"文化理论的另一历史性进展就是确立大众文化值得研究"。② 不可否认，当今文化工业是推动文化发展的重要引擎，这不仅使大众文化在理论上值得研究，更为重要的是它已成为文化建设领域中必须加以重点关注的对象和推动一个民族文化走向世界的重要"杠杆"。

当我们批判大众文化没有创新性、陷入模式化的时候需要注意的地方在于，我们不能用精英主义立场或精英文化的标准来对待大众文化，就像不能用大众文化的标准和要求来对待精英文化一样。海德格尔（Martin Heidegger）曾指出："要是哲学变成了一种时尚，那就或者它不是真正的哲学，或者哲学被误解了，按照与之无关的某种目的误用于日常需要。"③ 所以我们无法将哲学在真正意义上进行通俗化，使大众都去热衷于哲学，就像我们无法使大众文化在真正意义上进行精英化，让所有的精英知识分子都去喜爱大众文化一样。不同类型的文化的受众、特征、功能等是不同的，大众文化的受众无疑会比精英文化的受众要广，其感性娱乐功能也无疑是强大的，甚至是部分人群精神生活的重要栖息地，部分地构成了他们的精神家园。因此，不发展好大众文化，大众文化建设出了问题对国人精神生活和国民性的塑造就会产生严重的负面影响。所以要以积极的心态去推动大众文化的发展，所谓积极的心态，就是不要因为大众文化存在肤浅、庸俗等问题，就对其鄙视、漠视，这其实是主导文化的"盲目自大"和精英文化的"自命清高"。事实上，当前无论是主导文化还是精英文化都需要以更加积极的心态去探索大众文化如何科学发展，以务实的作风来利用大众文化服务于自身的科学发展。

---

① 〔英〕特里·伊格尔顿：《理论之后》，商正译，北京：商务印书馆2009年版，第3页。
② 〔英〕特里·伊格尔顿：《理论之后》，商正译，北京：商务印书馆2009年版，第6页。
③ 〔德〕海德格尔：《形而上学导论》，熊伟、王节庆译，北京：商务印书馆1996年版，第10页。

2. 努力探索中国特色社会主义大众文化发展道路

西方大众文化模式是深深植根于整个资本主义社会的经济系统之中的，是资产阶级文化内容的有机组成部分。丹尼尔·贝尔（Daniel Bell）曾指出："资本主义是这样一个社会经济系统：它同建立在成本核算基础上的商品生产挂钩，依靠资本的持续积累来扩大再投资。然而，这种独特的新式运转模式牵涉着一套独特文化和一种品格构造。在文化上，它的特征是自我实现，即把个人从传统束缚和归属纽带（家庭或血统）中解脱出来，以便他按照主观意愿'造就'自我。在品格构造上，它确立了自我控制规范和延期报偿原则，培养出为追求既定目的所需的严肃意向行为方式。正是这种经济系统与文化、品格构造的交融关系组成了资产阶级文明。"① 诚然资产阶级文明是人类文明的重要成果，我们对其需要加以必要的借鉴，镶嵌在资产阶级文明之中的西方大众文化的发展方式及其成果，也有值得我们汲取经验的地方，但我们更需要做的是对此进行批判式的研究。不同的社会制度、不同的文明形态、不同的文化价值追求决定了我们的大众文化建设绝不能模仿西方模式。

以计划经济的方式、以公益性文化事业的方式来发展大众文化，既有违大众文化的特性，也被历史证明是行不通的，而完全使大众文化产品带上极端商品化、快餐式的消费性等特征，也只能使文化不断异化，使人不断异化，这也是不行的。中国大众文化需要在保证其拥有必要的文化品格的前提下发挥市场作用进行规划性生产，以通过提供丰富的文化产品的方式来满足普通人的精神生活需要和日常娱乐需求，并以通俗化、审美化、寓教于乐等方式潜移默化地弘扬民族精神、时代精神与社会主旋律。对于"主旋律"的理解，我们需要深刻地认识到，真正的主旋律体现着某一时代、某一历史进程中人民的集体生存意志，体现着时代发展的动向。它是客观存在的而不是主观臆造的，是一定会在这个时

---

① 〔美〕丹尼尔·贝尔：《资本主义文化矛盾》，赵一凡等译，北京：生活·读书·新知三联书店 1989 年版，第 25 页。

代的文化作品的创作中不可违逆地凸显、强调出来的。例如，西方资本主义社会上升时期，呼吁人性解放，吁求自由平等博爱，中国近百年来反封建、反侵略、反独裁、求民主、求民族复兴自强、求国富民强等，这些既是时代发展的强音、人民生活意愿的主旨，也成为这个历史阶段文化作品创作的主调，即所谓的"主旋律"。① 中国当代大众文化应成为时代精神的重要镜像和表征，这就需要将中国当代大众文化的发展道路与整个中国特色社会主义文化的发展道路，乃至整个中国特色社会主义道路的发展自觉地结合起来。

3. 在发展过程中要遵循市场经济与文化发展的双重规律

有关大众文化的生产、流通与消费等活动既是文化行为也是经济行为。经济行为就要遵循市场经济规律，在发展大众文化过程中要遵循市场经济规律就是要承认大众文化产品的商品属性，其生产、流通与消费等诸环节均需按照市场经济的"游戏规则"来展开，产品价值将受社会必要劳动时间的决定，产品价格将会围绕价值做上下的波动，供求关系将对大众文化产品价格及销售情况等产生重要影响。在市场经济环境下，大众文化生产的直接目的是能在市场上获得足够的销售份额，获得相应的利润回报，生产它的主体是"文化企业"，这些企业在生产过程中也会严格控制成本，也会按着企业化运作方式进行文化产品的规模化生产。如何使这些产品适销对路则是文化企业在大众文化产品开发、设计、制作时所必须考虑的问题，否则不仅会使企业利润受损，也会造成社会资源的浪费。大众文化产品的流通要按着市场经济的要求来建立和拓展相应的销售渠道和销售网络，采取多种多样的市场营销手段以促进大众文化消费市场的繁荣，大众在文化消费上可以根据自己的喜好对大众文化商品进行价值判断和消费选择。市场经济建设过程中一方面要发挥市场在社会资源配置时起决定性的作用，另一方面也需要进行相应的宏观调

---

① 参见孙若风:《建设社会主义文化强国》，北京：中央党史出版社 2012 年版，第 49—50 页。

控。对于大众文化的生产需要积极发挥和合理运用市场和宏观调控两个方面的作用。在生产规模、不同产品类型的开发等上，文化、广电等部门应对大众文化企业有一个宏观的指导；在生产、流通、消费等流域需要加强相关方面的立法和监管工作，避免媚俗、低俗、恶俗的大众文化产品流入市场；对大众的文化消费也需要进行合理的引导，从而为推动我国大众文化的科学发展创造一个良好的社会环境。

文化发展终究受到经济发展水平的制约，但文化发展与经济社会发展之间是存在不平衡性的，文化发展有着自身的规律，政治对文化发展存在多重影响，但政治不能直接干预具体的文化建设、文化创作，尤其对于大众文化，政治更不能对其生产、流通、消费进行直接干涉。不过，由于文化建设事关意识形态，所以各国的执政党都会对文化的发展方向进行适当的监控和调控，如果一国文化发展方向失控，那么该国意识形态建设也将随之有崩坍的危险。众所周知，好莱坞的影视大片被称为"铁盒里的外交"，它是美国文化外交、意识形态外交最为成功的典范。麦当劳刚在中国出现时，也不仅仅只是以一种餐饮方式呈现在国人面前，"在北京以及另一些地方，麦当劳是刚来的新事物，人们去进餐，不只是去吃汉堡包，而且也是体验一下美国式现代大众文化的消费"[①]。这表明文化发展，特别是大众文化发展与一国意识形态战略，甚至整个国家的发展战略密切联系在一起。为此，我国大众文化的发展不能仅以市场和利润为导向，应要以弘扬社会主义核心价值体系、核心价值观为己任，用优秀的大众文化作品吸引民众，凝聚人心，振奋精神，折射人性中的真善美，融入文化强国的大潮之中。

4. 在发展手段上要善于利用多种社会资源

大众文化建设需要大量的资金投入，为此，我国大众文化企业首先要善于多渠道融资，诸如引入多元化的资本投资方式、合理使用金融贷

---

① 〔美〕彼得·伯杰：《全球化的文化动力》，载邢悦：《文化与国际关系精选文献导读》，天津：天津人民出版社 2011 年版，第 152 页。

款，发行相应的债券，通过上市发行股票等，都是可以加以选择和利用的融资手段。总之，在相应的法律框架范围内，在市场经济的规则下，积极开拓资金渠道才能不断拓展大众文化的发展空间。其次，大众文化企业要积极利用目前较为宽松的政策环境、国家相应的扶持政策和税收方面的优惠政策来大力推进我国大众文化的科学发展，要特别注重拓宽海外销售途径，积极培育海外消费市场，充分挖掘我国大众文化"走出去"的潜力。再次，要积极利用多样的文化资源，开拓文化发展新思路，开发文化新产品，实现文化新价值。中国传统文化资源、人类优秀的文化成果都可以尝试通过大众文化的形式表现出来，建设和发展大众文化的眼光需要更开阔一些，思路需要更广阔一些，目标需要更高远一些。这里的目标不仅体现在经济利润指标上，也体现在大众文化作为一种工业化、全球化时代下的"文化"所应肩负的文化担当和可能更好地加以实现的文化价值目标上。

5. 在发展价值目标上要服务于"人的自由全面发展"

人的发展是社会发展的最重要的综合指标，社会主义将"培养社会的人的一切属性，并且把他作为具有尽可能丰富的属性和联系的人，因而具有尽可能广泛需要的人生产出来——把他作为尽可能完整的和全面的社会产品生产出来"[①]。社会主义不仅给予人劳动的自由，也给予人更多的自由休闲的时间，它"将给所有的人提供充裕的物质生活和休闲时间，给所有人提供真正充分的自由"[②]。目前，中央与地方各级政府都非常注重民生问题，所谓民生问题说到底就是让人民过上"好日子"，而"好日子"的标准从哲学层面上讲就是人在实际生活中能尽量摆脱异化的状况，能得到更多"自由全面发展"的机会，享受到更多的社会文明成果，而"对民生的关注，既包括对人民物质生活的关注，也包括对人民

---

① 《马克思恩格斯文集》第 8 卷，北京：人民出版社 2009 年版，第 90 页。
② 《马克思恩格斯全集》第 21 卷，北京：人民出版社 1965 年版，第 570 页。

精神文化生活的关注"①，这说明文化民生是整个民生工程的重要的有机组成部分。大众文化在社会主义社会完全可以有效转化成为一种"民生文化"，成为保障和满足人民文化权益的"大众的文化"。

有人说目前社会物欲横流，真正意义上的文化，其发展空间异常狭小，其实不然，当人越是生活在金钱、名誉、权利、物质享受左右一切的时代，人的内心越是能激起一种超越它们的、渴望被救赎的情感，期待心灵的净化和过一种超凡脱俗的高尚生活。② 作为社会主义社会的大众文化虽然具有商品消费性、感性娱乐性等特征，但并不代表它就不能给予人思想的力量和精神的滋养，就不能净化人的心灵。也许大众文化的日常世俗性，决定了它不可能是超凡脱俗的，但正是这种日常世俗性决定了它有着顽强的生命力和巨大的发展空间。我们在文化发展价值目标上所追求的"人的自由全面发展"，恰恰不是让其在信仰的世界中得到膜拜和确认，而是要使之在日常生活或者说"世俗"中得到逐步实现。

## 第三节　科学发展观的文化学解读

不可否认，科学发展观首先关注的仍然是经济领域的发展，没有经济上的科学发展，政治、社会、文化等方面的科学发展就会失去必要的物质支撑，因而高度重视我国经济的科学发展，尤其在目前经济新常态下如何优化产业结构，适应经济上的调速换挡，开拓更好的经济科学发展路径，是继续深化科学发展观研究的主要任务。这也就是说，对科学发展观进行经济学上的解读应该是科学发展研究的主要范式，但作为党

---

① 刘大椿：《科学技术哲学导论》，北京：中国人民大学出版社 2005 年版，第 438 页。
② 参见张庆熊：《宗教的市场向面与超越向面的辩证关系：评宗教市场论》，载张庆熊、徐以骅：《基督教学术》第十辑，上海：上海三联书店 2012 年版，第 12 页。

和国家指导思想的科学发展观，其指导意义和价值显然又远远超越了经济层面，关涉到社会发展的方方面面，这也说明了科学发展观必然存在包括政治学、社会学、生态学、文化学等在内的多种解读范式。

## 一、科学发展观的文化意蕴

科学发展观既具有宽广的世界眼光，又深深扎根于中华民族优秀文化的沃土之中。我们需要承认，当代西方国家一系列的社会发展理论对科学发展观的提出提供了正反两个方面的启示价值，同时也要认识到，科学发展观的继续深入研究和贯彻落实，一方面仍需要不断地从人类思想史和全球文化系统中汲取新的营养；另一方面，更要将其扎根于中华优秀传统文化之中，融入当代中国整个文化建设之中。

科学发展观之所以具有深厚的文化意蕴，除其继承了马克思主义的思想传统和精神质素，吸收了当代人类思想文化的精华等这些基本原因外，也得益于中华民族优秀传统文化的滋养。"科学发展的理念，是在总结中国现代化建设经验、顺应时代潮流的基础上提出的，也是在继承中华民族优秀文化传统的基础上提出的。"[1]科学发展观中诸多理念是民族优秀文化精神现代转型的典范，诸如民本思想与"以人为本""天人合一"与生态文明建设、"和为贵"与当代和谐社会构建、"正心修身"、人的自由全面发展、"协和万邦"与和谐世界等之间均存在着精神上的某种相通性。虽然由于时代、阶级立场等不同，这些思想之间存在差异，但民族血脉相连、五千年文明相继，使它们有着类似的精神特质和某种一以贯之的思想神韵。当我们把科学发展观看成党的指导思想，看成需要被贯彻落实的政治要求时，并不妨碍我们从文化学意义上来解读其内在的文化品格。

---

[1] 中共中央文献研究室：《科学发展观重要论述摘编》，北京：中央文献出版社、党建读物出版社 2009 年版，第 8 页。

中华民族传统文化也有其不足方面，甚至有劣根性的地方。鲁迅在《狂人日记》中将中国传统封建礼教、封建文化总结为"吃人"二字，虽有过激的一面，但笔者认为这是一种对中国传统文化劣根性进行批判时的"矫枉过正"和"重病需要猛药治"的文化纠偏策略。鲁迅所说的"吃人"，其实指的就是中国传统文化中对人的价值的否定、对人的尊严的践踏。这种"吃人"的文化在当今的社会依然屡见不鲜，当然形式有所改变，花样有所翻新，比如已经不是什么"礼教吃人"而是"货币吃人""资本吃人""权力吃人"等，但归根结底都是对人的尊严的藐视，对人的自由全面发展的漠视，对人发展权利的有意无意的剥夺。科学发展观"摒弃了对人类发展虚无主义式的否定，也扬弃了现代以'物的依赖'为基础的发展主义与以'物'为尺度的异化发展道路，在人的自由全面发展目标中重新肯定人的价值和尊严"①。笔者认为科学发展观的提出，重大意义不仅在于要解决中国当前所面临的一系列的社会发展问题，更在于它对于改造中华民族传统的农耕文化思维、心态具有重大意义，将为中华民族传统文化的现代转型和当代中国精神的塑造打开一个重要通道。

## 二、建基于科学发展观上的"新的文化发展观"解读

2006年1月中共中央国务院颁布了《关于深化文化体制改革的若干意见》，在该"意见"中提出我国文化体制改革要坚持勇于实践、大胆创新，树立"新的文化发展观"。所谓"新的文化发展观"是指在科学发展观的指导下的文化发展观，是党中央提出的文化发展的一系列新思想、新观点、新论断的高度概括。②"新的文化发展观"并不是对以往我国

---

① 陈学明、罗骞：《科学发展观与人类存在方式的改变》，载《中国社会科学》2008年第5期。

② 参见韩永进：《新的文化发展观》，北京：文化艺术出版社2006年版，第1页。

文化发展理念和思路的否定，也并不是说过去的文化发展观就是"旧"的、需要抛弃的，而是说在新的历史时期，如何更加准确地把握文化发展的方向，更加深刻地理解文化建设的意义，如何结合世界文化发展的态势，在竞争日益激烈的国际环境中，在社会主义精神文明建设的转型时期、在科技与文化相互渗透性不断加强、文化事业与文化产业日益分野又日益联系密切的背景下，如何形成顺应时代之势、反映人民之愿、满足人民之需、提高我国文化软实力和整体实力的文化发展的基本理念和思路。

党的十六大以来，党中央坚持解放思想、实事求是、与时俱进的思想路线，在科学判断国际国内形势、全面把握当今世界文化发展趋势和深刻分析我国基本国情与战略任务的基础上，就如何发展社会主义先进文化形成了一系列新思想、新理论、新论断，诸如如何发展社会主义和谐文化、如何提高社会主义国家文化软实力、如何构建中华民族共有的精神家园、如何建设社会主义核心价值体系、如何继续推进我国文化体制改革发展文化事业与文化产业、如何建设公共文化服务体系，等等。这些均表明我们党对社会主义市场经济条件下的文化建设规律的认识已达到了一个新的高度。这些思想既是"新的文化发展观"的重要内容，也在当前的文化建设领域得到了相应的体现。

"新的文化发展观"是科学发展观，特别是科学文化发展观的重要组成部分，它要求我们不能单纯地就文化而论文化，而应进一步围绕"发展"这个重要的时代主题来看待文化。始终坚持把文化建设与推动时代发展紧密联结起来，这正是当代中国要树立"新的文化发展观"的关键之所在。为此，我们一是要着眼于科学发展观关于"全面协调可持续"的要求，推进经济、政治、文化、社会和生态文明全面协调发展，从更高的起点上自觉地审视文化建设的地位与作用，彻底转变那种文化发展仅仅服务于经济建设或政治需要的传统观念，切实实现文化建设在推进整个社会的科学发展中的具有工具性价值的经济功能和具有主体性价值的育人功能的辩证统一。为此，"各级党委和政府要把文化体制改革和文化建设摆在全局工作的重要位置，纳入经济社会发展总体规划，纳入科学发展考评体制"[1]，不能把文化建设表面化地看作"时代的化妆品"，而应从"四个全面"战略布局中认识其地位作用，在"五位一体"的总体布局中认清其功能定位，从促进中华民族伟大复兴和实现"中国梦"的战略高度把握其重大意义。[2] 二是要着眼于当今世界文化与经济日益相互交融的发展态势，紧扣经济转型、产业升级、发展方式转变的时代要求，深入推进文化体制改革，进一步解放和发展文化生产力。为此，既要顺应产业不断被"文化"化的趋势，着力增强经济发展的科技和人文含量，提升产业竞争力，促进经济转型升级，又要顺应文化不断被产业化的态势，在明确和增强文化的产业属性的同时又要防止过度产业化而破坏文化生态，导致文化产业化下的文化"荒漠化"。三是要着眼于贯彻落实科学发展观中的以人为本、统筹兼顾的理念，顺应社会对公共文化服务需求显著增强的趋势，进一步提高公共文化服务体系建设对保障人民群众基本文化权益重要性的认识，以全新理念和方式来建设公共文化服务体系，向社会公众提供优质的公共文化产品和服务，保障人民群众的基本文化权益。四是要着眼于弘扬新时期人文精神，形成与经济社会发展新阶段相适应的思想道德观念和核心价值观念，让文化软实力服务于发展的"硬道理"，构筑广泛的思想共识，提供足够的精神动力，营造良好的文化氛围。

## 三、树立"新的文化发展观"与中国文化的科学发展

树立新的文化发展观说到底就是要在文化建设领域贯彻落实科学发展观。它要求我们要进一步深刻认识到文化建设的战略意义，把文化建

---

① 中共中央宣传部、中共中央文献研究室：《论文化建设——重要论述摘编》，北京：学习出版社、中央文献出版社 2012 年版，第 137 页。

② 参见李广春：《文化不是时代的化妆品——兼论文化建设需要澄清的几个模糊认识》，载《红旗文稿》2016 年第 9 期。

设同经济建设、政治建设、社会建设一同纳入经济社会发展的全局中来，努力促进社会主义先进文化的发展和繁荣，为促进社会主义各项事业的科学发展提供精神支撑和文化环境。为此要"深入研究人民群众对文化建设的新要求和对文化工作的新期待，深入研究中国特色社会主义文化发展的规律和特点，深入研究文化发展与经济发展、政治发展、社会发展的内在关系"①。"新的文化发展观"就是在深入研究这些问题的基础上提出的，它的基本要求在于要大力弘扬和培育以爱国主义为核心的民族精神和以改革创新为核心的时代精神，不断巩固全党全国人民团结奋斗的共同思想基础；需要我们切实加强思想道德建设，提高全民族的思想道德素质，在全社会形成团结互助、平等友爱、共同前进的良好社会氛围和新型人际关系；需要我们大力发展教育和科学事业，弘扬科学精神，普及科学知识，提高人们的科学文化素养；需要我们创作、制作、生产更多更好的文化产品，丰富人们的精神生活，增强人们的精神力量，促进人的自由全面发展，自觉践行以人为本的理念。

树立新的文化发展观需要进一步深化对文化发展方向的认识，始终坚持社会主义先进文化的前进方向。在当代中国，发展先进文化，就是要发展面向现代化、面向世界、面向未来的、民族的科学的大众的社会主义文化。在经济全球化的背景下，面对世界经济、政治、文化相互交融、各种思想文化相互激荡的国际环境，面对敌对势力加紧对我国进行意识形态渗透、实施西化分化政治图谋的形势，面对我国文化市场资本投入日益多元的复杂局面，为了凝聚人心、振奋精神和切实维护与保障国家的文化安全，我们必须坚持社会主义先进文化的前进方向，坚持党对文化工作的领导，坚持马克思主义在意识形态领域的指导地位。坚持为人民服务、为社会主义服务的宗旨和百花齐放、百家争鸣的方针，在坚持以科学的理论武装人、以正确的舆论引导人、以高尚的精神塑造人、

---

① 中共中央宣传部、中共中央文献研究室：《论文化建设——重要论述摘编》，北京：学习出版社、中央文献出版社 2012 年版，第 136 页。

以优秀的作品鼓舞人的基础上，我国的文化建设要自觉以"三贴近"，即贴近实际、贴近生活、贴近群众为基本要求，不断弘扬主旋律，提倡多样化。

树立新的文化发展观，需要不断深化对文化发展动力的认识，坚持以文化体制改革为动力，以文化建设机制创新为重点，努力解放和发展文化生产力。目前文化体制改革业已成为完善我国社会主义市场经济体制的重要任务，通过深化文化体制改革，文化生产力解放力度与发展程度都获得了大幅提高。经过近四十年的改革开放，目前我国文化发展的环境和条件发生了深刻变化，精神文化产品的创作、生产、流通和消费的空间也获得了较大范围的拓展。这些都为文化发展，尤其是文化产业、大众文化的发展提供了难得的机遇。但在文化建设的过程中也凸显出了原有的文化体制与不断发展变化的经济体制环境不相适应的问题，许多方面仍然停留在传统体制的模式上，文化建设的活力和竞争力还有待于提高。只有适应社会主义市场经济发展的要求，推进文化体制改革，才能进一步解放和发展文化生产力，才能使我国社会主义文化在新的历史条件下走上科学发展之路。

树立新的文化发展观，需要进一步深化对文化发展思路的认识，公益性文化事业、经营性文化产业之间要全面协调发展，既要不断完善支持和保障文化事业发展的政策措施，又要尽快完善文化产业政策，增强我国文化产业的整体实力和竞争力。由于长期以来我们混淆了公益性文化事业与经营性文化产业的性质和职能，因而如何实现文化事业与文化产业的两手抓、双加强、同向促进、协同共进则成为目前我国深化文化体制改革的基本要求。公益性文化事业的根本任务，是要为人民群众提供基本的公共文化服务，构建覆盖全社会的比较完备的公共文化服务体系，不断满足人民群众最基本的文化需求。经营性文化产业的根本任务，则是要通过繁荣文化市场，不断满足人民群众多方面、多层次、多样性的精神文化需求，通过市场激发民族文化活力，解放和发展文化生产力。发展公益性文化事业，要坚持以政府为主导，鼓励社会参与，切实提高服务群众的能力和水平。发展经营性文化产业，要充分发挥市场配置资源的基础性，乃至决定性作用，坚持以市场为导向，在市场竞争中使其逐步发展壮大。文化事业与文化产业既相互区分又相互促进，二者统一于繁荣社会主义先进文化的伟大事业之中。按照这个思路来发展社会主义先进文化，既体现了我们的文化建设是按着科学发展观要求来进行推进的，也体现了我们对于社会主义市场经济条件下文化发展特点和规律已有了相当程度的自觉。

树立新的文化发展观，需要坚持以人为本的核心立场，努力创作、生产出更多更好的精神文化产品，满足人民群众日益增长的精神文化需求，不断提高全民族的科学文化素质，培育有理想、有道德、有文化、有纪律的社会主义公民，促进人的自由全面发展，为社会主义现代化建设提供精神动力和智力支持。文化，特别是大众文化既具有意识形态属性又具有产业属性，文化产品，特别是大众文化产品是一种具有特殊价值内涵的商品。深化文化体制改革、发展文化产业、建设大众文化既要遵循社会主义市场经济规律，又必须遵循社会主义精神文明建设的规律和要求，认真处理好文化产品的意识形态属性与商品属性的关系，始终坚持把社会效益放在首位，努力实现社会效益与经济效益的统一。无论是发展公益性文化事业，还是发展经营性文化产业，都要坚持以人为本，把着力点放在丰富人们的精神世界、增强人们的精神力量、满足人们的精神需求和促进人的自由全面发展上来，尤其是在发展文化产业、推进大众文化建设的过程中，努力实现面向群众与面向市场的统一，要为全社会提供丰富多彩的文化产品和服务，满足人民群众多方面、多层次、多样性的精神生活需要，最大限度地发挥大众文化的育人功能，引导人们积极追求更加美好的生活。

## 四、大众文化建设是推动中国特色社会主义文化科学发展的重要环节

大众文化已成为我国文化建设中不可忽视的重要组成部分。"由于我

国的大众文化总体上是比较健康的，所以加强大众文化建设就成为我国目前整体文化建设的重任之一。"①大众文化在中国兴起有着特殊的历史契机和现实境遇，这就是社会主义市场经济体制的逐步建立和不断完善，市民社会结构不断优化调整，高科技、大规模的文化生产手段及先进传媒技术等得到普遍应用。不可否认，文化的科学发展本身是一项系统性的工程，主导文化、精英文化、大众文化、民间文化等如何良性互动，共生共荣，或者说文化生态问题是当前任何一个国家和民族在推动文化科学发展时都必须要进行系统考虑、深入思考的问题。在全球文化日益碰撞、彼此交融、相互激荡的时代，一系列重大文化问题，诸如各类新思潮层出不穷、各种思想意识相互交锋、多元价值观念鱼目混珠，这些看似文化领域内的问题则往往与重大政治、经济、社会等问题纠缠、交互在一起，成为各国、各民族在加强文化建设时都需要慎重加以考量的重要的社会背景。但对于普通人来说，主导文化的"说教"、精英文化的"启蒙"、价值观的"争论"这些"宏大叙事"性文化活动、现象，都往往需要通过大众媒介、大众文化的形式进行叙事转化，将其转型成为易传播、易接受、易共鸣的文化作品。因此，我们可以如此指认，大众文化对当代人的身心发展的影响越来越大，对经济社会发展的影响越来越强。正因为如此，大众文化的科学发展对整个社会的文化的科学发展和全民族的文化素质、道德素质等的提高也显得越来越重要。当前加强与改善大众文化建设已成为推动我国文化科学发展的重要环节，倘若大众文化建设偏离科学发展之道，就预示着整个社会的文化发展的顶层设计、战略规划、体制政策等也就可能存在严重的隐患。

大众文化建设成为推动中国特色社会主义文化科学发展的重要环节，具体表现在以下几个方面。

首先，加强当代大众文化建设能为中国特色社会主义文化的科学发

---

① 尤战生：《流行的代价——法兰克福学派大众文化批判理论研究》，济南：山东大学出版社 2006 年版，第 234 页。

展提供丰富的文化资源。中国特色社会主义文化需要在满足人民群众文化需求、彰显人民群众的文化追求中获得自身发展的动力。"由大量公众在特定语境中参与的社会意义的生产和传播，才构成大众文化"[①]，由于大众文化与人民群众的日常生活密切相联，将大众文化有针对性地融入中国特色社会主义文化系统中，将有助于架构社会主义主导文化与其他类型文化之间的文化通道，形成更加强大的社会主义文化整合力及其对现实生活的影响力、渗透力。在中国政治文化语境下，大众文化不仅常常直接或间接表现着中国特色社会主义的文化主题，同时它的许多内容也被中国特色社会主义文化所吸收，成为其有效的组成部分。在某种意义上可以说，"当代中国大众文化和其他文化类型互相交叉，互相渗透，共同发展，一起构成了我国现代文化的整体结构"[②]。这也是我国社会主义大众文化与西方资本主义社会大众文化的重要区别之所在。

其次，加强当代大众文化建设能为中国特色社会主义文化的科学发展提供良好的文化载体。优秀传统文化、自然科学常识等利用大众文化这个载体往往可以获得有效传播，实践证明中央电视台的《百家讲坛》在吸收了众多大众文化元素后成功热播，在一定程度上对于传播，特别是普及中华民族优秀传统文化起到了积极的推动作用。利用大众文化将有利于推进社会主义核心价值体系建设，在全社会积极培育社会主义核心价值观。从近年来主旋律电影票房飘红和反映主流价值观的电视剧被热捧中，我们不难发现，在我国大众文化与主流意识形态之间是存在契合性的，中国特色社会主义文化的科学发展必然要求社会主义主流意识形态与价值观能够占据思想文化的制高点，对其他类型的文化进行必要的引领和适当的调控，但就文化传播和意识形态建设的策略而言，这又需要相应的基础，那就是社会主义主流意识形态需要不断增强

---

① 王一川主编：《大众文化导论》，北京：高等教育出版社 2009 年版，第 104 页。

② 金民卿：《大众文化论——当代中国大众文化分析》，北京：中共中央党校出版社 2002 年版，169 页。

自身的亲和力和日常生活的渗透力，在这方面大众文化无疑为其提供了良好的载体。

再次，加强当代大众文化建设能为推动中国特色社会主义文化的科学发展提供有效的途径。中国特色社会主义文化的科学发展不仅预示着思想理论的创新、文化精品的涌现、文化"高峰""顶峰"的出现，也需要这些思想理论、文化精品、文化"高峰""顶峰"本身能够"接地气"，或者这些"高端"且带有精英色彩的思想理论与文化作品通过大众文化方式的适当处理、转化而"接地气"，让普通百姓在接受这些大众文化作品的过程中潜移默化地受到社会主义先进文化的熏陶。

最后，加强当代大众文化建设能夯实中国特色社会主义文化的科学发展的产业基础。按着英国著名文化理论家约翰·斯道雷的观点，"大众文化是人们从文化产业的商品与商品化实践中所生产之物"①，大众文化建设与文化产业发展是相辅相成的，加强当代大众文化建设也是在夯实中国特色社会主义文化的科学发展的产业基础。当代任何一个国家或民族的文化发展不可能仅仅是纯观念形态的文化创新与创造，它还应包括精神物化了的文化形态，也就是产业形态，即文化产业的发展。"文化产业有时也被称作或引申为'文化工业'（cultural industry）、'大众文化'、'通俗文化'、'创意产业'（creative industries）、'媒体文化'、'内容产业'（content industries）、'版权产业'（copyright industries），等等。"②这一方面反映出文化产业概念本身的丰富性和不完全确定性，另一方面说明文化产业与大众文化之间存在密切关系。从学理层面上讲，大众文化与文化产业之间还是存在比较显著的差别的：前者是一种文化类型，后者则是一种产业类型。但从现实层面上讲，文化产业模式所生产出的文化产品虽然不一定都可以称之为大众文化，但大众文化则几乎都是文化

---

① 徐德林：《重返伯明翰——英国文化研究的系谱学考察》，北京：北京大学出版社2014年版，第15页。

② 苑捷：《当代西方文化产业理论研究概述》，载《马克思主义与现实》2004年第1期。

产业模式下所生产或者是可以被产业化生产出来、进入市场流通而被大众所消费的文化产品。因此，研究如何建设大众文化，不能仅围绕大众文化作品自说自话，需要深入大众文化的生产机制和消费机制中，即文化产业和文化市场之中来探索如何通过加强和改善大众文化建设推动文化的科学发展。

文化产业将大众文化的生产全面引入工业化模式中，其中也许或者必然导致在传统文化生成机制下所诞生的文化作品的某些良性特征的消陨，这不能不说是整个人类文化发展中的"阵痛"和"遗憾"，但工业化无疑是人类发展史上的一次巨大进步，将工业化引入文化生产机制中，从根本上来说也是人类文化的一次巨大进步。"工业的历史和工业的已经生成的对象性的存在，是一本打开了的关于人的本质力量的书，是感性地摆在我们面前的人的心理学。"[①]处于工业化模式中生产的大众文化产品或作品也应该是一本本打开"人本质力量的书"，我们不能先验地带着任何偏见去阅读它、去反思它、去研究它。正如加拿大著名学者文森特·莫斯可（Vincent Mosco）指出的那样，文化研究应当重返它的根本，即文化是大众的，文化建设必须关注大众的日常生活。大众文化作为一种由绝大多数社会成员均能参与的文化类型，虽然它目前还存在诸多缺陷和不足，还需要不断地加强合理的引导和规划，但它的发展和繁荣无疑能使人民群众有可能真正成为文化的参与者、享用者，打破特权阶级和社会精英的文化垄断权。

21世纪以来，影视、数字化产品、电子媒介、网络、手机等大众媒介的迅猛发展，与之相伴的大众文化蓬勃发展，以锐不可当的趋势成为世界文化的主潮，构成了当代极为重要的文化景观。大众文化在全球兴起，不仅改变着人类精神生产的方式，也使人类物质生产方式发生着微妙的变化，促使物质生产与精神生产在一定层面上更紧密地交织在一起。"如果物质生产本身不从它的特殊的历史的形式来看，那就不可能理解与

---

① 《马克思恩格斯全集》第3卷，北京：人民出版社2002年版，第306页。

它相适应的精神生产的特征以及这两种生产的相互作用。这样就不能超出庸俗的见解。"[①] 大众文化时代悄然来袭，大众文化的形成与发展及其当代勃兴反映着人类精神生产方式的变革，作为知识分子有责任去深入研究大众文化，通过反思批判式的研究探寻人类大众文化未来的发展走向。作为中国马克思主义理论工作者在理解大众文化时需要超越传统社会的视界，有责任以马克思主义文化理论为指导，在当代中国生产力、生产关系、上层建筑及三者关系的发展变动中，在全面把握全球文化发展的大趋势、科学审视社会文化深刻调整的大格局中，在努力推动文化大发展大繁荣的背景下，去积极探索中国大众文化的科学发展之路。

---

① 《马克思恩格斯全集》第33卷，北京：人民出版社2004年版，第346页。

# 第二章　大众文化基本理论的历史梳理与当代构建

　　大众文化理论流派众多，其思想观念也纷繁复杂。梳理、辨析利维斯主义、法兰克福学派、伯明翰学派、符号学、后现代主义等思想流派中的大众文化观，对于我们树立科学的大众文化观具有深刻的启发意义，对于我国当代大众文化的理论与实践发展都将大有裨益。大众文化的形成及发展与社会的经济、政治、文化、科学技术，特别是媒体技术的发展密切相关，它的勃兴不仅预示着人类文化生产方式的变迁，也标志着人类日常生活方式的变化，它所包含的大众媒介性、商品消费性、通俗流行性、大众娱乐性、日常生活性、意识形态性等基本特征及其所激发出的文化功能，对于一个民族心智发展、人们生活水平提高、大众生活方式的改善乃至整个社会的科学发展都越来越产生重要影响。因此，通过对大众文化理论的历史梳理与现实观照，去积极探索构建中国特色社会主义大众文化理论，则成为推动我国当代大众文化建设、拓展社会主义大众文化科学发展之路的一项重要的基础性工作。

## 第一节　多重语境与比较视域下的大众文化观

　　从学术史角度看，中西方对大众文化的理解存在明显的差异，即使是在西方学术话语体系中，各家各派对大众文化的解读也可谓众说纷纭，出现了多种大众文化观，甚至存在截然相反的观点。这些观点都有自己的理论依据和相应的道理，也都对大众文化的某些特征做出了深刻阐述，能帮助我们更全面理解大众文化的内涵和外延。因此，要想深入理解何谓大众文化，就需要从多重理论语境中去审视它，条分缕析各种流派的大众文化观的合理性与不足之处，从比较视域中去分析它，探明大众文化与不同文化类型之间的异同，这将有利于我们构建更加科学的中国特色社会主义大众文化观。

## 一、多重语境下的大众文化释义

### （一）西方纷繁学术语境下的大众文化观透视

对于什么是"大众文化"，正如对于什么是"文化"一样，观点纷杂，莫衷一是。英国著名文化理论家约翰·斯道雷从六个方面分别对大众文化进行了界定：1. 大众文化是为多数人所普遍喜欢的文化；2. 大众文化是在确定了高雅文化之后所剩余的文化；3. 大众文化是具有商业性、以缺乏辨别力的消费大众为对象的群众文化；4. 大众文化是人民创造出来的为人民享用的文化；5. 大众文化是社会中从属群众的抵抗力与统治群众的整合力之间角逐的场所；6. 大众文化是消融了雅俗文化之间界限的文化。[①] 上述关于大众文化的六种界说各有其自身的理论基础和一定的适应范围，都从不同侧面揭示了大众文化的特性，对于我们全面把握大众文化的内涵具有重要的启发价值，但对于到底什么是大众文化并没有给予明确的答案。由于不同的大众文化理论，其形成与发展都有着复杂

---

① 参见〔英〕约翰·斯道雷：《文化理论与大众文化导论》，常江译，北京：北京大学出版社 2010 年版，第 6—16 页。

的历史语境，因此，我们有必要对大众文化概念史进行一番必要的梳理，以求在对纷繁的思想史进行探析的基础上把握大众文化的要义，并结合时代的变化和当今社会的发展来厘清大众文化的基本内涵和阐明它相应的外延范围。

根据雷蒙·威廉斯的考证，大众文化最早出现在西方社会时，曾受到欧洲贵族知识分子的强烈批判，他们站在精英文化立场上，用带着具有明显贬义色彩的"mass culture"来指称大众文化，将大众文化视作"低能人为低能人所写的东西"①。在英语国家中，最早对大众文化进行批判式研究的学者是阿诺德和利维斯。阿诺德在 1869 年出版的《文化无政府状态》一书中虽然没有直接讨论大众文化问题，但是他将文化界定为世界上所思所言的最好东西，是上流社会和高尚人群所能享用的东西，这实际上是为后来众多学者提供了一种认识文化的基调。利维斯大体在继承阿诺德文化观念的基础上以精英主义的视角对大众文化进行了较为系统的批判。他在 1930 年出版的《大众文明与少数人文化》一书中指出，真正的文化总是少数人的专利，工业革命将一个完整的文化一分为二：一方面是少数精英人士的文化，它代表着"真正的文化"；另一方面是大众文化，它是商业化的低等文化，被缺乏教育的广大市民阶层不假思索地肆意消费，是一种"堕落的文化"。利维斯的观点对后来整个西方大众文化批判理论奠定了思想基础，营造了一种批判的氛围，时至今日其影响依然弥散在有关大众文化批判研究领域。

对大众文化批判力度最大、推动大众文化理论发展贡献最大，或者说在大众文化研究领域影响最大者，莫过于法兰克福学派。不过它批判大众文化的视角与站在精英文化立场上的阿诺德、利维斯存在着较为明显的差异。法兰克福学派对大众文化的批判不仅仅是一种哲学批判，也是一种政治批判，或者说是通过哲学话语对大众文化进行文化批判，进

---

① 〔英〕雷蒙·威廉斯：《文化与社会》，吴松江、张定文译，北京：北京大学出版社 1991 年版，第 384 页。

而又导向对资本主义制度的政治批判。在法兰克福学派的大多数思想家那里，大众文化充当了一种资本主义社会意识形态及其同谋者的角色，大众文化"通过一再忠实地重复迷惑视线的现象，不断地把现实的现象美化为理想，而轻巧灵活地克服重大的错误信息与公开的真实情况之间的矛盾"①，因而大众文化湮灭了文化艺术的追求崇高卓越、批判现实的自由精神，堕落为一种庸俗的、平面化的消费主义文化和不合理社会的意识形态工具。但由于法兰克福学派对大众文化持有强烈的批判态度有时又被笼统地划为利维斯主义，这其实是学术上的"阴差阳错"。客观地讲，利维斯主义对法兰克福学派非但没有产生多少实质性和直接的影响，反而在很大程度上催生了与法兰克福学派在大众文化态度上存在明显差别的伯明翰学派，这将在后面有关章节的论述中再展开。

至于如何界定大众文化，法兰克福学派中的霍克海默和阿多诺主张用"文化工业"这个概念来替代大众文化。因为大众文化在本质上并不能称为一种文化，其生产的方式是工业化的，活跃于消费领域，它的文化艺术性、审美自由性、思想个性等基本丧失殆尽，沦为追求市场价值、欺骗大众、巩固资本主义社会秩序的工具。霍克海默和阿多诺是在批判西方社会由于片面强调启蒙思想而导致工具理性泛滥的基础上延伸到对"文化工业"的批判之上的。据两人观之，经"文化工业"方式生产的所谓的文化产品，会让大众不假思索地去大肆消费，大众在无保留地接受这些文化产品、消费这些文化产品的过程中盲目追求快感，结果导致民众逐渐丧失了批判能力，甘心忍受资本主义的奴役。不过在此，我们也要注意到，即便在对大众文化持以批判为主流的法兰克福学派中也往往潜伏着对大众文化有所肯定的一面。例如，本雅明（Walter Benjamin）、洛文塔尔（Leo Lowenthal）在批判大众文化的同时也看到了大众文化积极的革命意义和其蕴含着的张扬自由个性的可能性。

---

①〔德〕霍克海姆、阿多诺：《启蒙辩证法（哲学片断）》，洪佩郁、蔺月峰译，重庆：重庆出版社 1990 年版，第 138 页。

　　"二战"后的美国曾经历了一场关于大众文化的大讨论，这期间成长起以麦克唐纳（Dwight Macdonald）为代表的一批大众文化理论家，这些理论家大都继承了利维斯主义传统。麦克唐纳对大众文化的批判长期以来成为美国思想界抨击大众文化的重要理论依据，这些批判也大都与法兰克福学派的观点存在相似性，只是政治批判的意味较之法兰克福学派淡化了一些。诸如，大众文化是上层施控性文化，它会造成新的文化专制主义；大众文化破坏了传统文化的生命力和个性；大众文化在不断追求经济利润过程中破坏了人们的道德情怀；大众文化催生和刺激了消费主义的横行等。这些观点至今依然还被众多大众文化批评家所借鉴和引用。

　　在大众文化受到思想界不断批判之际，客观的文化发展史却呈现出另外一番景象。事实上，从 20 世纪 50—60 年代起，大众文化已在欧美发达国家开始全面占领各类文化领地和人们日常生活世界。因此，人们不禁对大众文化批判理论产生了质疑。如果大众文化真的像批判派所言那般消极无益，那么它又为何有如此强大的生命力呢？为此以威廉斯、霍加特、霍尔等人为代表的伯明翰学派针对利维斯主义片面批判大众文化的反文化性进行了深刻的反思，并形成了一股强大的"文化主义"思潮。

　　不过，我们需要指出的是，以伯明翰学派为代表的文化主义与利维斯主义不仅存在着深刻的渊源关系，而且文化主义对利维斯主义采取的是批判式继承的态度，即在基本文化观和文化价值观上批判利维斯主义，但在文化研究方法上却肯定其合理性并加以继承和改良。霍加特在以工人阶级日常生活为对象展开有关大众文化方面问题的研究时与利维斯主义者一样认为大众文化有表征着文化衰落的一面，但它又与工人阶级生活有着天然的联系，而工人阶级文化是一种极具韧性的文化，它不但能够抵制商业性大众文化的媚俗习气，并能让大众文化为无产阶级文化建设提供必要的资源和相应的依托形式。正如霍尔指出的那样："霍加特'摒弃了许多 F. R. 利维斯所坚信的文化价值观'，但他仍然采用了利维斯式的文学批评方法来研究文化，这就等于'在探索和实践中延续并改良了利维斯主义的传统'。"①霍尔这一指认，可以说切中了包括霍加特在内的英国早期文化唯物主义代表人物思想的要害之处。

文化主义的核心人物威廉斯在1958年出版的《文化与社会》一书中追溯了工业革命以来"文化"一词含义上的变化，坚决不同意利维斯视文化为少数人的专利，而同工人阶级文化对立起来的观点。他认为利维斯忽略了制度、风俗、习惯等在文化中举足轻重的地位。威廉斯将文化看作人们整体生活方式的一部分，制度、风俗、习惯等是文化无法置之不理的重要构成，若失去它们，文化将是残缺的。从威廉斯开始，大众文化研究中的文化主义开始盛行，中性概念词"popular culture"由此开始替代包含贬义的"mass culture"，因此，大众文化有时也被翻译成通俗文化、流行文化等。那么文化主义所指称的大众文化的基本含义是什么呢？在1976年出版的《关键词：文化与社会的词汇》一书中，威廉斯指出大众文化就是"民有、民享、民用"的文化，虽然大众文化仍然带有某些旧式的含义或成分，即低等次文化、刻意炮制出来的媚俗文化等，但它更为普遍的内涵应该是为许多人所喜爱的文化，为大众阶层所能享用的文化。

继霍加特、威廉斯之后，文化主义的最重要代表人物是霍尔，他于1964—1979年应霍加特邀请任英国伯明翰大学"当代文化研究中心"（Center for Contemporary Cultural Studies，简称CCCS）代理主任及主任之职。霍尔所做的一项重要工作是驳斥利维斯和美国"二战"后大众文化讨论中以麦克唐纳为代表的有关批判大众文化的论点，为大众文化的发展正名。霍尔认为对于大众文化不能单用"好"或"坏"来做评价，也不能用高雅文化做标准来对大众文化进行评价定位，倘若如此是对大众文化的不公平。在霍尔看来，只有大众本身才有资格来评定大众文化。霍尔还把葛兰西的霸权理论引入大众文化研究中，指出大众文化既不像

---

① 〔英〕约翰·斯道雷：《文化理论与通俗文化导论》，常山译，北京：北京大学出版社2010年版，第53页。

有些思想家们所指称的那样是上层的布控性文化，也不全然是工人阶级的文化。正如斯道雷在总结霍尔大众文化观所指出的那样，在霍尔那里，"大众文化既不是一种本真的工人阶级文化，也不是一种由文化产业强加的文化，而是葛兰西所谓的二者间的折中平衡，一个底层力量和上层力量的矛盾混合体；它既是商业性的、也是本真的，既有抵制的特征、也有融合的特征，既是结构、也是能动性"①。按照霍尔的理解，在资本主义社会，大众文化实质上是无产阶级对资产阶级进行文化抵抗的一种手段。大众文化无论是对于资产阶级还是无产阶级来说都有存在的合法性。因此，"大众文化不必一定是资本主义的工具，它也可以成为社会主义政治的诉求"②。霍尔引入葛兰西霸权理论所构建的大众文化观不仅使之成为当代文化研究领域内极其重要的一位思想理论家，而且这种学术方法和思想观点也对后继众多文化研究者产生了深远的影响，例如费斯克，最为重要的两本研究大众文化的"姐妹花"著作，即《理解大众文化》《解读大众文化》都明显受到霍尔思想的影响。

除了在大众文化研究上引入葛兰西霸权理论的解读模式外，霍尔在大众文化理论上的最具有原创性的贡献就是将大众文化作为一种广泛存在的符号文本来看待，利用其独创的"编码—解码"媒介文化解读模式来观照大众文化，认识到其意义的产生不仅依赖于生产者的"编码"，更取决于受众的"解码"，大众文化的传播过程就是一个不断"编码"与"解码"的过程，因此，大众在解读大众文化时并不全然是被动的，如同克里斯蒂娃（Julia Kristeva）所言说的是一个"色情交互"的过程。如此大众文化就并不是像法兰克福学派所指认的那样必然就是统治阶级进行意识形态统治的工具，它也可以是被统治阶级及阶层进行阶级斗争的工具，这也正如英国文化研究学者戴维·钱尼（David C. Chaney）指出

---

① 〔英〕约翰·斯道雷：《记忆与欲望的耦合——英国文化研究中的文化与权力》，徐德林译，广西师范大学出版社 2007 年版，第 108 页。

② 邹威华：《斯图亚特·霍尔的文化理论研究》，北京：中国社会科学出版社 2014 年版，第 61 页。

的那样，在霍尔的大众文化观中深刻渗透着一种革命乐观主义的反抗性认同。① 这种引入符号学理念来研究大众文化的做法，在当代西方思想界还是比较普遍的，法国的罗兰·巴特所著的《神话学》就是通过对肥皂剧、电影、时尚杂志等的分析，透析了当代西方社会大众文化中中产阶级意识形态的意味。另外，倘若细心察之，由"能指—所指"为基础所构建的大众文化的符号学解读模式在福柯（Michel Foucault）、德里达（Jacques Derrida）、齐泽克（Slavoj Zizek）等人著作中也都是有所折射和体现的。

在目前的西方社会中，人们对大众文化的认识依然存在较大分歧，不同人的认知角度及其对大众文化的态度也不尽相同。詹姆逊主要从晚期资本主义文化逻辑视角出发，认为大众文化是无深度、无历史感的平面的文化，虽不像法兰克福学派说的那样沦为资产阶级意识形态的同谋，但由于缺乏人类文化的理性思维和理想维度，大众文化难以肩负起人类的"乌托邦"使命。② 鲍德里亚从消费社会视角出发，认为大众文化的勃兴既可能预示着人类文化的转向，也可能是人类文化诞生的幻象，既可能是文化繁荣的标志，也可能是文化迷失的象征，既可能是世俗的商品世界的膨胀，也可能是时代精神的另类新生。③不过就当前西方社会主流观点来看，对于大众的认知更趋于理性和宽容，不少学者只是客观地将大众文化视为依靠现代媒介传播、满足普通民众文化需求、受到普通民众欢迎的一种现代都市生活中的文化消费品，特别是在美国，大众文化更是被视为一种大众参与的通过现代传媒实现的集体分享的"民主文化"。美国著名大众文化学者费斯克

---

① 参见〔英〕戴维·钱尼：《文化转向：当代文化史概览》，戴从容译，南京：江苏人民出版社 2004 年版，第 185 页。

② 参见李明：《晚期资本主义文化逻辑与大众文化》，载《安徽大学学报》（哲学社会科学版）2008 年第 1 期。

③ 参见李明：《鲍德里亚大众文化思想论析》，载《中共天津市委党校学报》2012 年第1 期。

将大众文化界定为："为普通民众所拥有；为普通民众所享用；为普通民众所钟爱的文化形式。"[①]坚信大众文化并非如同法兰克福学派所认为的那样是从外部和上层强加给民众的"单向度的文化"，而是一种从民众内部和底层创造出来、始终制造着快乐的文化、给人带来感性愉悦的文化。[②]

另外，在西方社会的后现代语境下，大众文化的兴起则预示着整个社会文化形态发生了改变，高雅文化与俗文化之间界限的消除。在后现代主义看来无论采用利维斯主义立场还是文化主义立场都已不能正确、客观地分析与评析大众文化了，因为二者都遵循着现代理性主义的思维方式，人为地将文化进行了"二元对立"式的划分，固守着高雅文化与大众文化之间有着不可逾越的界限的传统观念，对大众文化要么大加批判，要么刻意维护。后现代主义要打破现代主义恪守的文化二分法，否定高雅文化与大众文化之间存在"绝对的界限"，认为"对于大众文化研究者而言，后现代主义带来的最重要的影响莫过于人们开始认识到高雅文化与大众文化之间并不存在绝对的界限"[③]，取消或缩小高雅文化与大众文化之间差异已经成为后现代主义的一种标志。正是由于后现代主义对大众文化合法性提供了理论辩护，大众文化便在发展过程中将后现代主义作为自己的理论基础与批判自己的现代主义分庭抗礼，与现代主义所支持的高雅文化或精英文化争夺生存空间与文化市场。

---

① 〔美〕约翰·费斯克：《关键概念：传播与文化研究辞典》，李彬译，北京：新华出版社 2004 年版，第 212 页。

② 〔美〕参见约翰·费斯克：《解读大众文化》，杨全强译，南京：南京大学出版社 2006 年版，第 2 页。

③ 〔英〕约翰·斯道雷：《文化理论与大众文化导论》，常山译，北京：北京大学出版社 2010 年版，第 252 页。

## （二）中国时代变迁语境下的大众文化观纵览

在中国语境下，很多人容易将"大众文化"理解成"人民大众的文化"。这是有着历史原因的。20世纪20—30年代中国作家群中有人主张文艺要"大众化"。例如郁达夫认为文艺是为大众的，文艺也必须是属于大众的，郭沫若、冯乃超等人不仅倡导文艺要为大众服务，同时指出所谓的大众其实是由无产者所组成的。毛泽东在1942年的《在延安文艺座谈会上的讲话》中明确指出："什么是人民大众呢？最广大的人民，占全人口百分之九十以上的人民，是工人、农民、兵士和城市小资产阶级。这四种人，就是中华民族的最大部分，就是最广大的人民大众。"①从上述论述中可以看出，这里的"大众"更多的不是一个文化概念，而是一个政治范畴。它与我们今天所论及的"大众文化"中的"大众"有联系，但定位的视角存在差异，如今我们所论及的"大众文化"与"人民大众的文化"是不能等同的。

虽然五四时期和民国期间外来文化大量传播进来，以电影、流行歌曲、交际舞等为主体的大众文化在当时占据了一定市场和百姓的生活空间。但在革命和反侵略的时代主题下，以娱乐为主的大众文化终究无法在那个时代和那样的社会中得到切实的成长与发展，其成长与发展中总带有"畸形"的色彩和"不协调"的杂音。我国大众文化真正意义上的兴起也就是近几十年的事情，尤其是改革开放后大众文化才迎来了发展的春天。因此，现代意义上的大众文化对于20世纪70—80年代的中国来说更像是一个新生事物，学者对此研究也并不深入，大都只是借鉴甚至是生搬硬套西方大众文化理论，特别是法兰克福学派的批判话语来展开对中国大众文化问题的思考，并没有深入中国本土语境中对大众文化进行全面而系统的研究。这种现象一直延续到90年代中期，例如郑一明的《法兰克福学派的"文化工业论"析评》、金元浦的《试论当代的"文

---

① 《毛泽东选集》第3卷，北京：人民出版社1991年版，第855页。

化工业"》、潘知常的《文化工业：美学面临着新的挑战》、陈刚的《大众文化与当代乌托邦》等这些重要论著都大致发表在90年代中期，此时他们对大众文化基本上还是持批判态度的，并且批判的思维方式和主要学术观点大体上也并没有跳出法兰克福学派的理论视界。

不过，自1992年之后，随着社会主义市场经济体制的确立，文化市场的地位逐步得到更多人的认可，大众文化在中国文化领地全面开花。关于这部分的内容将在第三章"我国当代大众文化建设的现状及其社会效应"中集中展开论述。总之，伴随着中国市场经济体制的不断完善，文化市场空间越来越广阔，文化产业作为国民支柱性产业的趋势越来越明显，目前越来越多的学者开始认同大众文化，或者抱着客观态度而不是先验排斥的心态来思索大众文化问题，认为"大众文化与其他文化过程之间不存在天然鸿沟，它们之间的区分是相对的和可变的"，主张"每个时代的人们总是从自身的文化语境出发去重新创造和理解大众文化"[①]。越来越多的学者在界定大众文化时只是突出其市场性、技术性、工业性、消费性等特征，而并不太多地直接对其内容和折射出的思想进行否定性评价。如邹广文认为"大众文化就是在现代工业社会中所产生的、与市场经济发展相适应的一种市民文化"[②]。金民卿认为所谓的大众文化是"反映工业化技术和商品（市场）经济条件下大众日常生活、在社会大众中广泛传播、适应社会大众文化品味、为大众所接受和参与的意义的生产和流通的精神创造性活动及其成果"[③]。更有青年学者指出大众文化说到底就是为市场而大批量生产的消费文化[④]，并无天然的贬义色彩，只是预示着文化生产方式的一种变迁，同时，认为"中国目前的大

---

① 王一川：《大众文化导论》，北京：高等教育出版社2009年版，第9页。

② 邹广文：《当代中国大众文化及其生成背景》，载《清华大学学报》（哲学社会科学版）2001年第2期。

③ 金民卿：《大众文化论：当代中国大众文化分析》，北京：中共中央党校出版社2002年版，第34页。

④ 参见李凤丹：《英国文化马克思主义研究——基于大众文化与政治的关系》，南昌：江西人民出版社2010年版，第28页。

众文化从总体上讲既具有一定的文化艺术性，也具有为大众服务的性质，所以法兰克福学派的大众文化批判理论并不适合于评价中国的大众文化现状"[①]。

## 二、比较视域下的大众文化界说

### （一）大众文化是工业社会中的现代文化形态

笔者认为对大众文化概念的界定及其评价，必须与大众文化生存发展的环境相联系，必须结合经济社会变迁来分析，不要刻意带有精英主义或民粹主义等价值观偏见去分析大众文化。总体上来说，大众文化诞生于工业社会，属于现代文化形态范畴。在前工业社会，普通民众也拥有自己的文化，这种文化一般被称作民间文化，也称俗文化。它是前工业社会的普通劳动者自娱自乐的文化形式，至今在民间仍有生存空间。但这种文化与大众文化有着显著的区别，它们虽然都是民众的文化，却分属于不同的文化形态。一般说来，人类的文化形态若从宏观历史发展视野来区分的话，大体可以划分为原始文化、古典文化、现代文化三大阶段。在原始文化中，尚不存在文化雅俗的分野。当社会出现阶级对立之后，文化的发展进入古典文化阶段。在古典文化时期，文化出现了属于贵族士绅上流社会的高雅文化和属于普通民众的俗文化的分化及其相伴而生的矛盾。上流阶层在长期的文化熏陶中形成了属于自己的艺术趣味和高雅文化的形式与规范，而俗文化则以质朴自然见长，扎根于民间。

大众文化产生于现代文化时期，它是工业社会的文化伴生物，它主要以大众传播媒介为载体，在生产上运用了大量的现代技术手段，受众

---

[①] 尤战生：《流行的代价——法兰克福学派大众文化批判理论研究》，济南：山东大学出版社 2006 年版，第 233 页。

对象以现代都市大众为主，具有浓厚的商业色彩。在现代文化时期，与大众文化相对应的文化形式一般称作精英文化。但此时的大众与精英已经不像古典时期的民众与贵族士绅那样具有明显的社会阶级属性和阶层特性，他们往往更多代表的只是文化观点、文化理念、文化精神上的差异而已。

笔者认为大众文化的出现从根本上来讲是一种文化进步。这不仅在于它适应了工业文明和市场经济发展的要求，而且在于它所蕴含的文化意识在总体上也能体现对时代精神的趋赴与追随。任何时代精神都是在社会实践发展的内在要求下，在社会经济关系运动所决定的历史发展趋势下所形成的主流文化精神。这种文化精神不仅被主导文化、精英文化所表现，同时也能被大众文化所体现。大众文化最终发展如何，根本上取决于人民群众的需求与创造，大众文化不是天生的"堕落派"，它的产生、发展、变化都有其自身的规律。[①] 正因如此，笔者主张可以将大众文化界定为在工业化、市场化、商业化、城市化的过程中为普通民众所创作与生产，借助现代大众媒介广泛传播和流通，满足民众的多样化的精神文化需要，被众多人群所参与消费的文化产品和文化活动。

## （二）与相关范畴的比较中理解大众文化

一般认为主导文化、精英文化、民间文化和大众文化共同构筑了整个社会文化系统[②]，其中，主导文化往往是指被主流意识形态所认同，被官方所力推，能体现时代的群体整合、秩序安定、伦理和睦需要的具有教化性的文化形态。精英文化主要指的是由知识分子创造的，体现知识分子的个体沉思、社会批判或美学探索的文化形式。大众文化则指工业化和都市化以来，运用工业生产方式制作的、大众媒介传播的、注重满

---

① 参见李明：《晚期资本主义文化逻辑与大众文化》，载《安徽大学学报》（哲学社会科学版）2008年第1期。

② 参见王一川：《大众文化导论》，北京：高等教育出版社2009年版，第9页。

足普通民众的日常感性愉悦和休闲需要的文化形式。民间文化是指目前流传或散落在民间的、以口传为主、尚未或难以纳入工业生产方式制作的各类传统文化形式。康德（Immananuel Kant）曾经在《判断力批判》中指出，"没有由机械性、通俗易懂和循规蹈矩的东西构成的那种美的艺术是不存在的"①，这从一个侧面也反映了在整个社会文化系统中，这四种类型的文化的区分只是相对独立的，其界限也并非是泾渭分明的，各自既有自己相应的运作领域和生存空间，又互相联系在一起共同发挥着一个社会的整体文化的效能。不过仅从大众接受度和参与度的视角来看，当代大众文化已成为社会产量最大、受众最多、影响最大的一种文化类型，也最受普通民众的关注与追捧。电影电视、网络文化、流行音乐、通俗文学等构成的大众文化已经成为人们日常生活必要的组成部分。

另外，还有若干与大众文化相关的范畴需要加以辨析，以加深对大众文化及其相关概念的理解。第一，高雅文化。所谓的高雅文化，是指这种文化所反映的内容和折射的精神底蕴深厚、人文内涵丰富、品位格调典雅，对于它的理解需要必要的文化素养、艺术修养。它主要包括学术著作、话剧、舞剧、交响乐、世界文学名著等。第二，通俗文化或俗文化。高雅文化一般与通俗文化相对应，由于通俗文化容易被大众所接受和理解，具有能够成为大众文化的潜质，但通俗文化不完全等同大众文化，例如民间一些俗文化属于民间文化，并不能纳入大众文化层面来理解。不过，雅和俗是相对的，随着时代的变迁和社会的发展，高雅和通俗的界限也在发生着相应的位移。第三，流行文化。界定流行文化是从其普及程度方面而言的，是指被相当多数量的人群所追捧的文化。它往往成为大众文化另一个"指称"或"叫法"，若忽略细微的概念差别，我们也可以将之视为大众文化。第四，主流文化。根据威廉斯的看法，在一个时段内某个社会往往会共时存在三种文化形态或元素，这就是

---

① 转引自〔英〕保罗·克罗塞：《批判美学与后现代主义》，钟国仕、莫其逊等译，桂林：广西师范大学出版社 2005 年版，第 59 页。

"主流的"（dominant）、"剩余的"（residual）和"新生的"（emergent）。所谓剩余文化是历史遗留下来、至今仍具影响力的文化形态。所谓新生文化是指正在生长的新兴的文化形态。所谓主流文化是指既能被大众所广泛认同，又契合主导文化精神，富有时代精神，在社会中起到思想引领、精神辐射作用和强势影响力的文化。主流文化不是静态的，而是动态的，由主导文化、大众文化、精神文化、民间文化等共同构筑、相互渗透、相互融合所形成的在社会上被普遍接受的文化。

　　套用海德格尔的一句话，即"精神的每一种本质形态都具有模糊性"[①]。我们在此也可以说，"任何一种文化类型在本质都具有模糊性"。从文化现实发展的态势来看，不同类型文化之间确实也是交互在一起的。以影视文化为例，当我们说影视是大众文化时，并不排除影视文化中具有精英文化和高雅文化色彩，例如影视艺术、影视美学、电影史等很难被视为影视大众文化。在影视大众文化中，影视艺术中的美学性、批判性只是其中的一小部分内容，故事性、娱乐性、感官刺激性等才是更重要的因素，同时明星的爱情婚姻、家庭生活、个人隐私、星座属相、个性爱好以及各种行为举止与家世背景等也构成了影视文化的重要组成部分。作为大众文化的影视与作为艺术欣赏的影视的区别在于，后者往往涉及美学意义、艺术形式、艺术价值问题，前者则是以影视为话题而形成的有关文化活动和现象的杂合。例如，电视剧《水浒传》的热播，既可以引发人们去思考如何改编古典名著这样的专业学术问题，也会引起人们去关注潘金莲在剧中几次洗浴镜头所产生的效果问题，同时也催生了刘欢《好汉歌》的流行。随着新版《水浒传》热播，新旧版的比较问题又会被媒体有意无意炒作起来，而其中两个潘金莲的比较又总能成为吸人眼球的话题。以上种种话题其实与电影艺术并没有多大关系，但它们却构成了影视大众文化的必备要素，甚至是主要元素。

---

　　①〔德〕海德格尔：《形而上学导论》，熊伟、王节庆译，北京：商务印书馆1996年版，第11页。

## 第二节　大众文化形成的历史语境与特征剖析

广义的大众文化历史悠久，甚至可以说是与人类文化一同形成的，因为在人类文化的初期，无所谓"雅俗"的分野，它本身就是与人的生产生活实践结合在一起的，当文化越来越成为人类一个相对独立的活动领域的时候，文化也就越来越呈现出相对的类型分化。现代意义上的大众文化是工业化的产物，现代性构成它生成的总的历史语境，市场经济、媒介技术等的发展为大众文化兴起提供了强大的现实支撑。大众文化的商品消费性、通俗流行性、娱乐性等在人们的日常生活中不断获得彰显的同时，也预示着人类精神生活甚至精神世界出现了现代性意义上的转型。

### 一、大众文化形成的历史语境

#### （一）大众文化的起源及其发展阶段

坎托（N. Cantor）和沃思曼（Werthman）在1968年编撰的《大众文化史》中指出，西方大众文化源头可以追溯到古希腊的体育竞技、角斗、戏剧表演等。也有学者指出西方大众文化起源于文艺复兴时期，因为当时资产阶级在社会上掀起了一场规模浩大的世俗化运动，整个社会文化开始逐渐向社会中下层位移。不过也有研究者指出，西方大众文化起源于"伊丽莎白时期"，即1558—1603年伊丽莎白女王统治英国的那段历史时期，因为在伊丽莎白女王统治之前，英国有着严格的书籍和戏剧审查制度，窒息了大众文化发展的空间。但由于伊丽莎白女王相当开明，书籍和戏剧审查制度实际上并没有得到贯彻，加之她热爱文学艺术，因此在她的统治之下，英国文化进入一个黄金发展时期，伴随市民化的进程加快，英国文化逐渐摆脱了所谓上流社会的贵族化气息，市民化特征开始凸显，娱乐性特征得到彰显，甚至"无论莎士比亚的历史剧、悲剧、还是喜剧，都具有典型的取悦于观众的特征"①。目前一般认为 18 世纪欧洲大量民间艺人的涌现才预示着西方大众文化真正的产生，他们大多是"为工匠和农民公众表演的艺人，包括四处流浪的歌手和演员，为百姓提供娱乐，在城市和乡村的旅馆、酒馆、啤酒店、地下啤酒馆和城市广场，出现了大众艺术活动"②。根据约翰·斯道雷的考证，随着大众文化现象在 18 世纪的普及，有关大众文化的理论研究也相应地在 18 世纪末出现了，"虽然大众文化在人类早期历史上业已存在，但是作为一个理论概念，它是直到 18 世纪末才出现在对'民间'文化的智识叙述之中"③。从这不难看出，早期的大众文化及其研究与民间文化及其探讨是融合在一起，而后才逐步成为一个独立的文化类型并形成相应的文化研究领域。

其实无论是古希腊还是文艺复兴抑或伊丽莎白时代、欧洲的 18 世纪，对于真正意义上的大众文化而言只能称作萌芽时期，因为当时社会尚不能提供大众文化发展的工业技术和市场经济条件。我们一般将现代意义的大众文化形成阶段定位在 19 世纪的前期，因为当时以通俗小说为代表的大众文化阅读群体的规模已经相当庞大，特别是报刊大众化率先在美国出现，旋即风靡整个欧美，标志着一个新的文化时代，即大众文化时代的到来。仅以当时纽约市的《太阳报》《先驱报》为例，其发行量已分别达到 5 万份，大众性报刊的读者市场已经基本成熟，人类第一次的大众文化浪潮就是从大众化的报刊运动开始的。

20 世纪，工业化、城市化、民主化的发展促发了人们日常生活方式的巨大变化，中产阶级日益壮大，为大众文化的兴盛提供了足量的受众群体和庞大的文化消费人群，特别是摄影技术、录音技术、电影技术的发明和完善，为大众文化的纵深发展提供了物质化技术基础和必要的传

---

① 刘自雄、闫玉刚：《大众文化通论》，北京：中国广播电视出版社 2007 年版，第 30 页。

② 刘自雄、闫玉刚：《大众文化通论》，北京：中国广播电视出版社 2007 年版，第 31 页。

③〔英〕约翰·斯道雷：《记忆与欲望的耦合——英国文化研究中的文化与权力》，徐德林译，桂林：广西师范大学出版社 2007 年版，第 2—3 页。

播媒介，自此之后大众文化形式更加多样，类型更加丰富，传播速度更加快捷，从而掀起了西方社会第二次大众文化热潮。

20世纪中叶，也就是第二次世界大战之后，全球大环境相对安定，为大众文化发展奠定了社会环境基础。众多军事工业技术向民用技术转化的同时也向文化生产领域进行渗透，广播、电视等新兴媒体的出现以及快速普及再次促发了大众文化的革命性变化，即享受、参与大众文化已无须走出户外，守在家中就可融入一个丰富的娱乐世界中。从宏观社会变迁视角上来看，电视的出现在一定程度上既催生也标志着消费社会的形成。从大众文化参与方式来看，它一改以往大众文化公共性特征，呈现出极强的私人化特质，使大众文化成为个体生活空间内的一种必要的生活方式。从文化类型上看，电视促使大众文化全面进入一个图像文化、视听文化阶段。作为文化意义上的电视，它是"使社会结构在一个不断生产和再生产的过程中得以维系的社会动力的重要组成部分"[1]，它掀起了大众文化的第三波浪潮。

毋庸置疑，以网络和数字化技术为代表的电子媒介文化促发了大众文化的最新一次热潮，态势之猛、影响之大、意义之深远都超过以往任何一个阶段，它使越来越多的人自愿或被迫卷入大众文化世界之中，并以"符号暴力"的方式摧毁了固有的传统文化类型的边界，文化一方面在它那里趋于同质化和类型化，另一方面又为各种文化异质力量的生长提供了可能。电子媒介自身具有强大的市场经济效应，文化与经济在它那里得到了充分的结合，它为文化市场不断开疆拓土，为文化产业不断带来新的活力，它一方面是目前影响最为广泛的大众文化；另一方面也是推动大众文化生产、传播、发展最锐利、最有效的工具。

---

[1]〔美〕约翰·费斯克:《电视文化》，祁阿红、张鲲译，北京:商务印书馆2005年版，第5页。

## （二）大众文化产生与发展的社会历史条件

人类近现代史在一定程度上可以视为一部不断追求现代化的历史，现代性构成了人类自工业革命以来发展的总语境，同时也构成大众文化产生与发展的总条件。"大众文化作为一种城市表述方式，呈现出与社会范式转型相一致的'现代性'。"[①]应该说，现代性、现代化、现代主义三个概念之间既紧密联系又存在区别，"现代化是指工业化、城市化等等；现代性是指现代化之能产生的条件；而现代主义是指人们对现代性的反应，这一反应也可能是反现代性的，反现代性的方面也应该包括在现代性之内"[②]。大众文化是工业化渗透到文化领域的产物，是文化伴随着城市化过程进一步世俗化的结果，如果说现代性是现代化即工业化和城市化等的条件的话，那么它自然也就构成了大众文化得以产生与发展的语境。这里的条件和语境又是复合性的，它包括经济、市场、科技、文化、政治、制度等多方面的因素，因而现代性本身就是一个语义极为复杂的概念，并能够以它为核心能指构建一套有关融政治、经济、社会、文化为一体的理论体系和话语体系。

英国著名的现代性研究学者吉登斯（Anthony Giddens）认为人类的发展过程并不是连续性的整体，而是会出现各种各样的"断裂"。尽管现代性语义复杂，但在它内涵的最深处，依然坚守着"时代断裂"的思想指向。"现代性以前所未有的方式，把我们抛离了所有类型的社会秩序的轨道，从而形成了其生活形态。在外延和内涵两方面，现代性卷入的变革比以往时代的绝大多数变迁特性都更加意义深远。"[③]简单地说，现代性即意味着"我们所处的时代同过去的历史是完全不同；而且……我们

---

① 徐国源：《典范转移——中国大众文化的出场视域》，南京：江苏人民出版社 2010 年版，第 67 页。

② 〔美〕阿里夫·德里克：《全球化、现代性与中国》，载《读书》2007 年第 7 期。

③ 〔英〕吉登斯：《现代性的后果》，田禾译，南京：译林出版社 2000 版，第 4 页。

所处的这个时代也将和后来的时代迥然不同"①。这种区别又主要表现在哪些方面呢？霍尔围绕现代性政治、经济、社会和文化四个方面的表现及其后果对此进行了系统阐发。②就政治层面而言，现代性主要是指现代民族国家的建立以及政治权力的世俗化；就经济方面而言，现代性是以工业化为前提，以市场经济形式实现私有制基础上的资本主义的资本积累，出现以货币和金融为主要支撑的商品流通体制；就社会层面而言，现代性意味着社会分工体系高度规范化，家庭与社会分离开来，精细盘算、追求效率成为社会组织构建和运行原则；就文化层面而言，现代性表现为宗教文化的衰落，"神圣"世界的隐退，世俗物质文化的崛起，理性精神、科学精神成为人们主要信仰，各种艺术作品以反映现实生活为主要题材，报纸杂志出版发行、文艺表演、影视制作、咖啡馆、休闲舞厅等成为现代社会的重要文化生产领域。就整个人类文化走向而言，"现代性为各种文化对其原有规范做出新的诠释并生成新的规范提供了可能"③；就大众文化形成而言，"现代性的发展为它提供了存在的物质技术条件和受众基础：大众传媒、大众社会和文化市场"④。因此，现代性社会为大众文化的繁荣提供了社会环境和历史条件，在一定意义上可以说大众文化既是现代性的重要成果，也是现代性的重要表征。

1. "大众"社会的产生

就仅从词义视角来理解大众文化的话，不仅"文化"是一个难以完全把握的范畴，"大众"同样也是一个颇具争议的概念。"虽然大众文化这一术语可以被阐释为携带着诸多不同含义，但是所有这些含义都分享着民众（populares）的概念——属于大众。因此，用以归纳大众文化的

---

① 周志强：《大众文化理论与批评》，北京：高等教育出版社2009版，第44页。

② 参见〔英〕霍尔：《现代性的多重建构》，载周宪：《文化现代性精粹读本》，北京：中国人民大学出版社2006年版，第43页。

③ 冯平：《民族复兴与价值重建》，载邹世鹏：《三十年社会与文化思潮》，上海：复旦大学出版社2012年版，代总序第4页。

④ 周志强：《大众文化理论与批评》，北京：高等教育出版社2009版，第51页。

不同方法总是携带着一个对大众的定义。"① 那么，何谓"大众"呢？威廉斯曾指出："实际上没有大众，有的只是把人看成大众的那种看法。"② 这就是说，大众的具体含义有赖于特定的语境，威廉斯的看法是正确的；在阿诺德、利维斯那里，"大众"是无文化修养的"人群集合体"；在尼采（F. W. Nietzsche）那里，大众可能就是一群愚昧、易于盲从，如阵阵"蚊子""飞蛾"般的"庸俗之辈"；在勒庞（Gustave Le Bon）那里"大众"是一群"乌合之众"；在马尔库塞那里，"大众"可能就是标准化、平均化、伪个性、无批判性思维的"单向度的人"的复数群；英国文化学者斯特里纳蒂（Dominic Strinati）则认为"在大众社会和大众文化出现的背后，是与土地相联系的劳动为基础的土地所有制的消除，紧密结合的乡村社群的瓦解"，于是，原子化的"市民"分工性组织代替了"村民"自然共同体，大众就是生活于城市中的"毫无个性特征的人群"，他们从事着"机械的、单调的、异化的"劳动。③ 当代大众文化语境下的"大众"则是指向在工业化、城市化过程中形成的"普通市民阶层"，他们"具有要使物更易'接近'的强烈愿望，就像他们具有通过对每件实物的复制品以克服其独一无二的强烈倾向一样"④，这说明大众本身就意味着对个性的削平和放逐。

在中国特定的历史语境下，"大众"往往更多的是指文化水平低的贫苦的劳动群众，它很容易让人自然联想到"人民大众""工农大众"和"劳苦大众"，并且隐含着一种民主社会和社会民主的意味与特征。当然，这里的"大众"虽然指向劳动主体，但是也并没有排除，甚至在一定意

①〔英〕约翰·斯道雷：《记忆与欲望的耦合——英国文化研究中的文化与权力》，徐德林译，桂林：广西师范大学出版社 2007 年版，第 3 页。

②〔英〕雷蒙·威廉斯：《文化与社会》，吴松江、张文定译，北京：北京大学出版社 1991 年版，第 379 页。

③〔英〕多米尼克·斯特里纳蒂：《通俗文化理论导论》，闫嘉译，北京：商务印书馆 2014 年版，第 14 页。

④〔德〕本雅明：《机械复制时代的艺术作品》，王才勇译，杭州：浙江摄影出版社 1993 年版，第 8 页。

义上肯定"劳苦大众"也应成为消费、娱乐的主体。

大众文化之所以能够在工业社会诞生,一个重要原因就是在工业化过程中形成了现代意义上的城市,从而促成了"大众"的产生,或者说城市化及其伴随的市民化是"大众"形成的重要的社会基础。当然,从城市发展史的角度来看,在距今五千多年前的美索不达米亚地区,城市就已经出现了。马克斯·韦伯(Max Weber)认为欧洲中世纪的城市功能就已经相当完备了,但城市的高速发展,或者说人类的城市化以及向现代意义的都市转型却是在工业革命之后。

发生于19世纪的工业革命的直接结果便是机器大工业生产的日益普及。随着机器生产规模的不断扩大,社会对劳动力的需求也越来越多,于是人群开始密集于城市,人类的生产中心逐步由乡村向城市转移。伴随着资本主义社会工业化大生产的出现及商业化的加剧,19世纪末、20世纪初,在资本主义社会出现了一种现代化的庞然大物——光怪陆离的现代"大都市"。法国的巴黎、英国的伦敦、美国的纽约就是这类大都市的典型代表。当无数原来分散地生活在乡野和小城镇的人们汇聚于城市,像潮水一样涌动在城市的街道上的时候,"大众"就在城市的温床上滋生了。

吉登斯认为,城市的时间和空间是被"虚空化"的,具有极强的"流动性",这与传统自然经济、农业社会中乡土民间的"钉是钉,铆是铆"的"实在化"思维观念有本质的差异,同时也塑造了两者截然不同的生活方式:前者诞生了"大众",后者则只产生"俗民"。[①]那么"大众"又是怎样的一类人呢?在城市中,个人只能是茫茫人海中的沧海一粟,即使是最具有个性的人只要深埋于大众中,也只是一颗沙粒,他显露出的个性最多也只是昙花一现。因此大众是一个削平了个性的人群的集合体,正如西班牙哲学家奥尔特加(Gasset Ortega)所言,大众是"平

---

① 参见徐国源:《典范转移——中国大众文化的出场视域》,南京:江苏人民出版社2010年版,第59页。

均的人"，就是在工业化、现代化过程中，生活于世俗世界中的"你、我、他"，消费社会中的普通的消费者，休闲社会中想方设法度过休暇时光的"散淡的人群"。换句话说，生活于工业社会里，无论是主动投身还是被迫陷于大众文化漩涡之中，任何人群都可能是"大众"，任何"个体"都可能是"大众"中的一分子。

2. 市场经济的兴起

市场经济的兴起是促进大众文化产生和发展的重要的社会经济环境基础。一方面市场化是大众文化的存在方式，其发展水平受制于市场发育的成熟程度，生产和消费的具体形式均以市场为导向；另一方面，市场也是大众文化的试金石，某种文化作品的受众多、消费者多，至少说明该作品在大众化方面则是成功的。市场为大众文化的发展既提供了空间，也提供了资金和动力。虽然市场经济总是隐含着"拜物教"逻辑，但从根本上来说，它还是促进了生产力的发展和整个人类社会劳动效率的提高，在市场机制下，人们在同样的劳动时间内可以生产出更多的产品来满足人的需要，相应地人的劳动时间就会有所缩短，可自由支配的时间就会相对增加，私人生活内可用于休闲的时间也会增多。正是因为工作时间与休闲时间的相对分离，使得大众有条件去创造和享受更多的大众文化产品，去追求属于自己的文化享受与文化权益。总之，市场经济的快速发展，无情地破坏、挤压了自然经济条件下的民间文化的生存发展空间，使民间文化逐步在现代文化格局中淡化，逐步被已经适应了城市、市场、商业环境的大众文化所淹没。

3. 教育大众化与识字社会的形成

在工业社会以前，没有文化的劳动者也有自己的精神文化需求，但这种需求的满足大多是通过以口头流传为主的俗文化得以实现的。进入工业社会以来，越来越多受过基础教育的大众不同于过去的文盲，他们已经有了更高的文化需求，这便是大众文化问世的内需动力。

传统的农业社会中，教育总是被统治阶级所垄断。工业化社会客观上要求普通工人也应具备最基本的文化知识。从资产阶级的利益需求来看，只有工人识字才能更好地参与到工业化生产中，提高劳动生产率，创造出更多的剩余价值。从工人阶级本身的利益需求来看，只有识字，掌握基本的工业化生产技术，才能谋得更好的职位，在工业化条件下得以生存发展。基于两大基本阶级的共同需要，为造就一个普遍识字的社会奠定了基础。普遍识字社会的形成将依赖于教育大众化的发展，18世纪以来西方掀起一场场教育大众化的浪潮，社会大众的识字率迅速提升，文盲率大幅下降。教育大众化与识字社会的形成在培养资本主义社会合格劳动者的同时，客观上也为大众文化存储了数量庞大的受众。他们具有一定的文化知识，可以阅读大众化的报纸、杂志、收听广播、观看影视等，但又相对缺乏深刻的文化反思与批判能力，这种识字人群恰恰是大众文化最广泛、最基础的接受主体、传播对象和消费群体。

4. 大众传媒技术发展

传播媒介的发展与人类文化变迁之间存在着深刻的内在关联性。加拿大著名传播学者伊尼斯（Harold Innis）根据传播媒介形态的不同将人类的文明史划分了九个时期：从两河流域苏美尔文明开始的泥版、硬笔和楔形文字时期；从埃及的莎草纸、软笔、象形文字到希腊—罗马时期；从苇管笔和字母表到罗马帝国在西方退却的时期；从羊皮纸和羽毛笔到10世纪或中世纪时期，在这个时期，羽毛笔和纸的使用交替，随着印刷术的发明，纸的应用更为重要；印刷术发明之前中国使用纸、毛笔和欧洲使用纸、羽毛笔的时期；从手工方法使用纸和印刷术到19世纪初，也就是宗教改革到法国启蒙运动的时期；从19世纪的机制纸和动力印刷机到19世纪后半叶木浆造纸的时期；电影发展的赛璐珞时期；20世纪三四十年代到现在的电台广播时期。[①] 在这九个时期中，后两个时期

---

① 参见〔加〕伊尼斯：《传播的偏向》，何道宽译，北京：中国人民大学出版社2003年版，第1页。

可以毫无疑问地划分到大众传媒时期。不同时期的传媒技术不仅塑造了不同文化形式与内容，也影响着人的思维方式和存在方式。"书写印刷媒介一般是线性思维和线性逻辑，电视、网络媒介一般为非线性思维、非线性逻辑，它们会引发与培育人的不同思维方式。"[①]麦克卢汉（Marshall Mcluhan）更是认为"印刷文化不仅产生了笛卡尔派的观点，而且产生了美国的心理和政治特征"[②]。美国学者尼格洛庞蒂（Nicholas Negroponte）通过对以网络为主的数字化媒体与人的生活之间关系的分析，揭示了人类将进入数字化生存时代，其实也就是进入以数字化技术为核心的大众媒介生存时代。因此，每种媒介不仅成为文化的表征，也同时对文化进行着创造，每一种媒介都为时代思考、时代情感、时代精神提供了新的话语符号体系，并构筑了那个时代的文化风貌。大众传媒时代的文化自然也会有着大众传媒时代的特色和气质。

何谓"大众传媒"？根据英国著名传播学家丹尼尔·麦奎尔（D. McQuail）的理解，"大众传媒由一些机构和技术所构成，专业化群体凭借这些机构和技术，通过技术手段（如报刊、广播、电影等等）向为数众多、各不相同而又分布广泛的受众传播符号内容"[③]。从目前媒介发展现状来看，大众传媒主要包括报纸杂志、广播、影视、网络等。随着大众媒介技术的进步，大众传媒出现了电子化、数字化趋势，以电子媒介、数字化媒介为主的大众传媒成为现代文化重要的载体和构成部分。

大众传媒对大众文化的发展起到了强有力的推波助澜的作用，大众传媒不只是大众文化的外在物质传输渠道，本身就是大众文化重要的构成维度之一，而且给予大众文化的意义及其修辞效果以微妙而又重要的

---

① 胡潇：《守望精神家园——文化现象的哲学叩问》，长沙：湖南大学出版社 2011 年版，第 140—141 页。

②〔加〕麦克卢汉等：《麦克卢汉精粹》，何道宽译，南京：南京大学 2000 年版，第 157 页。

③〔英〕麦奎尔等：《大众传播模式论》，祝建华等译，上海：上海译文出版社 1997 年版，第 7 页。

影响。[1] 大众传媒能将"文化"以声音和图像的形式广泛传播，从而消除了书面纸质媒介对大众接受"文化"的一些知识水平上的限制。不论教育程度的高低，任何人都可以通过电子媒介的声音、图像与"文化"接触。正因为如此，虽然传播媒介的革命是由文化精英来实现的，但最早对新传媒做出强烈反应的却往往是大众。例如，当电影最初出现时，首先是受到没有任何文化芥蒂的大众阶层的喜爱，而当时的精英文化群体则普遍对电影的文化价值抱以不屑一顾的态度。

随着大众传媒的不断更新，不仅诞生了多种多样的大众文化形式，例如电影、电视、网络小说、流行音乐、畅销出版物等，而且更为重要的是它最终使大众文化演化为文化产业，使大众文化纳入市场经济的生产网络之中。由于大众传媒拥有覆盖全球的媒介技术与传播网络，这使得大众文化市场突破了狭小的地域限制，形成了全球规模庞大的文化市场。全球文化市场使文化企业的投资者获得了丰厚的利润回报，这反过来又刺激他们加大对大众文化生产的投资力度，从而进一步促进了大众文化的发展。

## 二、大众文化的特征及其功能

众所周知，大众文化具有经济、政治、娱乐、社会教化、意识形态等诸多方面的社会功能。这些功能发挥的作用可能是双面的，既有积极的社会效应，也会有消极的社会效应，关于这方面的分析将在第三章有关我国当代大众文化社会效应的论述中再充分展开。在这里需要说明的是大众文化之所以具有这些功能，是因为大众文化具备了诸如大众媒介性、商品消费性、通俗流行性、大众娱乐性、日常生活性、意识形态性等特征。从人类文化发展史角度来看，大众文化特征的形成也是经历了一个长期的历史积淀过程。

---

① 参见王一川：《大众文化导论》，北京：高等教育出版社 2009 年版，第 16 页。

第一，大众媒介性。我们不能说以大众媒介传播的文化都能纳入大众文化范畴之内来加以对待，但大众文化则是以大众媒介为传播工具的。大众媒介主要包括机械印刷媒介（纸媒）和电子媒介两大类。当前大众文化在传播上往往更依赖以广播、电视、电影、网络、手机等为主的电子媒介，传统的纸媒也相应地开发出了电子媒介平台。目前大众文化的发展越来越依赖于媒介技术的更新，这已成为一个不争的事实。电子媒介的广泛使用促成大众文化所传递的文化信息、思想信息、娱乐信息等更加丰富多样，使受众群体更加庞杂，同时由于电子媒介具有"贪多求大""无孔不入""微观渗透力强"的特征，也使其对公众造成视听觉上的强迫刺激，造成大众文化有时呈现出"符号暴力""景观暴力"的现象，即大众并不想接受它，而在生活中又无法或难以绕过它。例如当电视连续剧《甄嬛传》热播时，打开电视，映入眼帘的都是各位"小主"之间的明争暗斗。这其实是一种大众文化的"软暴力"。

第二，商品消费性。大众文化是市场经济的产物，它要依赖市场机制的运作来进行文化商品的生产、制作、消费以及流通，直接受到市场供求关系的影响。所以大众文化常常并不仅仅指静态意义上的作品，而是指包括大众文化文本性的作品在内的整个产品的策划、上市、广告、炒作、消费等的系统行为、现象、事件及其过程。对于大众文化的生产商来说，获取经济效益是他们的最终目的，对于消费者而言，获取感性愉悦是最基本的价值诉求。正如阿多诺指出的，在大众文化那里，文化"掉进了商品世界之中，是为市场生产的，目标也在市场"[①]。当然我们并不否认目标在于市场的文化就一定会失去艺术水准，我们也承认大众文化中其实也并不缺乏某些具有较高甚至很高艺术价值的作品，但"大众文化并不是以作品的美学价值和精神价值作为主要目标，而是把商品是

---

① 〔英〕多米尼克·斯特里纳蒂：《通俗文化理论导论》，阎嘉译，商务印书馆 2014 年版，第 76 页。

交换价值和使用价值当作了重要、甚至是最重要的目的"①。如此，电视剧必然追求收视率，电影必然追求票房收入，网站必然追求点击率，这些都是大众文化商品消费性的重要表现。

第三，通俗流行性。通俗是大众文化占领市场的必然要求，通俗不一定就可以流行，但流行的东西必然具有通俗的特质。大众文化为了迎合大众的口味总是千方百计地使用一切手段调动大众参与的热情，运用多种技术激发大众的审美认同，运用时尚要素、日常话语、简约方式使其容易被模仿、被复制。"西北风""蒙古风""民谣风"等音乐形式之所以能流行，"凤凰传奇"的歌曲之所以能广为传唱，就是因为它们始终契合大众的审美特性又吸收了每个时代特有的时尚元素，成为大众效仿的对象。不过流行的结果可能带来的是模式化，而模式化最终导致的是"老化"和"僵化"，这就使得大众文化中的故事、情感、场景等具有类型化的倾向，如电影始终逃不过武打、言情、警匪、科幻等类型的"窠臼"。这与精英文化或高雅文化注重"典型"、追求"个性"迥然有异，如果说大众文化还有个性，可能是在"永无休止地追求新奇和差异"之后而形成的"千篇一律"的"个性"。精英文化的"典型"和"个性"是不可复制的，而大众文化的"个性"是一定能够被重复的，也必然会被重复的。

第四，大众娱乐性。大众文化的生产与消费是为了满足大众的娱乐目的，使大众在工业化、都市化的社会和全球化市场经济的激烈竞争中获得休闲和放松，以舒缓和调节大众的紧张生活。大众文化作为视听文化，它使文化从一种教化工具和审美形式逐渐过渡为一种大众娱乐和休闲消遣方式，"制造快乐"成为大众文化生产的重要手段，也是其追求的重要目标之一。世俗的娱乐性成为大众文化的生命力之所在。例如大量的情景喜剧片，所有的故事情节的设置无非都是为了逗乐观众，这些情

---

① 孙春英：《大众文化：全球传播的范式》，北京：中国传媒大学出版社 2005 年版，第 283 页。

景喜剧片在制作时有意回避重大历史题材和敏感话题，刻意不追求思想的深刻性，也尽量与政治保持足够的距离。最近几年的"春晚"在创作思路上也有意向"大众文化"模式靠近，虽然不可避免地仍然承担着某种"宏大叙事"的意识形态功能，并且央视春晚具备这种功能也是必要的，但总体而言，不过分意识形态化，渗透"娱乐精神"，制造欢乐祥和的氛围，只为在除夕之夜能让辛劳一年的中国百姓乐呵乐呵还是越来越成为基本的创作基调。另外，大众文化产品喜欢猎奇也是其追求娱乐性的一个重要表现，即大众文化有时会片面注重奇异性的内容，刻意追求新意，制造新奇、炮制反常的现象或观点，来挑逗大众的阅读快感，刺激大众观赏的兴奋点，从而增加市场占有量，提高市场占有率，不过，这些新奇的内容、思想、观念却容易误导受众，有时也会有悖于大众文化应具有的文化担当。例如针对卖国贼秦桧像，有些网络媒体曾散播这样的观点：秦桧已经跪了这么多年了，出于对人权的尊重，应该让秦桧站起来了。这种观念在舆论界引发不小的争议，其意图并非真的是在促发人们去认真思考什么人权问题，只是以人权这一话题为幌子，有意设置新奇观念，满足人的猎奇心理，以获得网站更大的浏览量和更多的点击率。

第五，日常生活性。与知识阶层、学术群体在阅读或欣赏精英文化、高雅文化时所带有更多的个体生命体验、精神特质不同，普通公众对于电视剧、电影、流行音乐、时装、畅销书等大众文化形式的接受完全是在日常生活环境中完成的。比如一个人可以一边看电视一边聊天、做家务、打电话。这种日常性打破了艺术的神圣性或神秘性而使之与公众亲切起来。另外，大众文化的主题、题材也是具有日常生活性的，普通公众往往对此比较熟悉或有所了解，从而容易产生共鸣。《星光大道》里的演员可能就是我们身边的普通百姓，所表演的节目往往也是我们所耳熟能详的；《百家讲坛》里讲的人物故事、人生哲理也是普通百姓所能理解的，在日常生活中曾际遇过的。《星光大道》《百家讲坛》之所以取得收视率上的成功，与其充分利用大众文化手段，体现、放大节目中的日常生活性有着密切的关系。不过，也有学者指出，"大众文化超越了日常性格式化的生活方式乃至常规的社会实践，属于一种真正意义上的创造性的生存方式和生存状态"①。这无疑夸大了大众文化的文化创造性，但如果认为大众文化就等同于日常生活的庸常性而毫无文化价值，这也是一种狭隘的偏见，我们需要承认大众文化既是日常生活的重要组成要素，同时也在塑造日常生活的过程中，构筑着新的社会结构，改变着传统社会演变的既定路线，在这点上，我们不仅要承认大众文化是一种文化，更应越来越重视它的价值，关注它的科学发展。

第六，意识形态性。研究大众文化必须深入思考大众文化与意识形态之间的关系。大众文化既是显性的文化产品也是隐性的意识形态的内容及工具，当代社会主流意识形态建设也越来越渗透在大众文化之中。"'意识形态'一词所指涉的内容常常与'文化'和'大众文化'互相重合，所以若想认清大众文化的本来面目，就必须重视'意识形态'。"②从葛兰西（Antonio Gramsci）的文化霸权理论那里，我们不难推导出大众文化领域是不同阶级、阶层进行意识形态角逐的重要场所。阿尔都塞（Louis Althusser）认为"意识形态是个体与其真实存在条件的想象性关系的一种表征"③。大众文化为这种想象性关系的展开提供了土壤和温床。依据阿尔都塞的主体质询理论，即"意识形态把个体询唤为主体"，大众文化将与学校、教会等一样担负着将"个体"塑造成"主体"的意识形态询唤功能，因此，我们需要深刻认识到大众文化在意识形态宣传、传播中的作用，重视它在思想政治教育、价值观教育方面的功能。英国社会学家尼古拉斯·阿伯克龙比（Nicholas Abercrombie）以电视为例分析

---

① 张伟：《大众文化与现代"公民性"的构建》，载《学术界》2014 年第 1 期，第 70—71 页。

②〔英〕约翰·斯道雷：《文化理论与大众文化导论》，常江译，北京：北京大学出版社 2010 年版，第 3 页。

③〔法〕路易·阿尔都塞：《意识形态与意识形态国家机器（一项研究的笔记）》，载〔斯洛文尼亚〕斯拉沃热·齐泽克等：《图绘意识形态》，方杰译，南京：南京大学出版社 2002 年版，第 168 页。

了大众文化意识形态性，在他看来，大众文化中"所反映的意识形态并非真的是某一内容、思想，某组图像或声音，而是将思想、图像和声音组织起来的一套规则"①。有人认为"新闻联播"是"中国政治生活的一面镜子，一个晴雨表，一个向世界展示中国的政治监视器"②，正是因为看到了"新闻联播"借助大众媒介形式宣传社会主义意识形态的功效，我们就不能将"新闻联播"直接看作意识形态本身。大众文化意识形态功效发挥最为特别和重要的第一个方面就是它直接渗入人的个体私密生活中，贯彻于个体日常生活之中，摆脱了传统主导意识形态文化的宏观性、居高临下性，更倾向于塑造个体意识形态。"就意识形态的实际存在而言，个体意识形态更是一个真实的普遍事实。如果不把意识形态单纯理解为理论体系，而是承认意识形态以价值信念为核心具有多种表现形式，那么就不难理解个体意识形态存在的真实普遍性。"③ 大众媒介或大众文化为当代个体意识形态塑造不仅提供了工具，也提供了必要的文化氛围。不过，我们既要承认大众文化的意识形态性，也不能走进将大众文化进行泛意识形态化的思想误区。

## 第三节　大众文化与中国特色社会主义文化理论建设

中西方大众文化的语境存在较大的差异，对于我国大众文化的分析，不能全盘套用西方大众文化理论。中国需要进一步拓展大众文化科学发展的空间，在形成社会统一思想、塑造时代精神和民族精神等过程中发挥重要的作用。中国的大众文化是中国特色社会主义文化的重要组成部分，中

---

① 〔英〕尼古拉斯·阿伯克龙比：《电视与社会》，南京：南京大学出版社 2001 年版，第 37 页。

② 熊培云：《自由在高处》，北京：新星出版社 2011 年版，第 59 页。

③ 刘少杰：《当代中国意识形态变迁》，北京：中央编译出版社 2012 年版，第 79 页。

国特色社会主义文化理论中应包含丰富的大众文化建设思想，整个国家文化发展战略中，也应该有必要进一步突出大众文化发展的战略地位。

## 一、中国特色社会主义文化理论的形成与发展

中国特色社会主义文化建设是中国特色社会主义事业的重要组成部分，历经多年的探索与发展，中国特色社会主义文化理论业已形成，中国特色社会主义文化发展道路也被开拓着。中国特色社会主义文化建设将着眼于世界文化发展的前沿，弘扬民族优秀传统文化，激发不同类型文化的活力和整个中华民族的文化活力，不断增强中国在世界上的文化地位、思想感召力、文化创新力、文化影响力。

中国共产党历来是中华民族优秀传统文化的忠实传承者和弘扬者，又是中国先进文化的积极倡导者、推动者和引领者，始终高度重视文化建设的重要作用，不断推动社会主义文化的发展和繁荣。党的十七届六中全会通过的《中共中央关于深化文化体制改革推动社会主义文化大发展大繁荣若干重大问题的决定》指出，文化是民族的血脉，是人民的精神家园，科学地指出了文化在民族传承、民族认同中的重要作用、在塑造人民生活尤其是精神生活上的重要价值。党的十八大和十八届三中全会都充分强调经济、政治、文化、社会、生态文明的"五位一体"建设，在文化建设过程中要注重保障社会主义的文化安全，激发全民族的文化创造活力，增强民族的凝聚力、创新力与思想活力，继续推进中国特色社会主义的伟大事业前进，实现中华民族伟大复兴。这些都要求我们在文化日益多元化、价值观越来越多样化的今天，更加重视在社会主义文化建设过程中理论自觉性与道路坚定性的高度统一。

加强社会主义文化建设，需要有科学的文化理论来指导，确保文化建设能沿着正确的文化道路前行。中国特色社会主义文化理论就是我们所要坚持的科学的文化理论，中国特色社会主义文化道路就是我们所要坚持的正确的文化道路。在理论上厘清中国特色社会主义文化理论的探

索历程和中国特色社会主义文化道路的开拓进程，对于推动社会主义文化大发展大繁荣有着重要理论价值与实践意义。

中国特色社会主义文化理论是马克思主义文化理论与中国具体实际相结合的产物，体现了对中国特色社会主义文化建设的规律性认识，是建设中国特色社会主义文化的指导思想。我们党自创立之日起就非常重视对文化问题的探索。马克思主义是世界先进文化的结晶，它的传入对于我们党的成立以及中国特色社会主义文化理论的形成和发展起到了根本性的指导作用。马克思主义在与中国革命建设相结合的过程中不断被具体化、中国化。在马克思主义中国化的过程中，马克思主义的文化理论也经历着不断被中国化的过程，并形成了两次历史性的飞跃。

第一次历史性飞跃的标志是新民主主义文化理论的形成。以毛泽东为核心的党的第一代领导集体充分认识到了文化与政治、经济之间三位一体的紧密联系的关系。"一定的文化（当作观念形态的文化）是一定社会的政治和经济的反映，又给予伟大影响和作用于一定社会的政治和经济；而经济是基础，政治是经济的集中的表现。这是我们对于文化和政治、经济的关系及政治和经济的关系的基本观点。"[1] 新民主主义文化理论是毛泽东在抓住了近代中国反帝反封建的根本任务基础上提出的，"所谓的新民主主义的文化，一句话，就是无产阶级领导的人民大众的反帝反封建的文化"[2]。"民族的科学的大众的文化"这一概念成为新民主主义文化中的核心范畴，直到今天依然是我国文化发展所追求的基本范式目标。毋庸置疑，新民主主义文化理论的构建为现当代中国文化的发展指明了正确的方向，使近代以来一直困扰着中华民族的"中国文化向何处去"的问题得到了基本解决。新民主主义文化的建设为动员和团结中华民族一切力量投身于新民主主义革命和社会主义革命，起到了巨大的作用。

如果说在新民主主义文化纲领中，毛泽东解决了新民主主义文化的

---

① 《毛泽东选集》第 2 卷，北京：人民出版社 1991 年版，第 663—664 页。
② 《毛泽东选集》第 2 卷，北京：人民出版社 1991 年版，第 698 页。

历史走向及其性质问题，那么1942年5月的《在延安文艺座谈会上的讲话》则解决了文化艺术要为什么人服务以及"如何为"的问题。"我们的文学艺术都是为人民大众的，首先是为工农兵的，为工农兵而创作，为工农兵所利用的。"[①]另外，在1956年的《论十大关系》中所提出的"百花齐放、百家争鸣"的"双百"方针，以及"古为今用，洋为中用"与"推陈出新"的文化建设方针等，都极大地丰富了马克思主义的文化理论。总之，毛泽东在新民主主义文化和社会主义文化建设等方面所提出的许多具有创造性的思想和系统性的理论，奠定了中国特色社会主义文化建设的理论基础，为当前中国特色社会主义文化理论与实践提供了丰富的思想资源，对当前中国特色社会主义文化建设依然具有原则性的指导意义。

第二次的历史性飞跃发生在党的十一届三中全会前后，以邓小平同志为核心的党的第二代领导集体，扭转了极"左"路线和"以阶级斗争为纲"的错误观念，不再提"文艺从属于政治""文艺为政治服务"，但更科学地指出"文艺是不可能脱离政治的。任何进步的、革命的文艺工作者都不能不考虑作品的社会影响，不能不考虑人民的利益、国家的利益、党的利益"[②]，要求文艺要为人民服务、为社会主义服务。强调物质文明和精神文明要两手抓，两手都要硬，两个文明都要超越资本主义，这才是中国特色社会主义所要实现的历史任务。在党的十二大上，中央还对文化建设进行了基本的界定，指出它是指教育、科学、文学艺术、新闻出版、广播电视、卫生体育、图书馆等多项文化事业方面的建设与发展，并以此来促进人民群众知识文化水平的提高。在新的历史时期党已经充分认识到文化建设问题是决定一个政党、一个国家和民族兴衰存亡的重大问题，提出了造就"四有"新人是社会主义文化建设的根本任务和目标这一社会主义精神文明建设的新理论。1983年10月1日，邓小平为北京景山学校题词即"教育要面向现代化、面向世界、面向未

---

①《毛泽东选集》第3卷，北京：人民出版社1991年版，第863页。
②《邓小平文选》第2卷，北京：人民出版社1994年版，第256页。

来"。这"三个面向"方针，不仅为中国特色社会主义教育事业也为中国特色社会主义文化发展指明了方向，并在党的十五大上正式被作为社会主义初级阶段文化建设的整个战略方针确定下来。

以江泽民为核心的党的第三代领导集体站在时代发展的前沿，用战略的眼光、开放的胸襟，面对知识经济时代的到来和日趋激烈的国际竞争环境，积极总结建国以来特别是党的十一届三中全会以来文化建设的历史经验和理论成果，并在此基础上，系统提出了建设中国特色社会主义的文化理论。1991 年江泽民在《庆祝中国共产党成立 70 周年大会上的讲话》中首次使用了"中国特色社会主义文化"这一概念，指出中国特色社会主义文化，必须以马克思列宁主义、毛泽东思想为指导，不能搞指导思想的多元化，必须坚持为人民服务、为社会主义服务的方向和百花齐放、百家争鸣的方针，繁荣和发展社会主义文化，不允许毒害人民、污染社会和反社会主义的东西泛滥。社会主义的文化建设必须继承发扬民族优秀传统文化，又要充分体现社会主义时代精神，立足本国又要充分吸收世界文化优秀成果。在这一讲话的基础上，党的十五大系统阐明了中国特色社会主义文化基本纲领，至此中国特色社会主义文化理论的体系框架与主要内容基本形成。

进入 21 世纪，尤其自十六大以来，中国特色社会主义文化理论的新发展主要体现为在科学发展观指导下形成了"新的文化发展观"。科学发展观强调经济发展、社会发展、人的自由全面发展的统一，强调物质文明、政治文明、精神文明、生态文明之间的辩证统一。"新的文化发展观"的提出，反映了我们党对文化及其发展的新认识，它是科学发展观在文化领域的具体体现，它"要求以科学发展观来认识和对待文化建设在经济社会和人的全面发展中的地位和作用"①。总之，社会主义文化建设要坚持树立"新的文化发展观"，不断深化对文化发展的地位、方向、

---

① 周向军、李春明等：《科学发展观·文化建设论》，济南：山东人民出版社 2008 年版，第 42 页。

动力、思路、格局和目的的认识，冲破一切束缚文化发展的思想、做法、规定和体制机制性障碍，不断解放和发展文化生产力，促进文化与经济、政治、社会、生态文明协调发展。另外，文化生产力理论、社会主义和谐文化论、构建中华民族共有精神家园、提高社会主义国家文化软实力、建设社会主义核心价值体系以及十八大提出的培育和践行社会主义核心价值观等文化理论创新成果，都是近年来中国特色社会主义文化理论在发展过程中所取得的一系列重大思想的结晶。

## 二、构建中国特色社会主义大众文化理论

与蓬勃发展的大众文化现状相比，我国大众文化理论的构建相对滞后。"大众文化研究方兴未艾，但如何摆脱西方的理论陷阱，紧扣中国问题，从中国问题入手，走好价值重构的道路，还有很长一段路程要走。"① 中国特色社会主义文化理论虽然能为大众文化建设提供必要的原则性指导，但毕竟它是指导文化建设全局性、纲领性的理论，对于大众文化建设的指导缺乏具体性和针对性。所以无论是从推动我国文化发展与建设的实际出发，还是从丰富和创新中国特色社会主义文化理论的角度来看，都非常有必要尝试构建中国特色社会主义大众文化理论。

### （一）坚持马克思主义及其文化理论的指导地位

在马克思主义经典著作中，似乎并没有专门论述文化发展的问题，但马克思主义理论中并不缺乏丰富的文化理论的思想内容。"马克思主义虽然没有把自己的目光专门聚焦于文化想象，没有构建知识论意义上的文化哲学或文化理论，但是，它在人类社会历史理论上的革命性变革为

---

① 蒋述卓、陶东风：《大众文化研究：从审美批评到价值观视野》，广州：暨南大学出版社 2015 年版，序言第 2 页。

关于文化的理解奠定了更加宽广的视域和扎实的理论根基。"①而这些自然也会间接地为中国特色社会主义大众文化理论的构建提供必要而丰富的学术养分和理论资源。

马克思主义关于文化的理解主要是从四个维度上展开的，而这四个维度也是构建大众文化理论需要加以关注的。其一，实践是文化的基础。在《1844 年经济学哲学手稿》中，马克思用"人化的自然""人类学的自然"来指称人与自然的关系。从这些概念中，我们不难推导出，正是因为有了文化，人的自觉性才获得了对象性的存在，人才成为了主体性的存在，所以实践中蕴含着文化发生与发展的所有秘密，实践的否定性催生着文化的超越性，实践的连续性与非连续性的统一决定了文化的继承性与阶段性的统一，实践的普遍性与具体性的统一决定了文化的民族性与时代性的统一，实践的多样性与开放性的统一决定了文化的多重性与包容性的统一。其二，人是文化的主体。文化是人的存在与本质力量的确证、表现和证明。人既是文化的创造主体，也是文化的享受主体。"文化的发生的整个过程是一个人的主体性隐帅其中并不断扩大和实现飞跃的过程。"②人的主体性在某种意义上来说就是指人的文化性。其三，自由是文化的灵魂。恩格斯在《反杜林论》中指出文化进步与自由发展之间呈现出一种正相关关系。马克思明确指出："一个种的全部特性、种的类特性就在于生命活动的性质，而人的类特性恰恰就是自由的自觉的活动。"③如此看来，文化的发展不仅是人走向自由的保证，也是人自由的体现，文化自觉也是一种对自由的自觉。作为文化意义上的大众文化与作为商品意义上的大众文化的区别就在于它是否存有这种文化自觉和自由自觉。中国特色社会主义大众文化应该是文化意义上的大众文化与商品意义上的大众文化的辩证统一。其四，符号是文化的存在方式。马

---

① 衣俊卿、胡长栓：《马克思主义文化理论研究》，北京：北京师范大学出版社 2012 年版，第 1—2 页。

② 刘进田：《文化哲学导论》，北京：法律出版社 1999 年版，第 180 页。

③《马克思恩格斯全集》第 42 卷，北京：人民出版社 1979 年版，第 96 页。

克思说:"'精神'从一开始就很倒霉,注定要受物质的'纠缠',物质在这里表现为震动着的空气层、声音,简言之,即语言。"① 基于此,我们可以看出马克思主义经典作家已经注意到了文化的发展受制于或依赖于语言符号这一事实,这启发我们在进行当代文化研究时必须关注社会符号化问题。当前社会上的符号种类、样式、功能与马克思恩格斯那个时代相比已发生了巨大变化。大众文化的发展不仅依赖于语言符号,更凭借着"光电声图"所构成的现代符号系统为自己构建一个庞大领地。总之,构建中国特色社会主义大众文化理论就需要在遵循马克思主义及文化理论的基础上,从实践性、主体性、自由性、符号性四个方面揭示当代中国大众文化的生成、发展、本质、社会功能、发展方向等问题。

马克思主义的精神生产理论对中国特色社会主义大众文化建设具有重要指导意义与启发价值。马克思指出:"如果物质生产本身不从它的特殊的历史的形式来看,那就不可能理解与它相适应的精神生产的特征以及这两者生产的相互作用","一定的社会结构"和"人对自然的一定关系"决定着国家制度和人们的精神生产方式,因而"人们的精神生产的性质也由这两者决定"。② 在马克思主义经典作家那里,"精神生产"一方面表现为"生产劳动",即与物质生产劳动相联系而又有区别的"另外一种劳动";另一方面它带有显著或隐蔽的意识形态性质。这些深刻的思想对于推动中国特色社会主义大众文化理论与实践的发展具有很现实的指导价值,当代大众文化的发展也充分体现了马克思主义有关精神生产理论的科学性。

马克思主义经典作家将艺术与文学等"理解为人的本质力量的现实性"时,其实已经把人的"文化"行为与"工业"活动联系起来了。大众文化其实也在一个侧面展示了人的本质力量,虽然其展示存在着一定的片面性,但这至少说明大众文化不应是对人的本质力量的消解。中国

---

① 《马克思恩格斯全集》第 3 卷,北京:人民出版社 1960 年版,第 34 页。

② 《马克思恩格斯全集》第 26 卷第 1 分册,北京:人民出版社 1972 年版,第 296 页。

特色社会主义大众文化的科学发展与人的本质力量的丰富、健全在具体文化实践中应该是相一致的，这也是马克思主义文化理论对于中国特色社会主义大众文化理论及其实践的一个重要启发。

### （二）把握中国特色社会主义大众文化的本质特征

毋容置疑，"当代中国的大众文化是有中国特色社会主义文化的重要组成部分，是民族性与时代性在社会主义大方向下的统一"[①]。构建中国特色社会主义大众文化理论，需要立足于当代大众文化实践基础之上，把握大众文化的基本特征与一般发展规律，树立中国特色社会主义大众文化观。如前所述，大众媒介性、商品消费性、通俗流行性、大众娱乐性、日常生活性、意识形态性是大众文化的基本特征。我国的大众文化除了具备上述一般特征外，还体现出以下两个本质特征。

其一，社会主义性。社会主义作为先进的社会制度，不仅要在社会经济建设上最终取得比资本主义更先进的生产力，同时也逻辑地体现为在精神文化领域战胜资本主义，实现社会主义的文化领导权。从大众文化与社会主义关系角度而言，建设好社会主义大众文化是社会主义发展的内在逻辑展开和必然要求，是社会主义在思想领域战胜资本主义获得文化领导权的重要的文化战略和必要的文化手段。在马克思恩格斯等经典作家那里，并未具体论述过社会主义大众文化及其建设问题，但依据唯物史观的基本思想，承担社会主义大众文化建设主体任务的无疑是无产阶级，这也就是说，无产阶级既是社会主义大众文化的生产者，也是社会主义大众文化的消费者。因此，激发全民族的大众文化创造活力，共享社会主义大众文化建设的成果，将成为社会主义大众文化建设的本质要求，只有该本质要求在现实生活中得以切实的贯彻，社会主义大众

---

① 朱效梅：《大众文化研究——一个文化与经济互动发展的视角》，北京：清华大学出版社 2003 年版，第 8 页。

文化才能真正地与法兰克福学派所批判的"文化工业"区别开来，也才能与伯明翰学派、英国文化马克思主义所论及的"青年文化""媒介文化""广告文化"等众多亚文化形态区分开来，获得社会主义大众文化自身的独特性和相应的文化力量及魅力。

事实上，社会主义国家的人民群众长期受到马克思主义理论教育和影响，其内在的思想追求和精神结构已经与资本主义社会民众普遍存在着的"物化"意识有了明显的区别，这在一定程度上也保障了社会主义大众文化不会走资本主义"文化工业"的老路，必然能够开辟出符合社会主义性质的新路。"在以马克思主义为指导思想的国家，经过马克思主义文化精神的长期渗透，在人的精神世界、人的理想信念，以及在社会风气这些方面，不仅超过了自己国家的任一历史阶段（如旧中国或沙皇俄国），也超过了发达资本主义国家。"[1] 我国当代大众文化建设要自觉以马克思主义为指导，积极发挥社会主义先进文化的引领与导向作用，坚持社会主义文化建设的基本方针，既保证大众文化的人文精神、文化境界等会超越资本主义，也要确保其不会偏离正确的政治方向和思想价值取向。

其二，人民性。社会主义大众文化的社会主义性与人民性之间其实是相互贯通的。"人民大众作为社会主义文化建设的目的意味着大众文化本身并非与社会主义相对立，而是恰恰相反，它们本质上是契合的。"[2] 就社会主义大众文化建设来说，服务于人民的精神需求，体现人民根本利益，是其必然的逻辑结果和现实要求。"当代中国政治状况对大众文化的约束力、影响力突出地反映在中国大众文化的真正人民性上。"[3] 这

---

① 陈学明、黄力之、吴文新：《中国为什么还需要马克思主义——答关于马克思主义的十大疑问》，天津：天津人民出版社 2013 年版，第 180 页。

② 陶东风等：《当代大众文化价值观研究：社会主义与大众文化》，沈阳：辽宁教育出版社 2014 年版，第 39 页。

③ 金民卿：《大众文化——当代中国大众文化分析》，北京：中共中央党校出版社 2002 年版，第 82 页。

就是说，我国当代大众文化要以反映人民群众的生活实践为主题，以满足人民文化需求、保障普通百姓文化权益为基本目标。不过，我们在探讨社会主义大众文化人民性的时候，还需要深刻认识到，"我们的文化不仅要满足大众直观的需求，反映他们本能的欲望，更需要在潜移默化中实现文化的提升与文明的教化。做到了这一点，才可谓真正地为了大众"①。从我国目前有关大众文化政策、大众文化市场管理、大众文化创作旨趣、大众文化思想内容、大众文化语言形式等方面来看，整体上还是体现了我国大众文化的人民性特征，至少呈现出这种努力的倾向。

### （三）掌握中国特色社会主义大众文化建设的基本原则

大众文化呈现蓬勃发展之态势乃是时代之趋势，美国、英国、法国、日本、韩国甚至俄罗斯等国家都已通过多种方式和渠道将推动大众文化建设纳入自己国家的文化发展战略规划中。2016 年 2 月俄罗斯在《2030 年前俄罗斯联邦国家文化政策战略》中，提出积极建设好电影、电视剧、网络文化等多种形式的大众文化，以提升俄罗斯国际文化影响力，维护联邦国家文化安全，将激发俄罗斯民族文化潜力与活力作为重要的文化战略方式。②基于制度、体制以及经济利益上的考量、政治上的需求等方面的原因，西方国家在推进大众文化建设时，基本上遵循着市场化原则，并在维护本国文化安全的前提下着力利用大众文化对其他国家和民族进行文化渗透与扩张。不可否认，各国各地区的大众文化具有共性，建设大众文化的方式与手段也具有一定的相通性，但中国特色社会主义大众文化在思想内容、价值观等上与西方国家大众文化存在本质上的区别，就是其具体的创作机制、管理方式、制作方式、市场运作方式以及大众的消费方式等也与西方社会存在差异，因而不能按着西方社

---

① 辛鸣：《"软实力"背后的"硬要求"——关于文化发展中的三个基本问题的思考》，载《学习时报》2011 年 10 月 24 日。

② 李琳：《俄罗斯联邦国家文化战略解析》，载《红旗文稿》2016 年第 8 期。

会市场化原则来建设大众文化，而应遵循自己的基本原则。

一是科学规划原则。要将中国大众文化建设纳入整个社会主义文化建设和文化强国战略规划之中，进行通盘考虑，进而克服国外大众文化由于缺乏必要的政府规划和宏观指导所产生的乱象。目前我国有关这方面的工作开展得并不是很到位，无论是中央还是地方在进行文化发展规划时对于如何推进大众文化建设往往并没有进行系统的设计。关于这个问题笔者还要在后面有关章节中继续讨论，特别是在第六章"推动我国当代大众文化科学发展的路径探索"中具体展开。

二是正确的价值导向原则。区别社会主义大众文化与资本主义大众文化的关键之处不在于形式和技术，而在于内容，这里所强调的内容并不仅指情节设置、题材选择、故事类型等方面，更多指向的是内容中所反映、折射出的价值观念、思想主题。赋予大众文化丰富的人文精神内涵，渗透社会主义核心价值体系、社会主义核心价值观的内容，融合优秀民族精神和时代精神，与社会主义先进文化的发展方向保持一致性是中国特色社会主义大众文化建设中必须遵守的文化价值原则。

三是实践创新原则。马克思主义认为"社会生活在本质上是实践的"[1]。任何文化都是人实践的产物，当代大众文化构成了人们社会生活的重要领域，它在本质上也是实践的，在实践中发生、在实践中发展、在实践中形成了多样的形式、在实践中既创造了人的文化需求又满足着人的文化需求。人对物质的需求是丰富多样的，对精神的需求同样也是丰富多彩的。"已经得到满足的第一个需求本身、满足需求的活动和已经获得的为满足需要用的工具，又会引起新的需求。"[2]这个观点不仅适合于解释人的物质需求发展也适用阐释人的精神需求发展。随着创作、制作、生产大众文化产品的"工具"即媒介技术不断推陈出新，大众对大众文化的需求无论是在形式还是内容上都会提出更高的要求，我国大众

---

① 《马克思恩格斯文集》第 1 卷，北京：人民出版社 2009 年版，第 505 页。
② 《马克思恩格斯全集》第 3 卷，北京：人民出版社 1960 年版，第 31 页。

文化要更好地满足人民的文化需求，就必须在社会实践的基础上不断走一条创新发展的道路，以新形式、新内容、新题材、新主题、新风尚、新思想不断获得新的生命力。

四是激发大众的文化创造活力原则。社会主义大众文化的实践创新归根结底要靠激发大众的文化创造活力来实现。正如法兰克福学派所指出的那样，西方资本主义社会的大众文化扼杀大众的个性，泯灭大众的文化创造性，使人沦为"单向度的人"。社会主义大众文化建设必须跳出法兰克福学派所批判的在大众文化上所设的"意识形态"陷阱，自觉激发大众的文化创造活力。"社会主义大众文化从根本上说，是凝结在最广大人民群众所创造的最具代表性的文化之中，呈现在最能表现广大人民群众创造性的文化实践之中。"[①] 因此，社会主义大众文化应该不仅不会伤及人的文化主体性，更应成为普通人参与文化创造的重要桥梁、手段和场域，让普通人的个性、主体性、文化创造性得以彰显，获得合理释放。

五是市场优化原则。市场是大众文化运作的主要场所，离开市场，现代意义上的大众文化就难以发展，尤其当前市场在社会资源的配置方面不仅起到基础性作用，甚至起到了决定性的作用。在如此语境下，只有充分规划好、利用好、开拓好大众文化市场，我国大众文化建设才能取得更好的实效。但市场以及与其紧密相联系的资本对于文化建设所产生的弊端也是显而易见的，如果一味地依赖市场，任凭市场、资本力量横行下去，其结果可能是整个社会越来越充斥着大量的"文化产品"，却越来越缺乏"文化"，这不仅不是文化的真正繁荣，而且可能是文化的厄运。因此，对于大众文化建设而言，利用市场、开拓市场、提高市场占有率既重要且必要，但规范、净化、优化大众文化产品市场，善于利用、调节、驾驭文化资本市场对于中国特色社会主义大众文化的科学

---

① 陶东风等：《当代大众文化价值观研究：社会主义与大众文化》，沈阳：辽宁教育出版社 2014 年版，第 51 页。

发展更为重要。

六是文化安全原则。马克思说:"如果从观念上来考察,那么一定的意识形式的解体足以使整个时代覆灭。"[1]时代如此,国家亦然。任何一个国家在发展过程中都需要相应的价值体系的支撑、核心观念的保障,维护国家文化安全是一国文化建设的基本任务。有些人往往错误地认为,维护国家文化安全只是事关主导文化和主流意识形态建设,大众文化是商品性的文化,只要善于利用"市场这只看不见的手",就可以管理好大众文化,大众文化既然是快餐式的文化,也不会对人的思想产生什么实质性的影响,所以无需大惊小怪,因而容易对大众文化中隐藏的文化安全问题熟视无睹。从国际大众文化建设现实状况来看,美国、法国和韩国等在制订与大众文化有关的文化产业政策时,均把维护国家文化安全作为基本出发点。美国在"9·11"事件之后,甚至成立了国土安全文化局。法国这些年为了维护法兰西文化安全,对好莱坞大片进行风险评估。韩国在20世纪90年代通过的《文化产业振兴基本法》就已经非常关注大众文化中有关文化安全问题了。[2]当前在全球化的背景下,中西方各种思潮相互碰撞,在市场经济环境下不同的利益主体进行着思想上的交锋,在社会转型时期传统的、现代的,先进的、落后的,科学的、错误的观念进行着博弈,维护社会主义国家文化安全已经成为加强我国文化建设中必须高度重视的问题。大众文化具有很强的意识形态渗透性,西方发达国家一方面想方设法地利用本国的大众文化以抵御外来的文化入侵,维护本土文化安全,另一方面又极尽所能地通过大众文化途径实施文化扩张。目前总体上来看,在大众文化建设以及文化贸易方面依然是西强我弱,因而我国当代大众文化建设更要遵循文化安全原则。

---

① 《马克思恩格斯文集》第 8 卷,北京:人民出版社 2009 年版,第 170 页。

② 参见刘金祥、刘行键:《维护文化安全应借鉴发达国家文化产业政策经验》,载《红旗文稿》2016 年第 7 期。

### （四）凸显科学发展观在大众文化建设中的指导意义

大众文化不仅是一种文化形式，对于普通人而言更寄寓着一种生活方式的选择。做好大众文化建设工作将有利于促进我国文化的全面、协调发展，同时也有利于优化中国人的文化生活方式。大众文化的科学发展推动的不仅是文化的繁荣、文化的可持续发展，也是人的生活方式的提升、精神生活质量的提高。"科学发展观，为我们创建新的生活方式开辟了道路、指明了方向。科学发展观更深层次是'如何生活'。科学发展观要求发展本身要服从和服务于人的全面自由发展，而不是为发展而发展，其核心正是创造一种新的生活方式。"①客观地讲，当代人生活方式已离不开大众文化，如果没有了大众文化，那么当代人生活就会失去斑斓的色彩、必要的休闲空间和心灵休憩的驿站，但倘若长期面对着是一批媚俗、庸俗、低俗甚至恶俗的大众文化产品，对于当代人而言就如同让自己生活在精神垃圾场和思想毒品室中，这俨然成了一种灵魂上的"慢性自杀"。

科学发展观中的"以人为本"不是空洞抽象的理论观点，而是需要在普通百姓的现实的物质与精神生活中加以贯彻的实践理念。目前学界更多关注的是科学发展观对于社会主义经济建设的指导意义，而对其文化建设方面的具体指导价值缺乏深究。其实，在经济全球化的今天，各国在推动经济发展的具体方式、方法上越来越具有相通性，而在文化建设方面其个性、特殊性却越来越明显。即使是相对于主导文化、精英文化、民间文化等而言最具有普遍性意义和流通价值的大众文化来说，其在建设的方式、方法、目的、价值追求等上都越来越要求凸显民族特性和国家特色。

科学发展观不仅是我国社会主义各项事业建设的指导思想，也是党和国家思想创新的重要理论成果，它既汲取了人类的文明成果，也彰显

---

① 陈学明：《文化软实力和生活方式》，载《光明日报》2009 年 11 月 27 日。

着中华民族特有的思维方式，只要科学发展观能深入人心，能渗透到中国人的日常生活和文化血脉中，就必将有利于构筑屹立于世界文明体系中的中国当代文化所特有的品格与风骨。只要中国当代大众文化建设能更为自觉地以科学发展观为指导，走全面、协调、可持续发展之路，坚持以人为本的核心立场，彰显以人为本的文化价值观念，中国特色社会主义大众文化就会在理论与实践两个方面超越西方资本主义社会的大众文化，开辟大众文化的新时代、新境界。

# 第三章　我国当代大众文化建设的现状与社会效应

　　探索中国当代大众文化科学发展之路，需要对当前我国当代大众文化建设的现状及其产生的社会效应进行必要的分析。虽然现代意义上的大众文化在我国已有近百年的发展历史，但全面勃兴、形成多方面社会效应、引发各界人士广泛关注却是在改革开放之后，特别是 20 世纪 90 年代以来，伴随着社会主义市场经济体制的建立与完善，文化体制改革不断深化，包括大众文化在内的我国整个社会主义的文化事业与文化产业发生了深刻变化。通俗文学、影视文化、流行音乐、网络文化等大众文化在经济全球化与文化全球化相互交织的时代承担着越来越显著的经济职能，扮演着越来越重要的文化交流角色，同时也成为政治角逐中的"隐性秘密武器"和意识形态建设中的重要工具和抓手。我国当代大众文化建设已对我国的经济产业布局、政治民主进程、整体文化战略、大众日常生活方式及精神世界、国家形象等产生了广泛而深刻的影响。透过对我国当代大众文化建设现状与社会效应的分析，我们将会更深入地理解做好大众文化建设工作不仅是文化领域内落实科学发展观的必然要求，它也直接或间接地反映出我国整个社会主义事业建设在具体贯彻科学发展观上所取得的成效。

# 第一节 我国当代大众文化建设的总体状况

自改革开放以来，我国大众文化建设经历了从原先的自发发展逐步演进到自觉发展，进而再向科学发展迈进的历程。把当代大众文化建设纳入中国特色社会主义文化发展战略中来加以考量，有规划、有策略地推进我国当代大众文化建设，也越来越成为我国整个文化建设上的共识。只有从宏观上把握住我国当代大众文化建设的现状，才能更切实地发现我国当代大众文化建设上存在着的某些不科学发展的问题，也才能更深刻地理解推动大众文化科学发展的重要现实意义。

## 一、我国大众文化发展的基本历程

虽然从宽泛的意义上来说，古代就有了类似于今天的大众文化形式的娱乐性文化，但如果从工业化生产的角度来看，我们不能说"大众文化"古来有之，大众文化是伴随着人类工业化而悄然形成的。有学者曾指出我国现代意义上的大众文化源于 20 世纪 20—30 年代的上海，因为那个时代，"上海已完成了从第一产业向第二产业的转化，成为全国最为现代化的工商中心、文化中心与服务中心"[1]。当时的上海与美国的纽约、英国的伦敦、法国的巴黎等是可媲美的国际性大都市，大量西方大众文化产品和活动纷纷涌入上海。随着上海近代工商业的发展，以娱乐业为主要载体的多种大众文化形式也竞相在上海滩流行开来。1933 年百乐门大舞厅正式在上海开业，这是现代意义上的一次资本与文化联姻的典型代表[2]，也可以说在一定程度上预示着大众文化在中国近现代文化发

---

① 忻平：《从上海发现历史——现代化进程中的上海人民及其社会生活（1927—1937）》，上海：上海人民出版社 1996 年版，第 84—85 页。

② 1932 年，中国的商人顾联承出资 70 万两白银，购买了静安寺一带地界，营建"Paramount Hall"，以谐音取名为"百乐门"。

展史上的一次实质性的呈现。百乐门因其外观华丽、富丽堂皇、灯光璀璨，再加上一流的爵士乐队和红舞女，成为当时上流社会应酬的首选之地，吸引了大量的社会名流来此消遣。当然，一种新鲜事物刚诞生，大众对它的态度总是呈现出复杂的状态：社会名流和权贵富翁等一般很喜欢这样一个娱乐场所，也喜欢听歌厅中歌女唱的歌、舞女跳的舞；对于众多平民来说，他们则视其为靡靡之音和肮脏不堪的东西；对于当时一些知识分子来说，他们一方面比较欣赏包括大众文化在内的西方文明，另一方面心中又存在一种反现代化的情绪，怀有较为浓厚的乡土怀旧情结。在不同人群的矛盾心态的纠葛下，大众文化在民国的上海呈现出与当时中国整个社会凋敝破败、民不聊生的环境极不协调的繁华景象。

由于当时特殊的国情，大众文化在中国大地越勃兴就越刺激着中华民族的文化尊严，因为当时的中国更需要的是革命性的文化，而非是消费性的文化。因此，大众文化在以上海为代表的部分城市中的表面繁荣，实质是畸形的繁荣，是彻头彻尾地迎合所谓上流社会的需要而形成的"文化怪胎"，它与普通老百姓的生活几乎没有什么交集。即使像张恨水的小说、阮玲玉的电影等更多的也是有闲阶级的文化点缀品，与处于水深火热中的广大人民群众生活是脱节的。不过，这种畸形文化景观在今天却成为众多大众文化作品的重要素材或生成性背景，无论是电影《摇啊摇，摇到外婆桥》《花样年华》，还是电视剧《像雾像雨又像风》《情深深雨蒙蒙》，都将今天的大众文化色彩与以上海为代表的民国时期畸形的大众文化的氛围叠合起来，呈现出一种别样的文化记忆，彰显出一种独特的文化况味。

近现代中国历史并没有给大众文化提供必要的生长土壤，直到20世纪80年代，中国的大众文化史才掀开了新的一页。1978年的十一届三中全会的召开具有深远的历史转折意义，自此我国确立了改革开放的道路，我国大众文化也可以说就是从这一时期才开始真正有了实质性的发展。"当代中国大众文化的产生受到社会转型的恩泽，是国家政治体制的改革，导致70年代末到80年代中期，以港台流行歌曲、通俗小说和电视剧为先导的大众文化开始出现。"①不过，由于这个时期中国的经济体制依然是计划经济，在这种经济体制的安排下，文化被看成只具有事业性特征而无产业性特质，文化生产、文化产业基本上还没有引起太多人的重视。无论何种形式、何种类型的文化总是与意识形态存在着密切的关系。当前以美国为首的西方资本主义国家总是想方设法运用文化手段，其中就包括大众文化方式对社会主义国家进行价值观的渗透与思想观念上的和平演变，在这样的情形下，党和国家应要高度关注和适当警惕那些与我们主导文化在观念上形式上都存在差异的西方大众文化产品的入侵对我国文化生态和大众日常生活及精神世界的影响。

直接催生中国内地大众文化发展的重要文化因素是大量港台的影视作品、流行音乐等传入内地。客观地讲，长期经历社会主义意识形态宣传教育的广大内地人民群众一开始对于从港台传入的大众文化既有因陌生而带来的新鲜感又有不适应感，甚至还存在排斥感，不少人特别是一些革命老同志对此更是加以批判。但随着思想的逐步解冻，人们的精神生活多样化需求日益增强，大众文化越来越被一些青年人所接受、认同继而追捧。伴随着港台剧《霍元甲》《射雕英雄传》《婉君》等的热播，邓丽君、罗大佑、童安格、"四大天王"、张国荣、梅艳芳、谭咏麟等歌声唱遍中华大地时，中国内地的内生性的大众文化也在暗流涌动。

1983年中央电视台"春晚"的登台，是中国当代大众文化史上一件具有标志性的事件。因为它不再要求人们背诵语录，不再空谈政治口号，而是总体上以娱乐为核心建构起一整套新的文化观念。当然"春晚"在中国还是承载着多样的文化功能，甚至还担负重要的意识形态的责任，但我们不得不承认"春晚"的核心逻辑是大众文化逻辑，否则它就不会走到今天，也不会有如此的生命力。纵观春晚，它不仅深刻折射出当代中国大众文化的发展线索，也成为三十多年来我国文化变迁的一个缩影。"'中国故事'在这里被表征为'从告别革命'到'消费革命'的戏剧

① 陆扬：《大众文化理论》，上海：复旦大学出版社2008年版，第106页。

化过程，发生了'准葛兰西'意义上的转向：主导文化的运作从纸媒转到视媒，从单一僵硬的管理转为对文化符号生产的弹性掌控，从波及全社会的大规模运动转变为润物无声的娱乐消费。"①伴随着李连杰主演的《少林寺》风靡全国、王朔"痞子文学"的流行、《渴望》所产生的万人空巷的收视效果，证明了大众文化已在中国这块古老的土地上风起云涌。总之，通过改革开放以及在港台流行文化的影响下，中国老百姓对大众文化的态度也逐渐由批判走向认同，甚至是追捧。

　　1992 年社会主义市场经济体制的确立，特别是进入新世纪以来，中国大众文化更是迎来了一个发展的春天。首先表现在文化市场地位得到确认，大众文化市场愈加繁荣。在 90 年代流行音乐的唱片市场、影视的发行拷贝市场、通俗文学作品的租赁市场、经过体制转型后文艺团体的文艺演出市场等呈现出供需两旺的局面。其次，自 90 年代以来大众文化形式越来越多样化，卡拉 OK、MTV 等大众文化新形式得到青年人的热捧，迪斯科、溜旱冰等成为年轻人所追求的生活时尚。再次，21 世纪以来，伴随着网络技术、通讯技术、数字化技术的蓬勃发展，大众文化与高科技融合度进一步提升，大众文化听视觉的表现力得到强化，形式上也不断翻新，内容更加繁杂化，辐射的群体更加广泛，产生的社会影响越来越大。大量视频网站、通俗文学网站纷纷涌现，手机、掌上电脑等成为大众文化传播的新的重要载体，手机阅读、触屏阅读成为普通百姓观赏大众文化新的重要方式。融合光声电等多种手段为一体的娱乐性主题公园也在一、二线，甚至三线城市出现，为人们带来了更为直观的、更易参与的大众文化体验。最后，国家对大众文化建设的支持和管理力度也都在不断增强，先后出台了一批与大众文化建设相关的政策，从法律、融资、税收等方面给予文化企业，特别是小微文化企业以帮扶，加大对文化市场开发力度，积极拓展海外市场，但与此同时也针对文化市

---

①　师力斌：《逐鹿春晚——当代中国大众文化和领导权问题》，北京：中国言实出版社2014 年版，第 17 页。

场存在的乱象进行大力整顿和有效监管，特别是近几年对存在问题比较集中的网络文化领域进行相应的清理，实施"净网"工程，有力引导了包括网络文化在内的我国大众文化的健康发展。

## 二、我国大众文化建设现状纵览

在论述我国大众文化发展总体现状之前，有必要宏观把握一下目前我国整个文化建设的状况，因为我国的大众文化建设是社会主义文化建设的一个重要组成部分，需要放在整个社会主义文化建设的总体环境中来加以考察，才能更加准确地加以具体把握。

### （一）我国当前文化建设总体状况

#### 1. 文化建设的战略地位越来越凸显

随着国家文化大发展大繁荣战略的实施和一系列文化强国政策的出台和落实，文化建设在整个社会主义建设中的战略地位越来越凸显。全面建成小康社会就是既要让人民过上殷实富足的物质生活，又要充分保障人民享有相应的文化权益，拥有健康有益、丰富多彩的文化生活。目前我国文化发展正处于一个重要战略机遇期，在坚持以经济建设为中心的同时，需要我们自觉地把推动文化的科学发展作为坚持发展是硬道理、发展是党执政兴国第一要务的重要内容来看待，作为深入贯彻落实科学发展观的一个基本要求来落实。社会各界正在努力地进一步推动文化建设与经济建设、政治建设、社会建设以及生态文明建设的协调发展，以更好地满足人民精神需求、丰富人民精神世界、增强人民精神力量，为继续解放思想、坚持改革开放、推动科学发展、促进社会和谐提供坚强的思想保障、强大的精神动力、有力的舆论支持和良好的文化氛围。

保持客观理性的态度。对于网络文化中某些恶俗的内容，则需要加以坚决地抵制。

对于大众文化发展而言，网络为各类大众文化提供了广泛的交融、交互平台。在网络中人们可以听流行歌曲，看影视视频，玩电子游戏，看通俗小说等，在潜移默化中接受大众文化的影响。网络、手机、广播电视的"三位一体"发展，不仅催生了文化产业的新业态，也极大地释放了我国大众文化生产、创作的潜能。因此网络文化既是一种大众文化，也是大众文化的催化剂。

## 第三节　我国当代大众文化的社会效应

大众文化所产生的社会效应是全方位、综合性的，从某种意义上说，自 20 世纪 90 年代以来，它"无疑比精英文化更为有力地参与着对中国社会构造过程"[1]，因而当我们探讨中国当代大众文化的社会效应时，就不能仅仅局限于精神领域，而需要从经济、政治、文化、日常生活等方面进行多维的审视和观照。

### 一、对经济产业布局的影响

大众文化与文化产业的关系极为密切。大众文化是"文化产业的内核或商业运作的借助点，文化产业借助大众文化进行商业运作"[2]。例如，仅从受众角度来说《中国好声音》是一种大众文化现象，但当它能为浙江卫视带来丰厚利润的时候，它就是一种文化产业。"随着现代商

---

① 戴锦华：《犹在镜中——戴锦华访谈录》，北京：知识出版社 1999 年版，第 5 页。
② 陶东风：《大众文化教程》，桂林：广西师范大学出版社 2012 年版，第 27 页。

业社会的快速发展，大众文化越来越凸现其商业价值，成为一项重要的产业。"① 纵观当代大众文化，它主要就是通过相关文化产业如影视产业、新闻出版产业、动漫产业、演艺产业以及由它们所衍生出的相关产品所组成的。

大众文化与文化产业之间互相促进，共同催生着中国整个文化格局的变化，同时也引发和带动了经济领域的深刻调整。在以前很长一段时间内，甚至直到现在，中国经济很大程度上是依靠劳动密集型产业来支撑的，这种高耗能、低收入的产业不仅会大量消耗、浪费我国自然资源，更为我国经济的科学发展埋下了隐患。市场经济条件下，人们对文化产品的需求量不断增长，在文化营销策略被广泛使用的情况下，大众的文化需求欲望被充分调动起来。这样一种局面不仅改变着中国当代的文化结构，即大众文化的繁荣，也悄悄调整着我国的产业结构，其中最引人关注的领域就是伴随着大众文化的勃兴，文化产业不断发展壮大，将逐渐成为重要的新兴业态与支柱性产业。

对于何谓文化产业，学术界和业界的观点颇多，目前尚未取得完全统一的意见。我国对文化产业的界定主要依据的是 2004 年国家统计局颁发的《文化及相关产业分类》的国家统计标准来进行的。在这个标准中，文化产业是指为社会公众提供文化、娱乐产品和服务的活动，以及与这些活动有关联的活动的集合。主要包括六个方面：1. 文化产品制作和销售活动；2. 文化传播服务；3. 文化休闲娱乐服务；4. 文化用品生产和销售活动；5. 文化设备生产和销售活动；6. 相关文化产品制作和销售活动。这个分类对于我们大体了解文化产业及其包括的相关领域是有积极意义的，同时也便于经济上的统计，但它并没有将文化产业的最核心的内涵充分挖掘出来，甚至没有将文化产业与传统产业的区别揭示出来。

虽然文化产业与非文化产业之间的界限存在一定的模糊性，但一个产业能否称之为"文化产业"应该包含以下几个最基本的要素：第一，

---

① 陶东风：《大众文化教程》，桂林：广西师范大学出版社 2012 年版，第 28 页。

文化产业是以文化作为内容，并主要通过文化内容获取商业价值，因此，文化产业是一个以"内容为王"的产业。这里的内容不仅包括文化知识、产品，更包括各种"创意"，因而文化产业有时也被称作"创意产业"。这就是说，文化产业是一种以"文化"为主的产业平台，脱离丰富的文化内容支撑的文化产业，"文化"就成了一个"幌子"，而"产业"也会萎缩。第二，文化产业是以精神性服务为主要形式的产业，当然精神性服务往往也需要依赖一定有形的物质商品形式，但无论是商家还是顾客都更看重商品所附带的文化内涵、精神品格、思想内容。第三，文化产业在生产方式上体现为工业化，在产品形式上体现为商品化，产业业态上越来越体现为数字化、信息化。文化产业可与多个传统产业或新兴产业紧密融合，有效提升相关产业的文化附加值。文化产业作为朝阳产业、绿色产业，对于优化经济结构、提高经济发展的质量以及坚持经济与文化的科学发展具有重要意义。

目前我国文化产业正在稳步发展，生产出的优秀大众文化作品在给人们补充精神食粮的同时，也带动了一系列相关产品的销售。大众文化生产与消费的兴起将会不断优化我国产业结构，有利于我国经济结构的转型。2008年金融危机时，在整个世界传统产业普遍萧条之际，我国文化产业却一枝独秀。2011年，我国文化产业占GDP的比重首次超过3%，而且近年来，其发展规模从小到大，势头良好，整体实现了较快增长，在国民经济中的份额稳步提高，对整个国民经济的贡献率逐年提高。据有关数据综合分析，只要保持目前的发展势头，文化产业将在2020年，甚至提前成为我国的国民经济的支柱性产业。

## 二、对政治民主进程的影响

英国著名大众文化学者阿兰·斯威伍德（Alan Swingewood）曾深刻指出，对于娱乐持鄙夷态度的社会大众文化理论里包含着精英主义者的政治意图和自私心态，"他们企图压制中下阶层民众追求民主的精神，他们重新伸张死板而僵硬之社会阶层的必要性，他们要让精英稳固地掌握决策权，永远享有特权"①，而这与人类民主进程是背道而驰的。所谓的政治民主就是要扩大人民政治参与的空间、渠道，提升人民政治参与的能力，在政治上真正、全面地实现"人民当家做主"。由于大众文化很好地祛除了政治神圣化，体现了政治的亲民性，大众文化对纯粹政治化的主流文艺具有反叛性，因此，大众文化在促进政治民主方面还是具有重要作用的。另外，大众文化虽然有意识地强化其商品属性，弱化政治功能，但这种弱化只是相对于纯政治文化而言的，由于大众文化重视大众的参与，"这对人们提高对于政治生活的关切度和增强主动参与意识都进行了心理准备和实际训练，在这一过程，人民的政治素质也相应得到了提高"②，其中就包括政治参与意识、政治民主意识等方面的增进。美国著名学者道格拉斯·凯尔纳（Douglas Kellner）更认为当代大众文化逐渐成为一种"政治表演"的舞台，当代大众文化的政治功能不是在弱化，而是在隐性的强化，尤其是在有关政治认同方面发挥着重要作用。③

大众文化总是与大众媒介结合在一起的，不同的媒介对人的政治意识和民主意识也有着不同的影响。麦克卢汉曾指出，"印刷文化不仅产生了笛卡尔派的观点，而且产生了美国的心理和政治特征"④，"倘若电视在希特勒之前问世，希特勒这样的人根本就不可能产生了"⑤。在此我们且不论麦克卢汉的思想是否具有媒介决定论的偏激之嫌，但媒介变革与政治发展之间存在着深刻的关系却是一个无可争辩的事实。

20世纪80年代电影《天云山传奇》《芙蓉镇》等就非常大胆地触及

---

① 〔英〕阿兰·斯威伍德：《大众文化的神话》，冯建三译，北京：生活·读书·新知三联书店2003年版，第4页。

② 朱效梅：《大众文化研究——一个文化与经济互动发展的视角》，北京：清华大学出版社2003年版，第114页

③ 参见〔美〕道格拉斯·凯尔纳：《媒体奇观》，史安斌译，北京：清华大学出版社2003年版，第131页。

④《麦克卢汉精粹》，何道宽译，南京：南京大学出版社2000版，第157页。

⑤〔加〕麦克卢汉：《理解媒介》，何道宽译，北京：商务印书馆2005年版，第368页。

长期政治运动给人们带来的深重的身心伤害，真实地再现了各具特质的个体生命被抛进政治漩涡后的坎坷命运等主题，这促使中国人去深入反思政治与人生、政治与生活之间的关系，从大众文化层面上促发人去隐约探索政治民主问题。90 年代流行歌曲几乎成了一种霸权性的话语资源，所营造的"后革命中国"氛围，掀起了更多中国人对政治民主的想象。而进入 21 世纪影视文化迈入高度繁荣期，大量影视作品题材直指政治民主、反腐、社会改革、社会民生等重大主题和社会焦点问题，人们在观看这些作品的同时，既在"消费"文化，也在"消费"政治，一旦政治成为消费的对象，其结果可能是政治权威的被颠覆，也有可能是政治民主的蓄势待发。

## 三、对整体文化格局的影响

大众文化的兴起是近现代世界文化发展的一种趋势和潮流。"晚近代以来，无论是西方文化还是中国文化，似乎都有一个越来越明显的发展趋向：视觉符号形象或图像正在取代语言符号转而成为文化的主导形态。换言之，形象或图像正在取代语言成为文化的主因。"[1] 对于这种趋向和潮流，有人认为是文化的"灾难"，因为它严重挤压了以传统语言为主要叙事类型的高雅文化的生存空间，而有人则认为以视觉文化为主要形式的大众文化不仅没有扼杀高雅文化，反而愈发突出了其内在独特的不可替代的文化价值。不过笔者更认为无论是视觉文化的兴起还是大众文化的勃兴都预示着人类文化格局的一种变化，反映着一个国度文化格局的变迁。

大众文化兴起是对我国长期以来以二元文化为主要格局的一种积极意义大于消极意义上的颠覆。这种二元文化在空间维度上表现为城市文

---

[1] 周宪：《视觉文化与现代性》，载陶东风等主编：《文化研究》第 1 辑，天津：天津社会科学院出版社 2000 版，第 124 页。

明与乡村文化的对立，在时间维度上表现为封建等级意识与现代市场平等观念之间的对抗。"二元文化作为一种畸形的社会意识形态，已经成为中国经济社会发展中最大的'暗礁'，严重阻碍着中国的改革、发展与稳定，必须坚决清除，回避不得，忽视不得，徘徊不得，等待不得。"[1] 大众文化作为一种市场经济的产物和都市文化的典型代表，对于破除我国二元文化格局是有积极意义的。我国当代大众文化不断地开疆拓土，激发我国文化格局日趋多元化。"中国共产党所倡导的主流文化、体现百姓文化追求的大众文化、知识分子所提倡的精英文化以及表达市场经济价值追求的企业文化，共同构成了当代社会的'文化复调'。"[2] 越来越多的民众发现，一向严肃的中央媒体在开发设计有关栏目、节目时也更多地揉进了娱乐因素，体现出文化亲民的特色，而这何尝不是文化建设上的一种"以人为本"呢？但同时我们也要注意到，娱乐是有限度的，如果我们把一个严谨的新闻报告、深度的道德观察也变成了"娱乐"，那就极有可能走向事物的反面，"娱乐"极有可能蜕变成为"恶搞"。

## 四、对大众日常生活及精神世界的影响

随着时代发展，大众的生活追求不再仅仅停留在温饱上了，更多的人会寻求一种精神上的享受，这在经济学意义上表现为恩格尔系数的降低，在日常生活意义上表现为"柴米油盐酱醋茶"的庸常物质生活比重缩小，精神生活在人的日常生活中地位开始凸显。不同人群的精神生活的内容是不同的，如在康德、贝多芬（Ludwig Van Beethoven）、爱因斯坦（Albert Einstein）等人那里，精神生活体现为对哲学、艺术、科学、学术的自觉追求，体现为"是要逃避日常生活令人厌恶的粗俗和使人绝

① 刘奇：《中国三农"危"与"机"》，北京：中国发展出版社2014年版，第222页。
② 傅泽：《文化想象与人文批评——市场逻辑下的中国大众文化发展研究》，北京：中国传媒大学出版社2007年版，第161页。

望的沉闷，是要摆脱人们自己反复无常的欲望的桎梏"[1]，而对于芸芸众生来说，精神生活就是日常的文化生活，就是要在这种文化生活中满足自己的审美之需、怡情之需、求知之需，当今大众文化无疑成为满足普通人这"三需"最为重要的精神产品。事实也确实如此，根据童世骏教授主持的教育部哲学社会科学研究重大课题攻关项目《当代中国人精神生活调查研究》课题组的调查显示，消费大众文化已成为当代多数中国人精神生活最为重要的方式。[2]仅就阅读方式而言，根据中国新闻出版研究院"第十二次全国国民阅读调查"数据显示，2014年数字化阅读方式（网络在线阅读、手机阅读、电子阅读器阅读、光盘阅读、Pad阅读等）的接触率已高达58.1%，超过了传统的纸质阅读率。虽然数字化阅读行为不能都被视为大众文化活动，但其中大众文化因素还是十分明显的，这也从一个侧面反映出当代大众文化已然深深植入人们日常生活之中了。

我们这些生活在现实中的普通人，只要简单回顾一下日常生活行为就会感受到大众媒介与大众文化对我们的影响有多大。例如，每到逢年过节之际，我们的手机是否会收到各类祝福短信呢？除夕夜我们是否也会选择在家中收看中央电视台的春节联欢晚会呢？最近类似谈论"婆媳"关系、"二胎"问题等的电视剧是否也触动我们对于恋爱、婚姻、家庭的观念呢？"职来职往"等求职节目对我们的就业、择业、创业是否产生了一些指导和启发呢？电视剧、时装秀是否引领了我们的穿衣打扮呢？我们是否也会将在网上看到的新闻拿到现实生活中与家人、朋友一起讨论呢？众多类似这些生活现象与场景让我们在不知不觉中已经被大众文化影响了，而且我们也已然接受并且在一定程度上认可了它对我们的影响。

大众文化对于人们日常生活和精神生活的影响并不是抽象的而是非

---

① 许良英等编译：《爱因斯坦文集》第1卷，北京：商务印书馆1983年版，第101页。
② 参见童世骏等：《当代中国人精神生活研究》，北京：经济科学出版社2009年版，第204—223页，第355—362页。

常具体的。影视文化、流行音乐、动漫、网络文学、手机阅读等诱使人们在审美情趣、生活方式等方面产生严重的趋同现象，甚至在世俗价值观的认同方面也出现趋同。这种趋同，其实也就是所谓的日常生活和精神生活的"同质化"，从表象上看这只是人们的文化生活在内容和形式上出现雷同或类同，但从更深的层次来看，其实是人们的日常生活和精神生活受到同一个逻辑的控制，这就是资本逻辑。资本逻辑不仅控制着人的日常生活和精神生活，同时也渗透到人的消费心理和情感世界中，导致人们容易将大量的与人生命本真相违的"虚假需要"注入欲望结构中。当前人们热衷的各种大众文化活动其实很多就是资本制造出的"虚假需要"。当完全商品化的大众文化越植入日常生活和精神生活中，人们的日常生活和精神生活就越会受到资本逻辑的控制，而这一点是资本主义社会文化生产与消费所无法改变的。中国当代大众文化的科学发展一方面要合理利用资本，另一方面更为重要的是必须能超越资本逻辑，使大众文化回归到文化逻辑的运行轨迹中来，使其成为提升人们日常生活和精神生活品质的真正的"文化品"而并非只是"商品"。

大众文化的兴起对人民精神生活的影响还体现在它在相当大的程度上改变了人们的文化心态。"今天不是诗歌的时代，同样也不是哲学的时代。那么今天算什么时代呢？我想就是'大家过平常日子的时代'，说得文绉绉一点是所谓'日常生活的时代'。"日常生活并不需要诗人把它提升到诗的境界，也不需要哲学家将它提升到理念的高度，"倒是诗人哲学家需要明白自己过的也是'平常日子'，不必以为自己读点诗歌就比读武侠小说的人来的高雅，也不要以为自己读点哲学就比听流行音乐的更为深沉，无非都是打发时间、消磨日子，各有一套过'平常日子'的方式而已"[①]。这样一种文化心态目前在国人的精神生活中是具有普遍性的。大众文化不仅对普通人的日常生活产生了重要影响，同时就连一直被视为象牙塔里的学问、学术之事也因此发生了微妙的变化。"过去，摇滚乐

---

① 甘阳：《将错就错》，北京：生活·读书·新知三联书店2002年版，第55页。

使你学习分心，现在它很可能是你研究的对象。学问不再是象牙塔之事，却属于传媒世界、购物中心、香闺蜜室和秦楼楚馆。"① 在中国学术走秀、学术明星化、学术娱乐化等现象也已经屡见不鲜了，这说明大众文化的触角早已渗透到了学术界，对此，学术界一方面不能自命清高地拒斥将学术通过大众文化运作方式使其部分内容尽可能地大众化，以提高精英文化在大众精神生活中的影响力；另一方面学术有其自身特性和发展规律，若将其按着大众文化运作方式进行"理论生产"，学术的繁荣可能只是越来越积聚更多的思想泡沫、精神沉渣和文化喧嚣，越来越失去思想魅力、精神内涵和文化品格。作为真正的学者既不能对大众文化置之不理，更不能在霓虹闪烁的大众文化景观面前迷失学术的良知，丧失自身应有的文化责任和思想担当。

## 五、对国家形象塑造的影响

众所周知，美国的各类影视大片，甚至麦当劳、肯德基快餐都在无形中向世界输出美国的生活理念。当麦当劳刚传入北京时，人们常常排队去那里进餐，为的"不只是去吃汉堡，而且也是体验一下美国式现代大众文化的消费"②。客观地讲，日本的动漫着实提高了日本在世界上的文化地位和国家形象。目前我国电视观众对韩国、泰国的了解，较多的是来自韩剧和泰剧，因为它们经常出现在各家卫视的黄金时段，青少年、家庭主妇甚至部分"成功人士"和"社会精英"也都喜欢观看这些"肥皂剧"。这些都说明一个问题，大众文化对于国家形象的塑造有着不可替代的作用，形象本身就是"主观"与"客观"的一种集合体，没有纯粹的客观形象，也没有纯粹客观的国家形象，形象需要宣传，宣传需要借

---

① 参见〔英〕特里·伊格尔顿：《理论之后》，商正译，北京：商务印书馆2009年版，第5页。

② 〔美〕彼得·伯杰：《全球化的动力》，载邢悦：《文化与国际关系精选文献导读》，天津：天津人民出版社2011年版，第152页。

力于文化，在大众媒介时代，宣传需要借助大众文化的形式展开。

2001 年我国申奥之所以能够成功，核心因素是国家实力达到了一定程度，但也不要轻视了精美的宣传片所展示的"中国形象"所起到的作用。2004 年雅典夏季奥林匹克运动会闭幕式上，我国有 8 分钟的时间展示作为下一届奥运会东道主的国家形象。"中国 8 分钟"内由 14 名中国姑娘率先登场，她们穿着改良后的超短旗袍，用琵琶、二胡等民族乐器共同演奏《茉莉花》。导演张艺谋认为，闭幕式时间长，运动员、观众都比较疲劳，因此让美女率先登台可以迅速调动现场气氛。旗袍是中国服饰文化的代表，让表演的美女们穿上改良后的中国旗袍可以更好地展示出中国女性青春靓丽形象，展现北京"年轻、漂亮、开放"的色彩。这个表演积聚了大量的大众文化要素，给观众留下了深刻的印象，对展示国家形象也起到积极的作用。虽然表演结束后人们对此褒贬不一，但是不可否认的是，全世界都知道了《茉莉花》，也了解了中国一些传统乐器和服饰文化。

只要我们回顾一下 2008 年北京奥运会的开幕式、2010 年上海世博会、2011 年中国国家形象片在美国纽约曼哈顿时代广场播放等情景，就不难发现这些活动无不因其积极利用大量的大众文化要素和娱乐、时尚因素才得以深入人心，在世界范围内产生了良性的轰动效应。也许人们对李安并不熟悉，但他导演的《卧虎藏龙》世人可能并不陌生。这部电影在国际上可谓获奖无数，它让世界对中国文化产生了无尽的想象，引发了国外观众蜂拥来中国旅游的热潮，引发了众多国外青少年对中国武术文化的兴趣和对中国的向往。当然这些由电影所激发出的文化想象和国家形象总是带有某些虚拟的成分，不过我们从中不难看出大众文化对塑造国家形象的作用是不可低估的，我们应该创作更多更好的优秀大众文化，塑造更深入人心的美好的、充满正能量的中国形象。

综上所述，在我国大众文化其实是一个比较复杂的社会现象，当前的发展现状喜忧参半。按着科学发展观的要求建设好我国当代大众文化，其重要性不仅体现在文化建设上，也体现在经济、政治、社会等各个方面。大众文化已经对我国的社会发展产生了诸多方面的影响，既有正面的社会效应，也会有负面的社会效应。如何创作、生产、输出优秀的大众文化，或者说如何在中国特色社会主义文化道路不断开拓的过程中促进大众文化的科学发展，同时以大众文化的科学发展来进一步拓展中国特色社会主义文化道路，已是一个亟待研究的重要课题。

# 第四章　当代大众文化建设与中国特色社会主义文化道路的发展

　　中国特色社会主义文化道路既是一条文化的科学发展之路，也是一条文化现代化之路。大众文化对于文化观念的现代化、文化体制的现代化、文化业态的现代化以及三者协同共进产生了重要而积极的影响，这无疑对我们更好地坚持中国特色社会主义文化道路具有重要意义。中国特色社会主义文化道路的开拓与中华民族共有精神家园的构建、社会主义文化软实力的提升是一个统一的过程。我国社会主义文化建设的重要价值目标就是要构建中国人的精神家园。大众文化在当今普通中国人的精神生活中占据着重要地位，大众文化所蕴含的多元的思想观念和精神价值经过必要的筛选、组合、化用也可以成为构建中华民族共有精神家园的重要文化资源。大众文化繁荣并不一定代表人的精神生活的丰富，人对精神家园的渴望与追求最终要求大众文化回归文化的本位上来。大众文化建设需要遵循科学发展观的要求，沿着科学发展之路前行，只有如此，大众文化才能有利于构筑人民的精神家园，提高社会主义国家的文化软实力、国际文化影响力和国家文化整体实力。

# 第一节　中国特色社会主义文化道路的发展

中国当代大众文化是中国特色社会主义文化的重要组成部分，做好社会主义文化建设工作，首先要保证文化建设方向和道路的正确性。道路自信、理论自信、制度自信与文化自信紧密联系在一起。中国特色社会主义道路无论是在理论逻辑上还是在社会实践上都必然地包括着中国特色社会主义文化道路。只有文化道路是正确的，文化自信才不是盲目的，只有文化道路是正确的，文化发展中所面临的问题才能得到合理的解决，大众文化存在的某些不科学发展之处才能在将来的大众文化建设中逐步加以纠正，大众文化才能真正地科学发展起来。因此，探索中国特色社会主义大众文化的科学发展问题离不开对中国特色社会主义文化道路的理解和把握。

## 一、中国特色社会主义文化道路的内涵解读

中国特色社会主义文化道路是围绕文化的地位作用、发展方向、发展目的、发展动力、发展思路、发展格局、发展战略、领导力量和依靠力量等一系列带有方向性、根本性、战略性的重大问题而展开的。

首先，中国特色社会主义文化道路是建设先进文化之路。走中国特色社会主义文化道路需要着力推进社会主义先进文化更加深入人心，推动社会主义精神文明和物质文明全面发展，不断开创全民族文化创造活力持续迸发、社会文化生活更加丰富多彩、人民基本文化权益得到更好的保障、人民思想道德素质和科学文化素质得以全面提高的新局面，建设中华民族共有精神家园，为人类文明进步做出更大贡献。[①]

---

① 参见刘云山：《坚持中国特色社会主义文化发展道路努力建设社会主义文化强国》一文，载《新华文摘》2012 年第 1 期。

其次，中国特色社会主义文化发展道路是文化的科学发展之路。新的历史条件下推动社会主义文化大发展大繁荣，需要深入贯彻落实科学发展观，把科学发展的理念贯彻到文化建设工作的各个方面、各个环节。要始终坚持把发展作为文化建设的第一要务，用发展的方法解决文化建设工作中遇到的各类问题，推动文化建设与经济建设、政治建设、社会建设协调发展；始终坚持以人为本，以服务人民为根本宗旨，保障人民文化权益，促进人的自由全面发展；始终坚持全面协调可持续，不仅要协调好文化与政治、经济、社会之间的关系，也要协调好文化自身领域内各类文化形式之间的关系；始终坚持统筹兼顾，正确认识和妥善处理文化发展改革中的各种重大关系问题，统筹推进文化发展改革中的各方面工作，做到文化事业和文化产业两手抓、两加强，着力提高文化建设的科学化水平。

再次，中国特色社会主义文化发展道路是以人为本的文化观的践行之路。一切进步的文化创作生产都源于人民、属于人民，要树立以人为本的创作导向，坚持贴近实际、贴近生活、贴近群众，引导文化工作者向人民学习、拜人民为师，从人民群众的实践中汲取营养、挖掘素材，努力创作出思想性、艺术性、观赏性相统一、广大人民群众所喜闻乐见的优秀文化作品，把最好的精神食粮奉献给人民。

最后，中国特色社会主义文化道路是汲取人类一切优秀文明成果而不断进行文化创新的道路。"过去那种地方的和民族的自给自足和闭关自守状态，被各民族的各方面的互相往来和各方面的互相依赖所代替了。物质的生产是如此，精神的生产也是如此。各民族的精神产品成了公共的财产。民族的片面性和局限性日益成为不可能，于是由许多种民族的和地方的文学形成了一种世界的文学。"[1] 当今在经济全球化的推动下世界各国、各地区的文化交流的途径日益拓展，交流的领域日益广泛，交流的方式日益多样，为此，中国特色社会主义文化建设，必须以开放的

①《马克思恩格斯选集》第 1 卷，北京：人民出版社 1995 年版，第 276 页。

国际眼光，立足于世界各国文化发展的前沿，不能自我封闭，要积极吸纳世界各国文化中的有益成分，为我所用。

另外，中国特色社会主义文化道路还需要中国特色社会主义文化制度和体制的保障。文化制度是指国家通过宪法和法律来规范社会文化生活，调整以社会意识形态为核心内容的各种文化生活的基本原则和规则的总和。文化体制是文化制度在文化建设各领域的具体体现，一般包括文化机构设置、文化部门隶属关系、文化管理权限和文化工作规则等方面的内容。总之，中国特色社会主义文化发展道路是一条建设社会主义文化强国之路。坚持走中国特色社会主义文化发展道路就是要将我国建设成社会主义的文化强国。

## 二、中国特色社会主义文化道路的开拓与实践

自新中国成立以来，围绕社会主义文化道路的探索，大体上经历了新中国成立后的"文化革命"到20世纪80年代的"文化转型"再到21世纪的"文化创新"三个阶段。"文化革命"初期为中国特色社会主义文化道路的开拓奠定了基础，革命的主要对象是落后的封建文化残余和半殖民地半封建的文化余毒，至于后期"文化革命"出现偏差，不属于文化建设领域内的问题，所以在此就不再赘述。"文化转型"是随着整个中国改革开放、社会变迁和现代化进程而展开的，其中现代化、市场化等既是"文化转型"的社会大背景、大环境，也是"文化转型"的基本方向。"文化创新"既是21世纪进行创新型国家建设的基本要求，也是国家创新体系的重要组成部分，同时文化创新也成为开拓中国特色社会主义文化道路的重要方式和手段。

中共十六大以来，中国共产党就已经将文化建设更自觉地放在党和国家全局工作的重要战略地位上，坚持物质文明和精神文明两手抓，实行依法治国和以德治国相结合，促进文化事业和文化产业协同发展，推动文化建设不断取得新成就，走出了一条中国特色社会主义文化发展道

路。这条道路是党中央全面贯彻落实科学发展观，坚持社会主义先进文化前进方向，遵循社会主义精神文明建设的特点和规律，适应社会主义市场经济发展的要求，而走出的一条文化大发展大繁荣的道路。这条道路形成的主要标志是党中央科学地区分了文化事业和文化产业，形成了符合科学发展观要求的新的文化发展理念，正确认识和处理了文化建设发展中的若干重大关系问题。这条道路是中国特色社会主义文化建设实践经验的集中体现，深刻回答了文化建设中带有方向性、根本性、战略性的重大问题，为我国文化建设指明了前进的根本方向和发展的基本路径。

实践证明，中国特色社会主义道路，既是一条实现社会主义现代化、创造人民美好生活的科学道路，也是一条不断孕育先进思想文化的正确道路。历史证明中国共产党既是政治的先锋队，也是文化的先锋队。新时期我国文化发展方向和路径的选择、文化纲领和政策的制定，都是由我国社会主义制度、发展道路和党的性质、宗旨所决定的。只有坚持中国特色社会主义文化发展道路，才能确保文化建设沿着正确方向前进，更好地推动社会主义文化大发展大繁荣，为坚持和发展中国特色社会主义事业提供坚强的思想保证、强大的精神动力、有力的舆论支持、优良的文化条件。

近年来，中国特色社会主义文化道路的实践取得了巨大成就，开创了新局面。文化体制改革取得重要进展，文化事业和文化产业快速发展，人民基本文化权益得到了更好的保护，思想道德建设广泛而全面展开，被誉为党的"生命工程"的马克思主义理论研究和建设工程成效明显，社会主义核心价值体系建设扎实推进，社会主义核心价值观的认同度不断提升，"中国梦"聚力凝神，引领和积累社会正能量的作用日益显著，人民精神文化生活越来越丰富多彩，人们精神风貌更加昂扬向上，全社会文明程度进一步提高，这些都为改革开放和社会主义现代化建设提供了强大的思想保证、精神动力和智力支持。

我国所开拓的中国特色社会主义文化道路初步体现出了如下的特

征：首先是将文化建设与文化体制改革相结合；其次，将文化建设与实现人民文化权益相结合；再次，将文化建设与经济发展相结合；第四，将文化建设与对外文化宣传相结合，大力发展对外文化交流，积极实施文化"走出去"战略；第五，将文化与高科技相结合，保持文化尤其是文化产业持续发展。①

　　虽然我国社会主义文化道路在实践上取得了成就，但依然存在一些问题，在文化领域内，不符合科学发展观要求的现象还时有发生。因此，社会主义文化整体格局还有待于继续完善，社会主义文化发展战略还有待于进一步优化，社会主义文化发展方式和具体路径还有待于更好地谋划和设计，人民文化权益的保护程度、幅度还有待于进一步提高。这就需要我们既要围绕如何继续拓展中国特色社会主义文化道路这一重要问题进行深入的思考，也要以"落实、落细、落小"的工作方式解决一些文化建设上的具体问题，方能使中国特色社会主义文化道路走得更扎实、更顺利。目前需要深入思考和具体解决的问题主要包括如下一些方面：一是需要更为明确定位和深入把握文化建设在中国特色社会主义事业总体布局中的地位和作用；二是如何牢牢把握社会主义先进文化的前进方向；三是在文化建设中如何切实做到坚持以人为本的核心立场，保障人民的基本文化权益；四是如何破除制约文化发展的体制性障碍，进一步解放和发展文化生产力；五是如何促进科技与文化的深度融合；六是如何促进文化事业与文化产业的和谐发展；七是如何促进主导文化、精英文化、大众文化、民间文化共生共荣；八是如何建成、建好惠及城乡广大人民群众的公共文化服务体系，发挥"文化育人"的功能，提高全民族的思想道德素质和科学文化素质，这一点极为重要。有人认为虽然中国经济总量的持续增长创造了世界性的奇迹，但它是与公共伦理的瓦解紧密相连的，在一定程度上可以说，中国的经济增长，完全依赖于文化

---

① 参见辛向阳：《中国特色社会主义道路研究》，石家庄：河北人民出版社 2011 年版，第 269 页。

的倒退①，虽然这种说法存在偏颇之处，但也在某种程度上揭示了当今中国社会普遍信仰缺失，公共伦理道德弱化的问题。事实上，当代大众文化虽蓬勃发展，但深层次的价值观、道德观、审美观等方面存在扭曲变异的危机。说到底，这些问题和危机反映了社会主义先进文化的育人功能并没有发挥出其应有的作用，因此在坚持和发展中国特色社会主义文化道路之时，要特别注意发挥好文化的"育人功能"；九是如何实施好文化"走出去"战略，增强中华文化的国际影响力；十是如何加强和发挥党对社会主义文化建设的领导核心作用，并在此基础上激发全民族的文化活力与创造力。

按着中共十七届六中全会和十八大的战略部署，中国特色社会主义文化道路发展的战略性任务就是要深入推进社会主义核心价值体系建设，培育和践行社会主义核心价值观，在全社会进一步弘扬优良的思想道德风尚，全面提高公民素质；满足人民精神需要的文化产品更加丰富，精品力作不断涌现；文化事业全面繁荣，覆盖城乡的公共文化服务体系基本建立，努力实现基本公共文化服务均等化；文化产业成为国民经济支柱性产业，文化整体实力和国际竞争力显著增强；以公有制为主体、多种所有制共同发展的文化产业格局全方位形成；文化管理体制和文化产品生产经营机制充满活力、富有效率，以民族文化为主体、吸收外来有益文化、推动中华文化走向世界的文化开放格局进一步完善；高素质的文化人才队伍不断壮大，推动文化繁荣发展的人才队伍的保障更加有力。

中国特色社会主义文化道路主要是在宏观战略层面上来解决我国文化发展道路上遇到的问题。这条文化道路需要解决两个基本的问题。一是对内的问题，即增强中华民族文化的凝聚力，构建中华民族共有精神家园；二是对外的问题，即如何在全球文化、文明竞争日益激烈的背景下，构建起文化大国、文化强国的地位与形象，不断提高社会主义国家的文化软实力，维护国家文化安全和文化主权。当然这里所谓的"对内"

---

① 参见朱大可：《小悦悦和文化夜鹰丸》，载《新世纪·财经新闻周刊》2011年第42期。

与"对外"也只是相对而言的，一个民族文化内在的凝聚力强，对外而言其文化软实力自然也会强大；文化软实力强大了，民族文化的凝聚力自然也会随之增强，民族共有精神家园的建设相对也会更加顺利一些。

## 三、大众文化建设对坚持中国特色社会主义文化道路的意义

大众文化不断勃兴是一个客观事实，建设好大众文化也是加强社会主义文化建设的客观需要。如果建设不好大众文化，会对中国特色社会主义文化道路的发展产生负面影响。建设好了，对建设先进文化、落实"文化民生"和整个社会主义文化的科学、和谐发展具有重要的积极意义。

大众文化的成熟是文化现代化的一个显著标志，中国特色社会主义文化建设，必须关注文化的世俗性和大众性，一方面要积极支持大众文化发展，另一方面又要对其做好规划引导工作。"中国文化的世俗性是走向现代性的必经之路，要完成这一历史使命，必须要借助于社会主义市场经济的大众文化意蕴，充分重视建立健全与社会主义市场经济体系相协调的能够保持可持续发展的健康向上的大众文化体系。"[1] 任何文化建设工作的开展都是建立在一定的文化观念、文化体制和文化业态三者相互有机结合的基础之上的，因此，文化要实现现代化就同时要实现文化观念、文化体制、文化业态上的现代化。文化观念的现代化是指对文化认知、态度、价值、形态等方面的理解要与时俱进，建立与工业化、高科技化、信息化时代相适应的文化发展理念，既不能抛弃优秀的文化传统，特别是符合人类长远利益的经过历史长期积淀而具有相对"价值共识"的文化精神传统，但也不能囿于传统文化心态，尤其是以小农文化心态来看待当今社会的文化建设。文化体制的现代化是指文化发展的决

---

① 常宗耀：《论中国特色社会主义文化建设的价值原则》，载《中国浦东干部学院学报》2013 年第 6 期。

策、计划、组织、协调、监控、传承、整合等机制的现代化，属于文化管理方面的现代化，它是一切文化创新的重要组织保障。文化业态的现代化是指在文化建设过程中必须正视文化市场化、产业化、信息化的高速发展，以及经济全球化浪潮下文化市场竞争日趋激烈的严峻形势，在坚持社会效益优先的前提下，切实做到文化事业和文化产业的协调发展，做到社会效益与经济效益的有机统一。

无论是在文化观念现代化、文化体制现代化，还是文化业态现代化中，大众文化都扮演着重要的角色，都对推进三者现代化的协同共进产生重要而积极的影响，而这无疑对我们更好地坚持中国特色社会主义文化道路具有重大意义。

## 第二节　大众文化建设与中华民族共有精神家园的构建

自 2007 年党的十七大提出"构建中华民族共有精神"这一命题以来，至今已有 10 年了，该命题曾引发学术界普遍关注，但并没有进行持续深入的探索，这一方面可能缘于"精神家园"是一个比较传统的抽象的哲学概念，科学把握中华民族共有精神家园的内涵和外延是一件具有较大难度的理论工作，出高质量的成果不容易；另一方面这几年党的理论创新力度大，新思想、新观点不断涌现，分散了学者对该问题的关注度，但就"中华民族共有精神家园"所蕴含的重要的哲学思想、理论主旨及现实意义和实践价值而言，值得哲学社会科学工作者孜孜不倦地去深入研究。2016 年 5 月 17 日习近平总书记在哲学社会科学工作座谈会上的讲话中强调要使"中华民族最基本的文化基因与当代文化相适应、与当代现代社会相协调，把跨越时空、超越国界、富有永恒魅力、具有当代价值的文化精神弘扬起来"，这不仅为我国当前文化建设指出了一条重要的发展路径，同时对"构建中华民族共有精神"也有重要指导意义。"构建中华民族共有精神"需要将优秀传统文化与当代文化有机结合起来，而在当代文化中，毋庸置疑大众文化受众面最为广泛，社会影响力巨大，所以探讨大众文化与中华民族共有精神家园之间的关系，从大众文化发展视角思考如何更好地去构建中华民族共有精神家园就显得不仅必要而且具有重要意义。

## 一、精神家园：社会主义文化建设的重要价值目标

人有物质需求，更有精神追求，不仅需要能避风遮雨的家屋，更需要能安顿灵魂的精神家园。如果说在人类之初，文化的目的在于保障最基本的生存需要的话，那么时至今日，从根本意义来讲，任何一种文化如果不能有助于构建精神家园的话，那么它与文化发展的目标就可能是相违背的，从这个意义上讲，文化是民族的血脉，是人们的精神家园。"精神家园是人类生产和发展的终极关怀，呵护着人类的精神需要和精神寄托，是个体安身立命的精神归属，是民族创造力和生命力源泉所在。"[①] 黑格尔说："一提到希腊这个名字，在有教养的欧洲人心中，尤其在我们德国人心中，自然会引起一种家园之感。"[②] 这里的"家园"，无疑是指精神家园。那么，何为精神家园呢？从心理学角度看，"精神家园"是由人类自我身份的理性认同（知）、情感寄托（情）和意志指向（意）所构建的知情意相统一的心灵世界。从文化哲学和价值哲学视角看，精神家园体现了主体对某种价值体系的高度文化认同，这种认同感又反映了主体心灵归属的自觉意识。概略地讲，精神家园是主体在一定的物质生产和精神生产基础上，经过理性思考而形成的对生活意义、生存价值

---

[①] 万光侠：《精神家园——关注当代中国文化建设的终极目的》，济南：济南出版社2013年版，第1页。

[②] 〔德〕黑格尔：《哲学史讲演录》第1卷，贺麟等译，北京：商务印书馆1981年版，第157页。

和生命归宿的一种精神上的认同，体现的是主体的文化认同感和心灵归属感。

众所周知，单纯追求财富并不是人类的最终目标，它只是占据人生内容的很小的一部分[①]，不断追求精神世界的充盈才构成人生的真正旅程。当前社会处于转型时期，各种矛盾冲突给人的心灵带来不安和焦虑，而文化上的认同感会让人的心灵有所归依。当然精神家园不仅是一种主观性体验，它也是一个客观的文化价值系统。"如果没有人的实现，文化便不能存在，但没有文化，人就一无所有。"[②]精神家园的最终文化价值体现在对人的自由全面发展的追求与实现上。马克思指出，人的全面发展是指"人以一种全面的方式，也就是说，作为一个完整的人，占有自己的全面的本质"[③]，未来社会将是"一个更高级的，以每个人的全面而自由的发展为基本原则的社会形式"[④]。可见，人的自由全面发展是马克思主义最高的价值追求，而人的自由全面发展不仅离不开物质生产的进步，精神生产更是人性发展的内在需要。人之所以为人，重要的是人具有内在的精神活动，并在精神活动中实现提升自我。对精神家园的追求是人类最高层次的内在精神需要，人类只有找到自己的精神家园，才能获得生命的意义、尊严和价值。

构建中华民族共有精神家园体现了人类精神家园建设的普遍性和特殊性的统一。"共有"体现的是民族精神家园是在对个体精神家园自下而上进行凝练提升的基础上，经过相应的科学整合，再进行自上而下的传播而获得的"认同"。中华民族共有精神家园的价值追求既遵循人类最普遍的价值准则，也深刻烙上了中华民族的"民族个性"。当然这里所说的普遍价值准则，不是西方社会所倡导的具有明显意识形态性的"普世

---

① 参见《马克思恩格斯全集》第45卷，北京：人民出版社1985年版，第398页。
② 〔美〕兰德曼：《哲学人类学》，张乐天译，上海：上海译文出版社1988年版，第268页。
③ 《马克思恩格斯文集》第1卷，北京：人民出版社2009年版，第189页。
④ 《马克思恩格斯选集》第2卷，北京：人民出版社1995年版，第239页。

价值"，而是 2015 年 9 月习近平主席在第七十届联合国大会讲话时所提出的"和平、发展、公平、正义、民主、自由"等全人类共同价值。社会主义核心价值观既体现了全人类共同价值的特质，又彰显了中华民族共有精神家园的价值追求的"民族个性"。在文化大众化、全球化的时代背景下，文化日益出现多元发展的趋势，中华民族需要"和而不同"的包容情怀来促进多元文化的科学发展从而凝聚中国力量、弘扬中国精神。从中华民族伟大复兴视角来看，构建中华民族共有精神家园将是我国文化发展战略长期坚持的价值目标，从当前中国文化建设现状来看，又是当前一项紧迫而重要的文化建设任务。

## 二、中华民族共有精神家园构建的文化进路

中华民族优良的传统文化及其内含的精神要素是构建中华民族共有精神家园的基础性资源，实现主导文化、传统文化、精英文化、大众文化等不同类型文化之间进行交流互动、良性互融是构建中华民族共有精神家园的主要文化进路。

中华民族共有精神家园扎根于中华民族深厚的优秀传统文化之中，失去了传统文化，我们的精神家园就失去了根基，精神家园就成了无根的浮萍，"一个民族的传统文化，凝聚着这个民族对世界的认知和感受，积淀着这个民族最深的精神追求和行为准则，没有民族的传统文化，民族共有精神家园便无从谈起"[1]。但在全球化、工业化时代，传统文化只有通过不断地和多元文化进行交流、对话，才能激发出更大的活力，才能有效转型为现时代背景下构建中华民族共有精神家园的重要文化资源，其精神价值才能更好地浸润中国人的心灵世界。

马克思主义是科学的世界观、人生观、价值观的集中体现，在中国

---

[1] 纪宝成：《弘扬中华优秀传统文化建设中华民族共有精神家园》，载《教学与研究》2008 年第 4 期。

特色社会主义文化建设中处于指导地位，它是当代中华民族达成的基本理论共识。加强当代中国马克思主义意识形态的指导地位及其凝聚共识的力量就需要使其随着社会的变迁而实现传播方式的转型、传播话语的优化，实现马克思主义话语的中国化、时代化、大众化。以马克思主义为指导，以中华民族优秀传统文化为底蕴，构建中国特色社会主义文化的话语体系，并形成有效的认同机制，就是在建构现时代的中华民族共有精神家园。客观地讲，当前马克思主义在思想领域内的指导地位与其对现实的精神生活产生的指引作用并不完全匹配，如何发挥马克思主义，特别是马克思主义哲学、马克思主义价值观在丰富、提升人们精神生活中的作用是一个非常值得深入探讨的重大课题。从价值观建设的层面来讲，社会主义核心价值观是马克思主义价值观话语的一次中国化、时代化、大众化成功转化的典范，它是当代中国的主导价值观形态，既体现了作为指导思想的马克思主义价值观的内容，也深深凝结了中华民族优秀传统文化的思想精髓。无论是国家层面的富强、民主、文明、和谐，还是社会层面的自由、平等、公正、法治，个人层面的爱国、敬业、诚信、友善等内容，既体现了中华民族共有精神家园的价值追求的多层次性，又体现了在价值追求上的中国特色和时代特征，同时又兼具人类共通的价值观内容。

实事求是地讲，大众文化已成为当代中国社会最受普通民众关注的文化形态。当代中华民族共有精神家园的构建离不开个体文化水平的提高。"文化是发生于所有人之间的一个事实，而不是某一个部分人（所谓精英）之中。"[①] 这说明，文化是以普遍性为前提的，否则文化便不可能成为人类经验的载体。如果忽视大众文化的消极面，仅从文化普及性角度看，大众文化的产生使得文化更具有了人类学意义，那么让文化回归大众，从应然的角度来看，既是人类自身发展的必然趋势，也是人类自由进步的体现。文化是人创造的符号世界，它并不全然与文明划等号，

---

① 黄力之：《颠覆与拯救》，上海：上海人民出版社 2014 年版，第 217 页。

大众文化的兴起也并不意味着"大众文明"的勃兴。大众文化从产生至今，总是在毁誉参半中艰难前行，想让大众文化不仅得到世人的喜欢，更能受到世人的尊重，只有把大众文化建设成"大众文明"，扎根于先进文化的建设之中，把大众文化的社会效益放在首位，实现社会效益和经济效益的有机统一，才能让大众文化成为"主流文化"，成为共建中华民族共有精神家园的不可或缺的重要文化资源。

## 三、大众文化是构建中华民族共有精神家园的重要文化资源

自 20 世纪 80 年代起，特别是 90 年代以来，中国当代文化面临着深刻转型，其最重要的标志是大众文化的兴起，使得整个中国文化格局因之而发生变化，大众文化这一市场经济的衍生品占据了中国文化市场的主体地位。20 世纪 90 年代之后，尤其是进入新世纪以来，中国大众文化的研究逐步跳出了法兰克福学派的"单向度"的大众文化批判话语体系，深受伯明翰学派影响的美国著名大众文化理论家费斯克的大众文化观受到越来越多的重视，不少学者试图借用费斯克的大众文化理论反思我国的大众文化建设，倡导"重估大众的文化创造力"[①]。

在费斯克看来，大众文化"只存在于其生产和再生产的过程中，只存在于日常生活的实践"[②]之中，解读大众文化并不能拘泥于文本分析路径，应自觉转向生产和生活实践视域，把大众视为大众文化的真正的生产者，赋予大众更多的文化参与的主动性，要突破传统大众文化批判，特别是法兰克福学派文化工业批判理论的影响，充分认识到大众在接受

---

[①] 该部分内容可参见陈立旭先生的《重估大众的文化创造力——费斯克大众文化理论研究》一书，重庆出版社 2009 年版。在该部著作中，陈教授通过对费斯克大众文化理论的分析，鲜明地提出了"重估大众的文化创造力"这一重要文化建设命题，具有较深刻的启发意义。

[②]〔美〕约翰·费斯克：《理解大众文化》，王晓玉、宋伟译，北京：中央编译出版社 2001 年版，第 208 页。

大众文化时并非是被动屈从的，也能在大众文化的生产与实践中表现出应有的创造性。费斯克大众文化理论，尤其是其"主动受众观"，对于我们分析当代中国大众文化在构建中华民族共有精神家园中的作用是有启发意义的。倘若能有效地提升大众文化的人文内涵，发挥大众文化积极的社会效应，那么大众文化就理应是构建中华民族共有精神家园的重要文化资源。

大众文化既是我国改革开放和市场经济建设所取得的重要的文化成果，也是重要的社会成果，它从一个侧面反映了我国文化软实力和综合国力的提升，折射着我国社会变迁与进步的历程。正是由于大众文化的兴起，才逐步突破了计划经济体制下的文化单一生产模式，促进了文化市场的繁荣，密切了文化与生产生活的联系。大众文化作为一种席卷世界的文化形态，其必然蕴含着内在的合理性，它打破了文化与大众长期隔绝的藩篱。"文化不是精英们的特权，它应当是普及的、大众的，涉及我们社会生活的方方面面。"[1] 现代化的深入推进要求文化必须主动与大众紧密相联，如果继续只站在精英主义的立场上，则意味着文化只能是少数所谓的精英人士所能创造和享用的文化，那么结果必然是大多数人没有"文化"，如此，工业文明就难以成为文化意义上的"普照的光"。

大众文化是市场经济的宠儿，其文化产品蕴含着现代市场精神，如民主意识、公平意识、参与意识、开放意识、效率意识，同时浸染着的自由、变通、宽容的文化精神也影响着大众的价值观。有学者认为"大众文化批判理论在一些反叛者眼中，是表现了某些知识分子集团中的怨言，怨言的起因是大众文化及这种文化带来的民主"[2]。不可否认，大众文化蕴涵了民主意识，虽然这种民主意识有时还显得粗糙，但它毕竟打破了人的专制思维，让人在多元文化的滋养中懂得了宽容包容的重要性，而这恰恰成为构建中华民族共有精神家园中所必备的思想要素和

---

[1] 陆扬、王毅：《文化研究导论》，上海：复旦大学出版社 2011 年版，第 13 页。
[2] 陆扬、王毅：《大众文化与传媒》，上海：上海三联书店 2000 年版，第 28 页。

精神因子。

大众文化的娱乐性也在一定程度上满足了当下社会大众的心理需求。当前中国社会处于重要的转型时期，各种社会矛盾使得大众心理承受着较大的压力，而这在一定程度上确实需要借助于大众文化来得以释放。大众文化渗透于日常生活实践中，大众在消费大众文化时，可以暂时性地缝合现实的创伤和缓解生活中的压力，一定程度上改善大众的生活质量，让大众在消费大众文化的过程中发现和感受生活的丰富多彩，同时大众文化的兴起也意味着中国从"政治战车"上松绑之后，向着更加自由、民主的方向前行。目前要提升大众文化中的道德内涵，规范其生产，丰富其价值理性，促使大众文化的娱乐工具性与其潜伏的人文价值性相互交融、并行不悖。倘若人只生存在一元政治文化的灌输统治下，人的自由是受到压抑的，自由的释放是共有精神家园的内在价值要求，中华民族共有精神家园在最终的目标上也是为了实现每个人的自由全面的发展，恩格斯曾经指出，"文化上的每一个进步，都是对自由的迈进"[1]。"从总体来讲，当代中国人的发展状况基本上处于人的依赖、物的依赖和能力依赖三种形态并存的阶段，尤其是正处在逐渐走出人的依赖而走向物的依赖阶段。"[2]人的不自由状况和物化现象依然还比较明显，体现出的问题也比较突出，而能力依赖越来越成为社会的客观需要，同时也被更多的人所认同。这些思想观念上的变化及其发展变化趋势也往往在当代大众文化作品中表现得比较明显，例如电视剧《奋斗》和电影《中国合伙人》等通过艺术化手法折射出当下我国在社会主义市场经济不断完善的情况下，社会内在要求淡化如血统、出身、身份、门第、特权、人情关系等非能力因素，而更加强调如知识、素质、才华、业绩等能力因素以及奋斗、拼搏等个体努力因素。这可以说是大众文化对普通人的价值诉求的一种真切反映。

---

① 《马克思恩格斯文集》第 9 卷，北京：人民出版社 2009 版，第 120 页。

② 韩庆祥：《马克思开辟的道路——人的全面发展研究》，北京：人民出版社 2005 年版，第 248 页。

中国的大众文化具有本土化的特征，并非统治阶级为实现政治统治而麻痹大众的文化，这与法兰克福学派所批判的西方大众文化存在根本性的差异。任何社会的政治统治都离不开意识形态的统治，主流意识形态一直承载着社会整合的职能，同时是促进社会凝聚的黏合剂。主流意识形态又是统治阶级的阶级意识，政权为主流意识形态的灌输保驾护航，以取得统治阶级对被统治阶级的思想统治。马克思曾深刻地指出，"占统治地位的思想不过是占统治地位的物质关系在观念上的表现"①，理解意识形态脱离不了对不同阶级的经济地位及由此而形成的思想观念的分析。法国结构主义马克思主义者阿尔都塞从"主体建构"和"主体质询"等方面阐释了阶级社会中的意识形态为什么具有和如何具有阶级属性的问题。纵观人类社会发展史和思想史，在人类社会的各个历史时期，统治阶级为实现社会的整合，必须贯彻其阶级意识与意志，发挥意识形态同化大众的凝聚力的作用。如果一个社会的主流意识形态的凝聚力减弱，必然会导致社会的稳定性和向心力的减弱。

主流意识形态取得大众的认同不能仅仅依靠显性的政权运作手段。早期西方马克思主义者葛兰西提出文化领导权思想，指出实现政治权力必须确立这个阶级在文化上的领导地位，这个阶级只有占领思想阵地才能获得民众对其统治权力的认同，或者说才具有了政治的合法性。中国主流意识形态如何才能被大众充分认同，它与大众文化之间存在怎样的关系，是需要认真加以对待和思考的重要问题。大众文化勃兴之初在一定程度上确实对当时社会的主流意识形态采取过反叛姿态，但随着整个国家意识形态战略的调适和文化政策的调整，总体而言，目前我国大众文化与主流意识形态是具有契合性的。主流意识形态完全可以借助于大众文化实现自身的转型，这个转型并非价值结构与意义系统上的改变，而是传播途径的优化，主流意识形态要继续发挥作用就"再也不能像过去那样通过政治化、教条化的刻板说教的方式让受众接受，而是在一定

---

①《马克思恩格斯选集》第1卷，北京：人民出版社1995年版，第98页。

程度上必须适应市场机制的运作规律，考虑市场的需求，贴和大众的口味"①。这就是说，要想方设法使主流意识形态学会善于利用大众文化方式展现自身的思想魅力和亲和力，从而更好地获得自下而上的认同。

当然从大众文化生成机制来看，大众文化并非本然地就具有承载主流意识形态的显性作用，它客观上需要被一种主导性的文化所引导，能被纳入如同葛兰西所论及的文化领导权框架内。在社会主义语境下，这种主导性的文化就是马克思主义，"社会主义大众文化实践呼吁马克思主义文化及其领导权"②，而马克思主义文化领导权的建立需要与社会主义大众文化实践结合起来，这就要求社会主义文化建设需要借助大众文化平台来多方承载和积极传播主流意识形态，并以此丰富大众文化的内容，提升大众文化的思想品质和精神品格，最终使其成为构建中华民族共有精神家园的一股重要的文化力量。

## 四、积极发挥大众文化在构建中华民族共有精神家园中的作用

大众文化是大众最直接的文化需求产品，即便只是一种文化上的感性需求，这也是无可厚非的，对于感性体验，我们不必因为它缺乏理性上的深刻性就对其加以拒斥。马克思主义认识论认为，人类最深刻的思想认识最初也是建立在感性认识的基础之上的。随着社会群体文化水平的提高，大众文化所蕴具的感性体验也能在一定程度上转化成大众较为深刻的理性思考。例如，美国好莱坞某些优秀的电影无不是在感性刺激的背后给予观众深刻的理性启示，其中包括关于人与自然、人与科技以及对人类命运的思考都是好莱坞电影的常见主题，其理性价值不容忽视。可以说，优秀的好莱坞电影一方面体现了美国的价值观，但同时也部分

① 陈立旭：《市场逻辑和文化发展》，杭州：浙江人民出版社 1999 年版，第 74 页。
② 陶东风等：《当代大众文化价值观研究：社会主义与大众文化》，沈阳：辽宁教育出版社 2014 年版，第 32 页。

体现了人类的文明共识，正是如此使之成为了能够向全球扩张的重要原因。黄力之教授在评论好莱坞电影的思想价值时提到，"主流价值文化必须是大众化，其内涵必须立足于人性基点和人类文明的共识，然后才是符合一个国家的意识形态，好莱坞电影以最大众化的形式坚守了大众文化在民族国家形成时所具有的原始意义"①。如此观之，中国当代优秀大众文化也应该能在反映人类基本价值共识中体现出中华民族的价值追求。

随着改革开放纵深推进，社会生产力的不断提高，人们从繁忙的劳动中得到了一定的解放，消闲娱乐时间相对增多，而目前"缺乏良好的休闲生活环境和组织引导，多方面制约着人的个性成长和完善"②。当大众的文化素养普遍得到提高的时候，就会对大众文化产品的思想性和艺术性也提出相应的要求，而不止于仅仅追求纯粹的娱乐性。以电视节目为例，电视节目是否受到广大人们的欢迎，很大程度上也取决于作品的文化性和艺术性。中央电视台制作的《舌尖上的中国》在一定程度上实现了大众文化和精英文化的结合，其内容虽然是以美食为主题，但渗透着浓浓的亲情和乡情，折射着中华民族传统文化中人性的光芒和浓郁的生活情结。艺术化的语言、美学化的拍摄、生活化的场景、哲思式的感悟让这部纪录片烙上了深深的人文精神、民族情感和中国人特有的家国情怀。

经济全球化打破了各民族国家孤立发展的格局，使得世界成为更加紧密联系的一个整体，经济全球化使得不同类型、种类、形式的文化在全球交往、对话、沟通成为必然。我国当代文化在此背景下也出现了多元发展的特征，存在着民族文化和西方文化、历史文化和当代文化、主流文化和非主流文化等异质性文化形态、内容、形式之间的碰撞、交锋、对抗、对话、融合，共同构筑了现实生活中丰富多彩的文化景观。文化全球化并不导致文化的同质化，相反，正如有学者指出的那样，"只要民

---

① 黄力之：《颠覆与拯救》，上海：上海人民出版社 2014 年版，第 242 页。
② 宋增伟：《制度公正与人的全面发展》，北京：人民出版社 2008 年版，295 页。

族国家仍然存在，只要不同国家的民族文化依然存在，文化全球化就不可能是一种单一的同质的世界文化"①。因而文化全球化迫切需要构建一种能够体现各文化间的平等参与、多元共存的文化秩序。当前中国的文化建设格局是一元主导，多元并存，无论是何种类型、样式、形式的文化，面对文化全球化这一不可避免的现实环境，要想发挥出其更强大的文化影响力，就需要转变话语方式和文化生产模式，让大众文化激发出其他各种类型文化更大的活力，在不违背主导文化精神的前提下，形成多元融合的文化生态格局，这也是一种文化发展的必然趋势。

构建中华民族共有精神家园需要尊重个体精神家园的塑造。中国当代大众文化反映了社会变迁而折射出来的个体内心的主体意识，中国语境下的大众文化在一定程度上也体现了个体对精神家园的自觉追求。只有充分尊重个体自觉意识，在精神家园建设过程中善于化用大众文化的资源和力量，中华民族共有精神家园构建才不会与普通人的日常生活相隔离，才能有效地转化为与人们的生活内容相衔接、贯通、融合，进而构成人们生活实践指向及其自觉的文化追求。

## 第三节　大众文化建设与社会主义文化软实力的提升

从现实角度看，一国的文化软实力的强大与否与这个国家的大众文化的国际感召力和影响力有着密切的关系，基本上呈正相关的关系。随着文化软实力在国际政治经济舞台上扮演着越来越重要的角色，如何更好地提升我国的社会主义文化软实力则成为我们在建设大众文化时，必须要考量的问题。这也就是说，建设大众文化不仅要关注国内文化发展，

---

① 孔庆榕、张磊：《中华民族凝聚力学》，北京：中国社会科学出版社 2008 年版，第 300 页。

也要随时掌握国际文化发展的态势，自觉地把大众文化的科学发展与社会主义文化软实力的提升结合起来。

## 一、文化软实力的思想内涵与构成要素

### （一）何谓文化软实力

在国际上最早系统研究软实力问题的学者是美国哈佛大学教授约瑟夫·奈（Joseph Nye），1990年他在美国《外交政策》杂志上发表了一篇名为《软实力》的文章，首次将国家的综合国力划分为两种，即硬实力和软实力。在奈看来，国家的软实力由三大部分组成，即"文化（在其能发挥魅力的地方）、政治价值观（无论在国内外都能付诸实践）、外交政策（当其被视为合法，并具有道德权威时）"[1]。奈试图通过软实力这个概念力图从整体上去反映一个国家的文化、价值观念、发展模式、社会制度等在国际上的影响力和感召力。从奈对软实力的界定中，我们不难发现，文化软实力并不是软实力的全部，它只是软实力构成中的一个重要组成部分。不过由于文化具有极强的渗透性，所以这也导致文化软实力弥散在整个软实力集合体中，从而导致目前某些学者在不经意间将软实力与文化软实力不加细分而时有混用。

奈的有关软实力思想的提出，是有着特殊的社会背景的。20世纪80年代美国学术界曾进行了一场有关美国国力是否衰败的大辩论。当时多数学者持"美国衰落论"，奈却独树一帜，发表了多篇文章，诸如《硬权力与软权力》《软实力：世界政坛成功之道》《美国定能领导世界吗?》等来说明美国的经济、军事等"硬实力"虽有所减弱，但美国在世界上的影响力并没有减弱，特别是美国的价值观、思想文化、政治制度等方面的感召力、吸引力在国际上不仅没有减弱反而还在加强。奈坚

---

① 〔美〕约瑟夫·奈:《软实力》，马娟娟译，北京：中信出版社2013年版，第15—16页。

信美国的国际地位、综合国力虽然受到多方面的挑战，但依然是世界上最强大的国家。奈之所以倡导软实力理论，其目标或者说兴趣并不在于构建一套有关文化软实力的思想体系，而是想为美国谋划出一套能在全球推行其价值观的有效方案，以使美国继续保持"世界第一"的国家地位。

在奈看来，支撑美国成为世界头号强国的原因固然首先要归结为强大的经济实力，但也得益于美国文化是一种无需投入过多却能产出众多有用软权力的资源，而这一点集中体现在美国的大众文化具有广泛的吸引力上。虽然不能简单地将文化软实力当作大众文化的力量，但不可否认大众文化是文化软实力的重要来源这一重要事实。[1] 美国的文化软实力在相当大程度上是由于大众文化构建的，或者说大众文化已成为美国文化软实力的重要构成要素。

从 20 世纪 90 年代开始，中国学术界也已经有学者开始关注文化软实力的问题了。从事该方面研究的人员大体上可以划分为三个群体：一是从事意识形态、哲学等研究的学者；二是从事国际政治、国际关系等方面研究的学者；三是从事文化学、传播学等研究的学者。从现有的文献来看，国内比较早地系统研究"文化软实力"这一问题的学者是王沪宁教授。他在《作为国家实力的文化：软权力》一文中主张要"把文化看作一种软权力"[2]。王沪宁将民族士气、民族文化、科学技术和意识形态等因素看成"文化软实力"的核心组成部分。复旦大学哲学学院陈学明教授指出："考察一个社会文化究竟能展现出多大的核心竞争力，说到底是要探究生活在这一社会中的人们的生活意向和生活方式如何。隐藏在生活方式背后的生活境界、生活品位、生活质量直接显示着'文化软实力'。提升文化软实力从根本上说，就是改变我们的生活方式，提升我

---

① 参见〔美〕约瑟夫·奈：《软实力》，马娟娟译，北京：中信出版社 2013 年版，第 16—17 页。

② 王沪宁：《作为国家实力的文化：软权力》，载《复旦学报》（社会科学版）1993 年第 3 期。

们的生活方式和生活境界。"①陈学明教授是国内较早将人的日常生活方式放到文化软实力系统中加以考察，并进行系统研究的学者，其视角独特、观念新颖，具有启发意义。

上海社会科学院胡健研究员在《文化软实力：中国的视角》一文中通过对目前学界普遍存在着的三种有关"文化软实力"的误读的分析，提出了他对文化软实力的界定。第一种误读就是直接把文化作为软实力来看待。胡健认为并不是所有的文化都能直接转化为文化软实力，丰富的文化资源和文化传统只是为文化软实力提供了必要的物质基础。第二种误读是把政治价值观视为文化的一部分，进而认为政治价值观也可以直接转化为文化软实力。胡健认为文化是可以共享的，而政治价值观，特别是政治意识形态，是比较缺乏共享性的，因此"政治价值观不应包含在文化的框架内"；第三种误读是将文化软实力简单地视为文化竞争力，其实文化竞争力只是文化软实力的一种外在的表现形式。为此，胡健指出："文化软实力是以文化资源为基础的一种软实力，这种软实力不是强制施加的影响，而是受动者主动接受或者说是主动分享而产生的一种影响力、吸引力。"②概而言之，文化软实力主要是指一国文化中所具有的以维护国家阶级利益为核心，以引发思想共鸣、获取文化认同、激发文化创造力、凝聚民族精气神、扩大文化吸引力、提升文化传播力为主要手段和表现方式，并能将各类文化资源有效转化为现实的综合国力的一种能力。

## （二）文化软实力的构成

国内学者普遍认为软实力是文化、观念、发展模式、社会制度、国际形象的综合体，其中文化、观念、发展模式构成软实力的"内功"，国际形象构成软实力的"外功"。这种对软实力的界定与奈的观点基本

---

① 陈学明：《文化软实力和生活方式》，载《光明日报》2009 年 11 月 27 日。
② 胡健：《文化软实力研究：中国的视角》，载《社会科学》2011 年第 5 期。

上还是相通的。那么，文化软实力的构成要素又有哪些？我们可以从不同的视角上加以具体分析。第一种视角即从"文化"构成方面来看，一个国家民族的文化软实力一般包括三大要素。首先是该民族的优秀传统文化。习近平总书记在2013年的"8·19重要讲话"中曾深刻指出："中华优秀传统文化是我们最深厚的文化软实力。"① 其次是民族精神。广义的民族文化当然包括民族精神，民族精神是民族文化的核心内容，在这里之所以单独列出来，是由于前面论及的民族文化更多的是借助一定外在形式所展示的"形象化"的文化，而这里所言及的民族精神是指内聚在民族血脉中的"无形"力量，是一种难以量化、难以"物质化"的内在的民族"精气神"，它构成了文化软实力的支柱。再次是文化业态。所谓的文化业态是由文化内容、科技和资本等相结合的产物，即以产业方式所展现出来的文化产品，当然这些文化产品中也包含着特有的精神内容。

第二种视角即从文化软实力中的"力"的体现上来看，它涉及建基于价值观认同基础上的文化凝聚力，基于文化产品的生产、供给和服务能力之上的文化生产力，能够激发不同社会主体投身文化创造的文化创新力，吸收、融合不同文化，使其趋于一体化的文化整合力以及对其他国家、民族所能产生作用的文化吸引力、影响力。

第三种视角是从结构层次上来说的。文化软实力可划分为传统文化、价值体系、文化形态、基层文化、文化产业五个主要部分。其中传统文化是文化软实力的渊源，价值体系是文化软实力的核心，文化形态是文化软实力的重点，基层文化是文化软实力的基础，文化产业是文化软实力的拓展。② 在处于文化软实力核心层次的价值体系中，核心价值观又是

---

① 中共中央宣传部：《习近平总书记系列重要讲话读本（2016年版）》，北京：学习出版社、人民出版社2016年版，第207页。

② 目前国内学者骆郁廷教授率领的武汉大学文化软实力研究团队对文化软实力的评价指标体系进行了较为系统和深入的研究，其具体研究成果参见骆郁廷主编的《文化软实力：战略、结构与路径》（中国社会科学出版社2012年版）一书。

文化软实力的灵魂，是文化软实力建设的重点，它是决定文化性质和发展方向的最深层次的要素。"如果没有共同的核心价值观，一个民族、一个国家就会魂无定所、行无依归"[1]，正因如此，我们认为一个国家的文化软实力的强弱，从根本上来说，取决于其核心价值观的生命力、凝聚力、感召力、影响力的大小。

第四种视角是从评价指标体系构成来阐释文化软实力的内涵和外延的。若将文化软实力本身视为一级指标（X），那么，它将有四个二级指标构成，分别为文化价值观吸引力（$X_1$）、文化知识生产力（$X_2$）、文化体制引导力（$X_3$）、文化产业竞争力（$X_4$）。每个二级指标下又可以分别再细分若干三级指标。[2]

通过上述的分析不难看出，虽然文化软实力的概念至今并没有形成统一的定论，但就文化软实力的基本构成要素来说，其大致的范围还是可以确定的。它大体上包含由传统文化、社会价值观念、意识形态、文化产业等在内构成一个动态的文化力量系统，对内发挥着促进核心价值观认同，提高民族凝聚力、感召力、动员力等作用，对外则体现的是文化的渗透力、吸引力、说服力、影响力。一个文化软实力强大的国家，"它的自我证明力量、对外言说力量、国际沟通力量、价值认定力量、思想整合力量和精神渗透力量，一定是很强大的"[3]。文化软实力表面看彰显的仅是文化的力量，但它必然又会突破狭义的文化范畴，直接或间接地转化、生成为全方位的社会性力量元素。

① 中共中央宣传部：《习近平总书记系列重要讲话（2016年版）》，北京：学习出版社、人民出版社2016年版，第189页。
② 参见熊正德、郭荣凤：《国家文化软实力评价及提升路径研究》，载《中国工业经济》2011年第9期。
③ 胡潇：《守望精神家园——文化现象的哲学叩问》，长沙：湖南大学出版社2011年版，第125页。

## 二、提升文化软实力以推动中国特色社会主义文化道路发展

早在新中国成立伊始，以毛泽东为首的第一代中央领导集体就非常重视我国的文化软实力建设，虽然那时并没有提出"文化软实力"这个概念，但希望将中国建设成文化大国、文化强国的愿望是十分强烈的，并宣告"我们将以一个具有高度文化的民族出现于世界"①。时光荏苒、沧海横流，近 60 年弹指一挥间，2007 年党的十七大报告正式将提高国家文化软实力写进党的文献中。虽然从字面的概念来看，属新提出的范畴，但就思想内容而言却是对毛泽东思想、邓小平理论和"三个代表"重要思想中有关文化建设思想的继承和发展。十七大报告指出，"当今时代，文化越来越成为民族凝聚力和创造力的重要源泉，越来越成为综合国力竞争的重要因素，丰富精神文化生活越来越成为我国人民的热切愿望。要坚持社会主义先进文化前进方向，兴起社会主义文化建设新高潮，激发全民族文化创造活力，提高国家文化软实力，使人民基本文化权益得到更好保障，使社会文化生活更加丰富多彩，使人民精神风貌更加昂扬向上"。之后的十七届六中全会、十八大、十八届三中全会也都对如何提升社会主义国家文化软实力做出了明确的战略部署，构架了以提升国家文化软实力和文化整体实力为主要内容的"文化强国"战略。习近平总书记指出，"提高国家文化软实力，关系我国在世界文化格局中的定位，关系我国国际地位和国际影响力，关系'两个一百年'奋斗目标和中国民族伟大复兴的中国梦的实现"②。由此可见，我们已把提高国家文化软实力上升到了国家总体发展、总体布局的战略高度了。

美国著名战略管理学家迈克尔·波特（Michael Porter）在谈到国家竞争优势的问题时曾指出，文化上的优势是最根本的、最难以替代和模仿的、最持久的和最核心的竞争优势。文化软实力既是推动社会发展的

---

① 《毛泽东文集》第 5 卷，北京：人民出版社 1996 年版，第 345 页。

② 中共中央宣传部：《习近平总书记系列重要讲话读本（2016 年版）》，北京：学习出版社、人民出版社 2016 年版，第 207 页。

精神动力、智力支持和思想保证，也越来越成为民族凝聚力和创造力的重要源泉，越来越成为综合国力竞争的重要因素。无论是坚持还是继续推动中国特色社会主义文化道路的发展，都要充分认识到提高社会主义国家文化软实力的重要意义，认识到提高社会主义国家文化软实力是推动中国特色社会主义文化道路发展的重要方式和必要途径。

首先，提高国家文化软实力就是在提升国家综合国力。1975 年美国著名国际关系学者雷伊·克莱茵（Ray Cline）提出了著名的"现代综合国力方程"，即综合国力指数 =（土地和人口 + 经济实力 + 军事能力）×（国家战略系数 + 国家意愿 + 领导能力）。从这个方程中我们不难窥见文化因素、精神力量在综合国力中占有重要地位。约瑟夫·奈的"软实力"概念的提出更是让人们意识到了文化是综合国力的重要组成部分。如果我国的文化软实力提高不上去，社会主义制度就会失去吸引力，我们的价值观念就会被人误解，我们的文化就难以"走出去"，中国对世界的影响力就会受到制约，中国就很难成为一个真正意义上的大国、强国。

其次，提高我国文化软实力有利于国家文化安全。"全球化时代的国家文化安全几乎包括了文化软实力的所有资源"[1]，西方通过强势的文化传播、有意无意的文化渗透甚至利用"文化帝国主义"式的文化入侵对发展中国家的文化安全构成了严重的威胁。发展中国家和相对弱小的民族要想抵抗住文化殖民主义的入侵，最好方法就是提升自身的文化软实力，形成强大的文化免疫力和相应的文化输出力。对于我国而言，目前我们与世界其他国家和地区的经济、文化、社会交往日益密切，文明间的对话、互动、碰撞、矛盾不断深入与深化，大众文化和消费型文化的生产运作方式与世界发达国家日益趋同，一个不可回避的事实就是，中国已经卷入全球文化生产体系中了，但我国的文化创新及其机制相对于市场经济的发展速度而言明显滞后，这些都可能威胁到我国的文化安全。因此，深度挖掘、充分利用包括大众文化在内的一切文化软实力的资源

---

[1] 刘德定：《当代中国文化软实力研究》，北京：人民出版社 2013 年版，第 103 页。

对于保障我国的文化安全至关重要。另外，要将大众文化传播看作整合外宣资源必要手段，看作推动形成宽领域的大外宣格局的重要的有机组成部分，鼓励我国大众文化产品出口，从而改变文化产品进出口逆差严重的现状，这些也是维护当前我国文化安全的重要措施。

再次，提升我国文化软实力，有利于增强国人的文化自觉、文化自信。中国具有五千多年的文明史，传统文化博大精深、影响深远，优秀传统文化是世界文明宝库中的璀璨明珠。但自鸦片战争之后，中国受到西方列强的欺凌，甲午战争失败使中国人的民族心理优越感几乎丧失殆尽。抗日战争的最终胜利、新中国的成立虽然让中国人民从此站起来了，但这些还并没有使中国人在文化心理上真正挺立起来。改革开放和社会主义市场经济体制的建立与完善，中国政治、经济、文化、社会建设等虽取得了长足的进步，但国人的文化自信心并没有从根本上树立起来。

自信是需要资本的。2007年美国《新闻周刊》评出中国最具影响力的文化符号是汉语、故宫、长城、苏州园林、孔子、道教、孙子兵法、兵马俑、莫高窟、唐帝国、丝绸、瓷器、京剧、少林寺、功夫、西游记、天坛、针灸、中国烹饪等。这些文化因素固然构成了我国文化软实力的重要内容，但通过这些文化元素或文化符号，我们也不难发现中国的当代文化的最新发展成果并没有受到西方的高度关注与认同，其中虽然有意识形态、文化认知差异等方面的原因，但如何通过适当的话语转化将中国文化，不仅是优秀的传统文化，也包括甚至更为重要的当代新文化内容传播出去，让其在世界文化舞台竞放光彩，这将是提高我国文化软实力，增强国人文化自觉、文化自信的重要方式。在这种话语转化方式中就包括如何利用大众文化话语去演绎"中国故事""中国元素""中国精神"。

第四，提高我国文化软实力有利于提升国家形象。20世纪90年代以来，日本经历了长期的经济衰退，经济实力受到打击，但其文化软实力并未因此受到削弱。约瑟夫·奈指出当前的日本可能比20世纪80年代作为经济超级大国的时候拥有更大的文化影响力，其中一个重要原因就是日本的动漫形象集"可爱"与"力量"于一身，得到许多国家和地区的孩子们的追捧，这毋庸置疑直接提升了日本的国家形象。"2011 年美国《新闻周刊》的调查显示，65% 的美国人认为日本'值得钦佩'。"① 那么是什么让骨子里傲慢的美国人觉得日本"值得钦佩"呢？其中宫崎骏的动漫、黑泽明的电影以及日本本土的流行音乐等大众文化可谓功不可没，所以奈指出，"日本流行文化即便在经济衰退之后也仍在制造着潜在的软实力资源"②，也同时塑造着日本的国家形象。虽然我们不能模仿和炮制日本的大众文化发展战略与战术，但日本利用大众文化来提升自己的文化影响力进而塑造有利于自身发展的国家形象的理念和方法还是值得我们借鉴的。

随着中国国家"硬实力"的增强，国际上的"中国威胁论"此起彼伏，直接影响到了我国的国家形象。国家形象的塑造客观上需要提高我国文化对外的影响力和亲和力，让国外大众在不断接受中国文化产品的过程中感受到中国的发展，体验到中国的魅力，看到中国人的真善美，领悟到当代中国人积极的人生态度，领会到中国当代社会价值观具有的强大的包容性及其对世界已经和可能产生的积极影响。"只要中国在'科学发展观''以人为本''和谐社会'理念的指引下"就能在"外部形成自己国家的文化软实力，这将是中国对世界文化做出的贡献。"③ 只有当我们的文化软实力切实得到增强以后，我们在世界上的话语权才能不断提高，一个真正意义上的大国形象、强国形象才能在世人面前树立起来，他人也才会从心底里真正尊重我们。

① 〔美〕约瑟夫·奈:《软实力》，马娟娟译，北京: 中信出版社 2013 年版，115 页。

② 〔美〕约瑟夫·奈:《软实力》，马娟娟译，北京: 中信出版社 2013 年版，114 页。

③ 陈学明、黄力之、吴文新:《中国为什么还需要马克思主义——答关于马克思主义的十大疑问》，天津: 天津人民出版社 2013 年版，第 157 页。

## 三、大众文化建设与文化软实力的提升

### （一）大众文化在文化软实力中的地位

　　大众文化的兴起与繁荣是当代中国社会主义文化建设所取得的重要成果，也是当代中国经济、社会、文化全面发展的重要体现。大众文化的迅速发展强烈冲击着包括主导文化在内的其他文化形态，改变了原有的文化格局和人们既有的生存方式、工作方式和交往方式，并且深刻影响着人们的精神世界。对于大众文化在文化软实力中的地位问题，约瑟夫·奈以美国为例做出了较为深刻的分析。奈首先认为文化软实力中所论及的"文化"是为社会创造意义的一套价值观及其实践的总和，它不仅包含着体现精英品位的高雅文化，也包含侧重于娱乐性的大众文化。其次，奈认为不能简单地将文化软实力等同于大众文化的力量，只能说，大众文化是构成文化软实力的重要资源。最后，奈指出，总体上而言，大众文化对美国文化软实力的提升起到了至关重要的作用。因为受大众文化的影响，美国在很多人眼里是一个令人兴奋、充满异国情调、富有、强大、引领潮流、处于现代化和创新前沿的国度。由大众文化所传播的美国的这种国家形象很具有吸引力，即使对那些了解美国社会阴暗面的人来说，也依然充满诱惑力。[1] 因此，在一定意义上讲，美国的文化软实力的核心内容既包括"自由""民主""人权""法治"等价值观念，也包括好莱坞电影、流行音乐、麦当劳、可口可乐等内在的大众文化式的生活。[2] 奈对大众文化与文化软实力之间关系的分析以及大众文化在美国文化软实力构成中的重要地位的剖析，对于目前我国以增强大众文化建设的力度来试图不断提高文化软实力的做法是有启发意义的。

　　不可否认，我国文化软实力建设尚存在诸多问题，如文化发展不平

---

[1] 〔美〕约瑟夫·奈：《软实力》，马娟娟译，北京：中信出版社2013年版，第16—17页。

[2] 参见惠敏：《当代美国大众文化的历史解读》，济南：齐鲁书社2009年版，第131—132页。

衡与政府定位不明确，文化管理体制及其相关机制依然在一定程度上制约着文化发展，文化市场整体不成熟，文化产业集约化程度低，国际竞争力弱，文化出口能力弱，"文化赤字"现象严重，文化贸易存在逆差等。据有关专家研究，目前"美国在世界文化市场所占份额达到43%，欧盟达到34%，整个亚洲和南太仅占19%，而其中日本占10%，韩国占5%，中国和其他亚太国家在内一共仅占4%"[①]。中国要成为真正意义上的强国，政治、经济、文化、军事都必须要强大，而目前"文化短板"问题较为突出，该问题很大程度上是因为文化及文化产业发展的不平衡导致的。"文化产业是文化转变为文化力的重要载体，也是文化软实力的物质基元，提升文化软实力离不开产业逻辑的支撑，文化、文化产业、文化软实力的协调递进，是破解'文化国力方程'的一把钥匙。"[②]在这个协调递进的过程中，加强大众文化建设对于促进我国文化市场的发展，提高文化出口能力，改善文化贸易逆差等具有重要意义。这些年来大众文化发展虽然给社会带来了某些负面效应，但我们不得不承认，由它的发展所带来的积极效应也是巨大的，其中就包括大众文化越来越成为展示文化软实力的重要场域，越来越构成我国文化软实力的重要资源。

大众文化在文化软实力中的地位是与日俱增的。毋容置疑，任何一个国家和民族的文化软实力都需要奠基在该国与民族优秀传统文化的基础之上，我国深厚而优秀的传统文化是我国文化软实力的集中体现。但优秀传统文化如何走进现代人的日常生活和精神世界的深处，如何将潜在的传统文化资源转化为现实的文化软实力的"硬要素"，则成为当前必须加以深思和研究的重要问题，否则再优秀的传统文化也难以自觉化为实实在在的"文化软实力"。

我国众多优秀的影视剧都往往以挖掘中华传统文化和民族精神为题

---

① 陈华文：《文化学概论新编》，北京：首都经济贸易大学出版社2009年版，第381页。

② 欧阳友权、纪海龙：《国家软实力的文化根脉与产业逻辑》，载《社会科学战线》2013年第2期。

材，向世界人民展示了我国博大精深的文化，从而在一定层面上也展现和提升了我国的文化软实力。电视剧《乔家大院》以重义守信的山西商业文化为主线，宣扬了中国传统的儒商精神。它在韩国的热播，在一定程度上让韩国观众从中了解到了当今中国经济的腾飞与我国古而有之的商业诚信理念息息相关。电影《白银时代》也是以晋商为主题来反映和折射中华民族文化中的"诚信"基因。电视剧《李小龙传奇》宣扬了一种自强不息、为中华民族争气的大无畏精神。随着《李小龙传奇》进军海外市场，客观上对于弘扬中华武术、中华民族精神也起到了一定的推动作用，至少提升了我国传统武术文化对国外朋友尤其是海外青年人的吸引力。

### （二）大众文化对提升文化软实力的作用

首先，大众文化有利于带动文化产业的发展，促进文化贸易，进一步推动我国"文化生产力"的发展。大众文化产品的生产流通是建立在一定的物质产业发展的基础上的，它依赖于一定的物质生产资料和科学技术条件，反过来，大众文化的发展必然也会带动相关物质生产部门的发展，如电影、电视、书刊、广播等，其本身就是一个相当复杂的产业链，它不仅能繁荣文化、推动文化发展，同时也能促进影像器材、通信设备、数字媒介等高科技产业的发展。除此之外，大众文化产品的流通与消费，又常与交通、餐饮、服装、旅游等行业相关，从而构成一个综合性与开放性的文化消费场域。因此，做好大众文化建设工作既可以直接推动文化产业的发展，也能够完善我国整个产业结构，促进相关产业发展，提高我国文化产品的国际竞争力，释放我国"文化生产力"的潜能。

"文化生产力"对内体现为一个国家为对本国民众提供文化产品与服务的能力，对外则体现为在国与国的文化贸易过程中的"获利"能力。目前在整个对外贸易产品与服务结构中，我国文化对外贸易长期处于逆差。据中国海关公布的统计数字显示，2010年，我国核心文化产品进出口总额 143.9 亿美元，引进与输出比严重不平衡，高达 3∶1。以演艺产品为例，中国引进和派出的文艺演出每场收入比约为 10∶1，全部海外商业演出的年收入不到 1 亿美元，尚不及国外一个著名马戏团一年的海外演出收入。近年来，曾有人对北京、上海、杭州、成都四城市的动漫消费群体进行抽样调查，统计结果显示：中国 14～45 岁的观众中喜欢日本动画节目的比例是 73.6%，喜欢欧美动画节目的比例是 16.0%，而喜欢国产动画节目的比例仅为 7.3%。[①] 似乎我们已经习惯看到各种国外大众文化产品在中国市场的畅销，巨大的贸易逆差让我们不得不思考我国大众文化发展中的瓶颈及如何突破的问题。

其次，大众文化是有效利用传统文化来提高国家文化软实力的重要载体。党的十七届六中全会通过的《中共中央关于深化文化体制改革推动社会主义文化大发展大繁荣若干重大问题的决定》指出："优秀传统文化凝聚着中华民族自强不息的精神追求和历久弥新的精神财富，是发展先进文化的基础，是建设中华民族共有精神家园的重要支撑。""天行健，君子以自强不息"的自强不息精神；"重天道、法自然、尚人道"的人本主义；"日三省吾身"的内省精神；"尚中贵和"的"中和"思想；"为天地立心，为生民立命"的责任感与使命意识等都是中华民族精神的高度凝练和集中反映。这些优秀的思想和精神若能在当代得到合理转化与弘扬，则可视为我国为世界思想文化发展做出了重要的贡献，也可被看作我国文化软实力获得大幅提升的重要体现。

从理论上来讲，任何能够用来吸引民众注意力的事物、现象、活动都可以成为大众文化的素材。我国传统文化中也有许多经久不衰的典故、故事、人物等，这些都可以被大众文化所吸收，改编成民众喜闻乐见的新文化形式。昆曲《牡丹亭》是一种具有高品位又具有深厚群众基础的传统戏剧，在市场经济的条件下，可谓曲高和寡，但经台湾作家白先勇

---

① 参见禹建湘：《文化产业意识形态性是构建软实力的基点》，载《社会科学战线》2013 年第 2 期。

重新编写之后，在各大高校、剧院巡演，大受欢迎，原先只有少数上了年纪的人才会去听的昆曲，由于揉进了大众文化要素，颇受年轻人的欢迎，使得昆曲有了新的生机，也使得我们的国学名著得以进入更多人的视线，做到了真正的雅俗共赏。大众文化作品从我国传统文化中汲取灵感、获取材料，一方面既增添了大众文化作品的内涵，另一方面也弘扬了传统文化，为我国文化软实力的提升创造了契机。美国电影《花木兰》《功夫熊猫》等的热映，也值得我们去认真反思我国当代大众文化在挖掘传统文化方面所存在的缺失。

再次，大众文化的发展能填补人们的私人空间，弱化西方意识形态对国民的影响。随着生活水平的提高以及休闲娱乐时间的增多，人们对于精神文化产品的需求也不断增加。"休闲时间的增多不等于我们的享受和快乐也随之增长，休闲不是打发时间，休闲要有文化的含量。当我们真正能享受到休闲所给予我们的快乐时，一种新的生活方式也就形成了。"[1]伴随经济全球化的纵深发展，文化全球化趋势也在加强。如果我们自己的文化产品不能满足人民的需求，那么必然要引进更多的国外文化产品来填补我国的文化市场，这不仅会导致我们在经济方面有所损失，更为重要的是越来越多的人会受到西方社会意识形态的潜移默化的影响，因为"一个国家文化产业的发展水平是该国主流意识形态吸引力和凝聚力的最直观表现"[2]。如果国人休闲时，在其私人空间内所享用的文化产品过分依赖于国外，或者总觉得国外的文化产品更好，那么中国的文化软实力又何从谈起？当前韩剧、日剧、美剧及好莱坞电影在国内的大肆流行是一个非常值得关注的问题。

有些人总认为大众文化低俗，没有什么精神内涵，其实这是一种根深蒂固的偏见。大众文化可以拥有丰富的思想内涵，也可以内含必要的

---

[1] 陈学明：《文化软实力和生活方式》，载《光明日报》2009 年 11 月 27 日。

[2] 卢新德：《文化软实力建设与维护我国意识形态安全》，载《山东大学学报》（哲学社会科学版）2010 年第 3 期。

人文精神，思想、精神依然是贯穿大众文化作品中的不可或缺的内容。当然我们不能以哲学的标准、学术的尺度去要求大众文化的思想有多么深刻，就像我们不能用大众文化的标准来要求哲学有多么通俗、学术有多么大众化一样。在通常情况下，我们所需要传承的民族思想，我们所需要弘扬的民族精神都可以通过适当的大众文化形式展现出来。在当今文化多形态发展的大趋势下，如果我们不建设好自己的大众文化，越来越多的大众，尤其是青少年就可能会被西方大众文化所"殖民化"，而这无疑将会对我国文化软实力产生最为严重的"创伤"。

第四，通过大众文化产品传递社会主义荣辱观，有利于核心价值体系和核心价值观的建设，提高我国文化软实力的核心力量。社会主义核心价值观是核心价值体系的核心内容，社会主义核心价值体系又是我国文化软实力的核心力量之所在，如此推之，社会主义核心价值观就成为我国文化软实力的核心中的核心。以大众文化来弘扬核心价值体系和核心价值观，需要深刻认识到大众文化的日常性，并充分发挥它的这种特性及其附着的功能。从日常生活角度来看，社会主义荣辱观是社会主义核心价值体系的基础，也是培育和践行社会主义核心价值观的基础。"社会主义荣辱观是社会主义核心价值体系的基础。以'八荣八耻'为主要内容的社会主义荣辱观，是对与社会主义市场经济相适应、与社会主义法律规范相协调、准确通俗的表达，它旗帜鲜明的指出了在社会主义市场经济条件下，应该坚持和提倡什么、反对和抵制什么，为全体社会成员判断道德得失、做出道德选择、确定价值取向，提出了基本的价值准则和行为规范。"[1]大众文化作为一种日常生活的文化样式，对重大理论的阐释、艰深思想的剖析并不擅长，但对日常生活中的"荣辱"现象的表现，对日常伦理道德的刻画，却有着自身的优势，因此选择大众文化来宣传、弘扬社会主义荣辱观是可行且能取得好的效果的一种文化选择。

---

[1] 骆郁廷：《文化软实力：战略、结构与路径》，北京：中国社会科学出版社 2012 年版，第 95 页。

近几年来红色主旋律的电影、电视剧非常流行，涌现出众多既叫好又令人深思的作品，如电影《建国大业》《建党伟业》《辛亥革命》《十月围城》《唐山大地震》以及电视剧《亮剑》《大宅门》《雪豹》《潜伏》《悬崖》《勇敢的心》等，这些作品在为大众提供了观赏娱乐的同时，也向社会大众传递着社会主义核心价值体系，特别是社会主义荣辱观的内容。目前通过电影、电视剧、流行歌曲、纪录片、公益广告、时尚杂志、微博、微信等各种方式来向人们传递社会正能量，已成为弘扬和践行"社会主义荣辱观""社会主义核心价值观"的重要渠道。一个有正确荣辱观、核心价值观的民族，一个不断践行着这种荣辱观、核心价值观的民族，才会拥有强大的文化软实力。通过大众文化合理传递社会主义荣辱观，积极培育社会主义核心价值观，这在无形中也就提高了我国的文化软实力，甚至在目前成为提高我国文化软实力的最为重要的方式。

第五，发展大众文化有利于优化我国文化形态及其内容，从多个层面全面提高我国文化软实力。这里言及的文化是指各种文化类型的分布格局与状态。"形式多样的文化形态传载、传递、传播着丰富内涵的文化内容，涵养精神，陶冶情操，提升境界，改善风气，发展文明，是文化软实力建设的重点。"[①] 当前需要通过大众文化来优化文化形态的内容，从而提升我国的文化软实力。例如可以在思想道德建设中更好、更多地利用大众文化形式，将传统说教活动优化提升为一种德育性的文化体验，再将这种文化体验提升为一种文化自觉，进而转化为人的行动自觉。再如，在当前科普工作中也可以大胆使用大众文化方式来加以推进。这里言及的科普不仅是指自然科学的普及也指哲学社会科学的普及。客观地讲，我国目前哲学社会科学研究成果很丰富，其中也不乏一些精品力作，但往往局限于学术圈子，无法普及，从而造成了智力资源的极大浪费，也影响了哲学社会科学和哲学社会科学者的形象。利用大众文化不仅可

---

[①] 骆郁廷：《文化软实力：战略、结构与路径》，北京：中国社会科学出版社 2012 年版，第 97 页。

以提高自然科学、社会科学的普及面与普及效果，更为重要的是可以将自然科学、哲学社会科学普及有机结合起来，因为大众文化本身内含着两种科学及其精神在某种程度上的嫁接与融合，而在科普工作中人文精神与科学精神的传播相对于科学知识本身来说则更为重要。

第六，发展大众文化以加强基层文化建设，做好"文化民生"工作，从而为文化软实力的提升夯实基础。基层文化是以基层人民群众为主体，基层群众广泛参与、创造和建设，以满足自身精神文化生活需要为目的的群众性文化。它的内容主要体现在社区文化、乡村文化、企业文化、校园文化、军营文化等方面的建设上。一个国家的基层文化奠定了该国文化软实力的基础，基层文化也是人民群众接触最多的文化。基层文化的质量及发展水平的高低会直接折射在国民文化素质上，它直接影响着我国文化软实力的现状及未来发展。大众文化在基层有着广泛的群众基础，为广大人民群众提供优良的大众文化作品就是我国最为重要的文化民生工程。由于大众文化内容多样、适合各类群体需要，所以它对加强基层文化建设有着不可小觑的功效，也说明了加强大众文化对提高文化软实力具有不可替代的作用。

## （三）利用大众文化提升我国文化软实力过程中应注意的若干问题

既然大众文化对文化软实力的提升起到了至关重要的作用，那么必须大力发展大众文化，实施具体的举措，使大众文化能更好、更有针对性地为文化软实力的提升而服务。

首先，大众文化要善于汲取传统文化的精髓。传统文化是一个国家和民族文化软实力的根基，也是文化软实力能够拥有源源不断的动力的源泉，所以，要利用大众文化提升我国的文化软实力，那么大众文化就必须从传统文化中来汲取营养，无论在内容、形式、精神内涵上都要取其精华。在这方面日本动漫作品会给予我们一些启发。日本的动漫作品中不仅渗透着日本传统文化中的武士道精神，同时在动漫题材与人物性格上也大量借鉴中国传统文化的元素，融合了"天人合一""宁静致远"等传统审美范式，例如宫崎骏的《千与千寻》、峰仓和也的《最游记》等都是其中的典型代表。中国传统文化博大精深，我国大众文化的发展要多从其中汲取题材、思想、精神等方面的元素。而传统文化若想进行"文化突围"，不想被大众文化所"淹没"，也需要借助大众文化形式来为自己"造势"，拓展自身的发展空间。

中央电视台策划和推出的《百家讲坛》就是传统文化题材借助大众文化形式"造势"而获得成功的一个较为典型的案例。对于央视的《百家讲坛》目前依然是褒贬不一，但在笔者看来，不能因为《百家讲坛》利用了商业机制、目标定位在初中以上文化水平的观众就贬低其文化层次及文化价值，视为从"电视学术"向"电视娱乐"的蜕变。学术是难以完全电视化的，这不是因为学术清高，而是学术研究的话语系统与大众文化的话语系统之间本身就存在差异，两者话语全面转化、无缝对接是难以实现的。例如，从学术研究的角度来看，于丹所讲的《论语》确实存在这样那样的问题，还有不少想当然的"误读"，但她所激发出来的文化正能量，特别是引发大量人群去关注《论语》以及中国传统文化，唤起更多人对中国传统文化的记忆，则对继承和弘扬中华优秀传统文化还是有所裨益的。所以仅就通过大众文化来传播中国传统文化这一方面而言，《百家讲坛》还是有可取之处的。总之，要学会在大众文化产品中多融入有中国特色的文化元素和内容，不能抄袭国外题材或流行一时的东西，这样既能使大众文化产品有更好、更广阔、更持久的市场，同时也有利于传统文化的弘扬，有利于将传统文化转化为现实的社会主义文化软实力。

其次，大众文化建设不能偏离主流意识形态。我国的大众文化是中国特色社会主义文化的有机组成部分，大众文化建设始终要走在中国特色社会主义文化发展道路上。大众文化既不能成为主流意识形态的传声筒，更不能偏离主流意识形态。社会主义核心价值体系、社会主义核心价值观是我国的主流意识形态内容的集中体现，是社会主义先进文化的精髓，因此我国的大众文化作品的核心精神不能与社会主义核心价值体系、社会主义核心价值观相违背。当前有些大众文化作品，为了满足感官追求，甚至是刻意刺激感官需求，挑逗、撩拨、激发人的欲望，过度反映人性"恶"的方面，"三俗"问题日益凸显，大众文化作为一种"文化"的价值被弱化。这无论对经济社会的科学发展、国民精神素养的提升，还是大众文化自身建设都是非常有害的。当前要使我国大众文化在与主流意识形态的"合奏""和鸣"中既不丢失其自身的特性，也能获得主流意识形态的认可，承担起在提高社会主义国家文化软实力过程中应担负的责任和发挥出应有的文化功能。

再次，注重大众文化的网络传播平台建设。在互联网时代，尤其是"三网融合"、4G 发展的背景下，大众文化的传播方式也需要做出相应的调整，将传播的渠道应更多地与互联网结合起来。遴选出部分优秀的大众文化作品有组织、有规划地放到互联网这个平台，对国内外受众全面开放，实现大众文化资源共享。如此，原本由于各种原因只有少数人特别是在国外只有少数人群才有机会接触到的我国优秀大众文化作品、产品可以被更多的国内外受众欣赏到，从而让更多的人受益。这不仅有利于拓展国内外的大众文化市场，也使整个社会主义文化建设的内容更加丰富，更受世人瞩目，在无形中也会不断提高我国社会主义文化的国际传播力。

最后，多渠道增强我国优秀大众文化作品的海外影响力。"文化影响力是指由于文化主体的独特魅力对文化主体的外部系统发生的作用，从而实现主体文化价值，获得文化竞争力，是文化的外化过程。"[1] 中国传统文化在海外是有一定影响力的，但不能高估中国传统文化在海外的魅力，不要误以为"四大发明""诸子百家""四大古典名著"就一定会让外国人叹为观止，中国传统文化走出去的道路还很漫长。中国传统文化

---

① 齐勇峰、李平凡：《完善公共文化服务体系提高国家文化软实力》，载《中国特色社会主义研究》2012 年第 1 期。

如何更好地走出去，当下需要"以国际坐标来筛选和重组中国文化"[①]，其中就包括可以利用大众文化对中国传统文化进行筛选和重组，让传统文化穿上大众文化的时尚外衣，这种文化"穿越"和"对接"只要掌握好度、把握好分寸，不仅有利于传统文化的新生，也有利于大众文化一接"民族气"、二扬"中国风"。而事实上近年来我国大众文化已经在海外产生了一定的影响力和关注度。例如，"我国主旋律电视剧广受欢迎，《亮剑》《戈壁母亲》《士兵突击》《闯关东》等作品贴近生活、关注当下，激发热情、守护信念，不仅在国内观众当中引起强烈共鸣，而且在汉语电视剧的海外市场的主要消费者即华人华侨那里，受到高度评价"[②]，同时也受到了国外媒体和观众的广泛关注，在一定程度上展示了中国现当代文化的魅力。由此观之，借助现代化的大众文化艺术形式和大众文化传播手段，创造出更多富于时代气息，体现中国特色的文化标志、文化符号和文化品牌，一方面可以以此作为海外华人维系其与祖国的情感纽带，起到增强对祖国发展前途的信心的作用；另一方面促使当代中国文化更顺畅、更快速、更广泛地走出国门，融入国外大众的日常生活中，加强其对中国当代文化发展现状的了解，感受到一个传统文化积淀深厚、现代文化不断勃兴的大国形象。不过，在海外传播大众文化的过程中，也需要注意的一个问题就是，不能故意投西方人所好，单纯为了走向世界、开拓海外市场就模仿、戏仿或照搬西方大众文化模式，迎合西方人的价值标准和审美标准。倘若如此，我们的大众文化不仅没有发展前途，还会有损国格和中国文化的品格，甚至主动投入或被动跌入西方文化殖民的陷阱。

---

① 余秋雨：《中国处于"文化孤立"之中吗？》，载邢悦：《文化与国际关系精选文献导读》，天津：天津人民出版社 2011 年版，第 393 页。

② 童世骏：《文化软实力》，重庆：重庆出版社 2008 年版，第 103 页。

# 第五章　当代大众文化建设与社会价值观塑造

　　不同的发展观折射着不同的价值观，不同的价值观导引着不同的发展观。坚持以人为本既是科学发展观的核心理念和立场，也是当代社会价值观的基本共识，科学发展观之所以是科学的，是因为它体现了人类社会发展的规律性与价值性的辩证统一。塑造正确的社会价值观，营造良好的社会道德氛围，培育大众合理的行为价值取向是贯彻和落实科学发展观的题中之义。为此，在科学发展观视角下探索大众文化建设之道，就需要对大众文化的价值观建设给予特别的重视。在不同类型文化的价值观中，相比较而言，大众文化的价值观异常庞杂，良莠不齐。就其产生的实际社会效应来说，对大众的精神世界、价值观念、伦理道德的影响不仅显著而且潜移默化。另外，西方发达国家通过文化贸易上的优势，将内含其价值观念的大众文化产品向我国营销和渗透，对我国的文化安全也造成了一定的威胁。因此，在大众文化建设过程中要特别注重价值观建设，要想方设法利用大众文化形式传播中华传统优秀文化精神及其基本价值观念，做好社会主义核心价值体系、社会主义核心价值观的宣传教育及向大众心灵世界的渗透与日常精神生活的融通工作。这既是推动我国当代大众文化科学发展的基本要求，也是保证我国当代大众文化能够科学发展的重要措施，对于维护社会主义国家安全也至关重要。

# 第一节　社会价值观基本理论问题

不同类型的文化都蕴含着其自身的价值诉求，大众文化更多的是从感性层面上彰显出一定社会的文化主题，呈现出社会价值观的某些基本要素与特质。它既折射了当代普通人的价值追求，也蕴含了某些亟需引导或加以纠弊的不良价值观倾向。由于大众文化所追求的大众化、标准化、流行性在一定程度上迎合了媚俗心理，常常会受到错误思潮的影响而陷入价值观的误区之中，这就需要对大众文化价值观进行深度的辩证剖析与科学有效的引领，需要从不同大众文化形式的角度深入把握当代大众文化价值观的多方位呈现与多元化表现的现状、趋势及其面临的困境。

## 一、价值与价值观

马克思指出，"'价值'这个普遍的概念是从人们对待满足他们需要的外界物的关系中产生的"[1]。这说明马克思是从主客体关系的视角去分析价值问题的。我们一般提到价值时都是以人为主体的，某件物品是否具有价值一般都会考虑它对人是否有用、是否有意义等。"价值具有更多的人为色彩，是在设定与效用中呈现的"[2]，也就是说价值具有一定的人为设定性，即价值具有构建性。因此，在马克思主义经典作家那里，动物界是不存在"价值"的，"价值"只存在于人类构建的"为我而存在的关系"之中，所以价值反映的是一个关系范畴。正因为如此，人们常说，"个人没有价值，只有尊严"是有一定道理的。从哲学范畴上来讲价值是指"客体的存在、作用以及它们的变化对于一定的主体需要及其发展的

---

① 《马克思恩格斯全集》第 19 卷，北京：人民出版社 1960 年版，第 406 页。
② 陈赟：《现时代的精神生活》，北京：新星出版社 2008 年版，48 页。

某种适合、接近或一致"①。概而言之，价值反映的是一种主体和客体在社会实践中所产生的人的需要与事物属性之间的特殊关系。

价值和价值观既有联系又有区别。在人类的实践活动中伴随着价值问题，当然会形成有关价值的基本观念。马克思曾说过，"观念的东西不外乎是移入人的头脑并在人的头脑中改造过的物质的东西而已"②，因此，价值观从根源上来说，"它同主体的需要、理想联系在一起，它受制于人们的经济地位、社会地位"，"从宏观的角度说，价值观念是社会文化系统的核心。从微观的角度说，价值观念是人的世界观的组成部分"。③从广义上讲，价值观是指以价值为特定对象的思想观点、理论学说的总和，是精神文化中的核心内容，一定程度上相当于哲学基础理论中的"价值论"。狭义的价值观是指对事物进行价值认定、价值评价等活动时所形成的有关价值认知，它表现为对善恶、美丑、义利、利弊、得失的权衡与取舍，体现出不同的人对生活意义、人生目的、理想情操、信念信仰等有着不同的追求。

价值观不侧重于反映客观对象的本来面目和属性，而是侧重于反映某类事物对于主体的利益和需要，以及主体实现自己利益、满足自己需要所拥有的能力，并在这种能力支配下所进行的实践活动。价值观最为重要的社会功能在于它起着价值评价的作用，是主体用来区分事物好坏、衡量得失的标准，为主体提供必要的行为理由。总之，价值观就是人们对于生活中的各种价值和价值现象所持的立场、观点等思想观念的综合。它一方面表现为价值取向、价值追求和经过长期的积淀最终提升为一定的价值目标；另一方面表现为价值标准和尺度，并成为人们判断事物是否具有价值及价值大小的评价准绳。

在现实生活中，价值观总是呈现出相应的社会性特征，构成一定社

---

① 韩震：《社会主义核心价值体系研究》，北京：人民出版社 2007 年版，第 12 页。
②《马克思恩格斯选集》第 2 卷，北京：人民出版社 1995 年版，第 217 页。
③ 袁贵仁：《价值观的理论与实践》，北京：北京师范大学出版社 2006 年版，第 130 页。

会的意识形态的内容，对人们的行为具有导向指引作用，是人们实践活动的指示器。价值观的主要作用在于为社会群体和个人度量、评判和裁定某种实践活动提供一种尺度，其作用的范围非常广泛，贯穿于人类社会实践活动之始终。价值观与人的实践活动是互动的，一方面，人的社会实践活动是价值观形成的基础，社会的变革、生活方式的变迁决定了价值观的变化；另一方面，人们的各种行为都是在一定的价值观的引导下完成的，人的行为及其方式的变化又往往受到价值观的深刻影响。价值观的变化是人的行为及其方式发生变化的开端。丹尼尔·贝尔说过："思想和文化风格并不改变历史——至少不会在一夜之间改变历史。但是它们是变革的必然序幕，因为意识上的变革——价值观和伦理上的变革——会推动人们去改变他们的社会安排和体制。"[1] 社会价值观的变革最终往往又能导致整个时代的变革。可以说，价值观在引领社会发展中具有重要的导向作用，被看作时代的"风向标"。

## 二、社会价值观与文化价值观

从不同视角出发，社会价值观呈现出不同的类型。从主体的角度来划分，价值观表现为个人价值观、群体价值观、人类价值观等；从客体的角度来看，它可以分为物质价值观、精神价值观等；从价值观的社会地位来看，可以分为核心价值观、主流价值观、边缘价值观等；从价值观的性质来看，可划分为正确价值观和错误价值观等；从价值观参与社会生活的各个领域及发挥的作用来看，可以划分为政治价值观、经济价值观、文化价值观、艺术价值观、生态价值观等；从价值观积淀的时间长短来看，可以划分为传统价值观、当代价值观等。虽然从不同角度、不同层次能够划分各种类型的价值观，但是各类价值观的划分只是一种

---

① 〔美〕丹尼尔·贝尔：《后工业社会的来临》，高銛、王宏、周魏、章玲译，北京：新华出版社 1997 年版，第 530 页。

理论逻辑上的界说，在实际生活中，各类价值观之间相互影响、相互贯穿、相互渗透，甚至相互转化，其界限并非是完全清晰可见的。

恩格斯曾指出既有"文化上好的东西"，也有"文化上坏的东西"①，这里的"好"与"坏"是从文化内含的价值观内容方面而言的。如果说价值观是文化的核心，那么文化价值观就是社会价值观的核心。就一般情况而言，价值观是文化的子集，但当我们运用文化价值观这个概念的时候，价值观就不是这个概念的子集了，而是指一定社会的文化中所弥散、透露、折射出的价值取向以及在这种价值取向支配下的文化的"实践意识"。每种类型的文化所折射出的价值观往往是存在差异的。例如，主导文化有主导文化的价值观，大众文化有大众文化的价值观，这两类文化的价值观在内容、表达方式、具体表现形式等上都会有所不同，但二者在实际生活中却又能够实现适度的交融。

目前我们所倡导的社会主义核心价值观一方面毋庸置疑是主导文化，是主流意识形态的重要内容；另一方面也是主导文化、主流意识形态的价值观。这种价值观并不必然会被大众文化所接收、认同和表现，但由于当前我们所倡导的社会主义核心价值观是社会价值观的最大公约数，包含了人类文明中所具有的共识性的价值理念，同时在社会主义的大语境下，我国的大众文化或多或少在价值观的表现上就会自觉不自觉地融合社会主义核心价值观的内容，以谋求官方媒体和主流意识形态的接纳和赞许。另外，鉴于当前大众文化在世俗社会中处于强势话语的情形下，培育和践行社会主义核心价值观也离不开大众文化话语体系的支持。正因如此，2013 年 12 月中共中央办公厅印发的《关于培育和践行社会主义核心价值观的意见》指出："一切文化产品、文化服务和文化活动，都要弘扬社会主义核心价值观，传递积极人生追求、高尚思想境界和健康生活情趣。提升文化产品的思想品格和艺术品位，用思想性艺术性观赏性相统一的优秀作品，弘扬真善美，贬斥假恶丑。""让不同类型文化产

①《马克思恩格斯全集》第 22 卷，北京：人民出版社 1965 年版，第 412 页。

品都成为弘扬社会主流价值的生动载体。"这里言及的文化产品主要指的就是大众文化及相关产品。

## 第二节　我国当代大众文化价值观主要内容与问题聚焦

大众文化从某种程度上来说已经成为人们文化消费的主要内容。中国当代大众文化能够如此盛行，不容忽视的一个重要原因就是它所体现和传播的价值观念已逐渐渗透社会生活尤其是大众日常生活领域的各个方面，并在一定程度上被大众所认同且对社会现实价值观的塑造产生了重要影响。当前我们的主导文化价值观教育在力度、效果等方面依然存在一定的问题和不足，对时有暴露的"价值真空"没有进行有效的填补，对社会价值观分歧缺乏充分调适，对社会价值矛盾缺乏合理的化解。由于大众文化具有强烈的日常生活性、思想渗透性、教育隐蔽性和疏解心理压力的特征，这就使得大众文化完全有可能部分承担起填补"价值真空"、调适社会价值观、缓冲社会价值矛盾的作用。由此观之，中国大众文化价值观建设在整个大众文化发展中至关重要。

### 一、中国当代大众文化价值观的世俗面相

探讨大众文化价值观，首先需要遵循的一个前提就是，大众文化是一种世俗的文化，对其关注、反思、批判、认同、赞赏都应立足于类似于葛兰西所说的"常识哲学"的层面上，而不应围绕"神圣""终极关怀"等超能指话语展开，需要从社会现实及其反思和日常生活及其批判层面切入大众文化价值观的具体语境之中。在此语境下，"大众文化所体

现的正是一个社会的普遍价值观，是普通人都能达到的基本道德"①。因而当我们在具体探索中国当代大众文化到底传递了怎样的价值观以及这些价值观又相应地体现在哪些方面的时候，就需要认识到对大众文化价值观的分析，依据的是世俗社会生活内容及折射出的思想观念，而不是将先验性、理想性、学理性的文化价值观强加给大众文化。既然是从世俗生活视角出发，在此我们就试图从中国当代大众文化所反映、折射出的伦理价值观、职业价值观、婚恋价值观和消费价值观等方面来展开对其价值观内容的具体分析。不过需要指出，伦理价值观、职业价值观、婚恋价值观、消费价值观这四种重要类型的价值观在当代大众文化中的具体体现又是相互杂糅的，我们发现这些价值观之间并没有严格的分界线，只是每种类型的价值观所体现的价值追求的侧重点有所不同，终究它们都是以追求社会大众的幸福快乐为价值目标而相互贯穿、相互渗透，共同构筑了中国当代大众文化的价值观系统。

### （一）伦理价值观：崇尚个人价值与追求人生幸福

伦理价值观是包含着对人们的伦理意识和道德实践活动进行价值评判的观点与看法的集合，它由个体的伦理价值观和社会共同体的伦理价值观组成。当代中国大众文化中的伦理价值观是以崇尚个体价值、追求个体幸福为主要特征的。

20 世纪 80 年代中国大众文化的伦理价值观虽然开始渗透着追求个性解放、自我价值实现的意蕴，但缘于当时政治环境与市场环境的原因，大众文化反映的更多的是以"集体主义"为中心的伦理价值追求。90 年代起，尤其是进入新世纪以来，市场经济、市民社会的兴起以及新媒体技术的运用、网络的普及，使得中国大众文化呈现出更加开放多元的发

---

① 陶东风：《寻找社会主义核心价值体系与大众文化的契合点》，载《光明日报》2012 年 1 月 21 日。

展态势。就伦理价值观而言，此时的大众文化更多体现的是崇尚以自我价值的实现为目标和追求个体幸福的"功利"伦理价值观。

当前众多大众文化作品折射着这样的价值理念，即重视个人的独立自主、自我选择、自我奋斗、自我发展，内含这种价值理念的大众文化作品比较常见，并且比较容易获得市场和大众的认可。如 2006 年曾红极一时的电视剧《士兵突击》就刻画了一个普通的农村孩子许三多通过自己在部队的坚持，从一个什么都不懂的"孬兵"，最后成长为一名出色的侦察兵从而实现了自我的人生价值。而《奋斗》《我的青春谁做主》等电视剧更是透露着张扬个人奋斗、实现个体人生价值的气息。另外，从 2004 年开始以"超级女生""中国梦想秀""中国达人秀""中国好声音"等为代表的红遍全国的各类选秀节目虽有浮躁、炒作的因素，但也从一个侧面体现了普通平民想要通过自身的努力，追求自我价值实现的伦理价值观。

按着马斯洛需要层次理论来说，伴随着社会进步，社会在满足人的基本物质和安全需要等之后就会出现自我价值实现需求的高涨。在当代大众文化作品中，与崇尚个人价值往往相生相伴的另一个重要主题就是追求个体幸福。但无论是追求自我价值还是寻求个体幸福，说到底都是一种功利价值观。我们在这里所说的功利价值观是指人们把追求和实现自己的利益作为实践的出发点和落脚点的一种价值观念。这种功利价值观认为追求幸福与追逐利益是一致的。"功利思想的本质是效用思想，基本原则是：一种行为如有助于增进幸福，则为正确的；若导致产生与幸福相反的东西，则为错误的。"[①]大众文化宣扬更多的是追寻一种感性的幸福，也就是我们经常所说的快乐，是一种短时间的、生理上的情绪化反应。毋庸置疑，大众文化能给人带来快乐，但必须承认大众所追求的快乐不仅仅是肉体的、感性的，他们有时更愿意追求那种精神上的快乐。如大众在看泡沫剧的时候沉浸在跌宕起伏的剧情中，内心随着主角的忧

---

① 张运霞：《论功利主义的当代价值》，载《中南民族大学学报》（人文社会科学版）2008 年第 4 期。

伤而忧伤、快乐而快乐，随着主角目标的实现而内心获得幸福的体验。这种内心体验如果与大众的现实生活有着某种联系或者剧情触发了大众的情感，而使大众获得一种对生活的认同，这种幸福感就会更加强烈，所以合理引导大众扬弃这种功利的个人价值观和幸福观对于提升大众文化价值观的内在格调具有重要意义。

中国当代大众文化的价值观中浸透着崇尚个人价值、追求个体幸福的价值观。在此，我们无须对众多的大众文化作品的内容进行分析，仅从一些热播的电视剧的名称上来看，即可发现幸福在当今人们伦理价值坐标中的位置。诸如《幸福像花儿一样》《幸福来敲门》《下一站幸福》《老大的幸福生活》《杨光的幸福生活》等都是通过打"幸福牌"以迎合观众的心理，引发观众的共鸣，博得更多的收视率。于丹在"百家讲坛"开讲的《论语心得》之所以能获得普通人的认同，最为重要的因素就在于尽量淡化论语的"家国天下"观，而把《论语》解读成指导个人如何获得幸福的"心灵鸡汤"和破译人生真义的"幸福密码"。

### （二）职业价值观：注重现实与崇尚梦想交互相融

职业价值观是一个人对职业的认识态度，体现为他对职业目标的追求和向往。当前由于经济结构处于深层调整时期，经济下行的压力还比较大，就业形势越来越严峻，这就使很多人，特别是青年人的职业价值观发生了较大的变化，出现了理想与现实之间的冲突，带来了心态上的不稳定和失衡。相对于主导文化宣传的崇尚艰苦、追求对社会的贡献的理想主义职业价值观来说，大众文化作品中所折射出的职业价值观更多渗透的是人们对财富、地位的追求和渴望人生成功的梦想。

注重现实是目前社会大众在职业选择时遵守的首要价值原则，人们立足于现实，为了满足现实的需要，在职业选择上往往不再是为了实现自己的社会价值而是为了追求满足自己生活需要的财富和地位。其实追求财富和地位本身没有错，因为"人性的首要法则就是要维护自己的生存，人性的首要关怀，是对于其自身所应有的关怀"①，大众文化的商业性特征决定了它要实现资本的有效增殖，追求财富本身也是中国当代大众文化商业性的重要目标。如此，从事大众文化创作的人自然在有意无意间会将追求财富和地位的这种现实主义的价值观念浸透到作品中，从而对大众的职业价值观或多或少地产生了一定的影响。

从目前众多影视作品，尤其是偶像剧中不难看出，男主角要么是创业成为了大老板，要么就是富二代、官二代，他们由于拥有财富和地位而受到众人的追捧。长期接触内含这种价值理念的大众文化的大众在规划其职业生涯时会幻想自己能有朝一日成为"有钱有权有势的人"，但又不愿吃苦、多付出。众多时尚杂志将职业成功的标准定位在这个人的可以用货币衡量的身价上。大众文化作品中那些有财富、有地位的主角一般都生活在"北上广"这些繁华的大都市中，这无形中让大众误认为只有那些有财富和地位象征的大城市才是他们的职业目的地，从而对经济欠发达地区和基层岗位失去兴趣。目前中国不少人都患上了"财富妄想症""大都市情结"，这其实是不利于人的心理健康的，也会在一定程度上扭曲人的职业价值观。

不过，大众文化说到底是"普通人"的文化，大众文化的创作者往往也能从普通大众的视角去创作一些励志性的作品，激励人执着于自身的职业梦想。例如《杜拉拉升职记》系列就是描写了杜拉拉这个没背景、学历一般但是有自己职业追求的女孩子是如何通过一步步的努力和打拼，最后实现了自己的职业梦想的故事。普通大众特别是女性受众从这部大众文化作品中能感悟和体验到"坚持"与"执着"对追逐自己的职业梦想的意义。随着《杜拉拉升职记》小说热销和同名影视剧的热播，一种新型的通俗文学和影视文化作品，即职场小说和都市职场剧受到热捧。这些作品为了博人眼球，有时也会刻意渲染职场上的"潜规则"，较少关注职业操守、职业伦理，透露出将"诡术""厚黑学"等奉为"生存智

①〔法〕卢梭：《社会契约论》，何兆武译，北京：商务印书馆 1980 年版，第 9 页。

慧"的不良价值观倾向。

大众文化还为某些追求职业梦想的人提供了舞台，比如 2001 年中央电视台创办的《选择》就是一档电视招聘的节目，它把"介绍工作"的主旨蕴藏在轻松的娱乐活动中，主要收视对象是青年人。从 2010 年 12 月起，由中国教育频道和江苏卫视联合打造的国内首档职场梦想真人秀节目《职来职往》也是为有职业梦想的人准备的，这档节目每期都会邀请 18 位来自各行各业的"职场达人"，也就是所谓职场上的成功人士，以亮灯和灭灯的方式对参与节目的选手进行评判，决定他们能否前往 100 家知名企业工作，能否与自己梦想的工作岗位牵手，同时现场针对每一位选手的情况提出一些职场建议。只要是自己的职业梦想与节目所提供的岗位相符合的都可以申请上节目，这档节目对大众的职业价值观产生了积极的影响。2011 年天津卫视也推出了一档叫《非你莫属》的大型职场真人秀节目，也是想向社会传达积极、阳光、理性、执着、奉献的职业价值观。客观地讲，这些大众文化型的职场节目也许并不能真正解决多少人的就业问题，但所传达的某些职业选择的理念和职业的态度还是具有正面、积极的教育或引导作用的。

### （三）婚恋价值观：爱情至上与感性欲求的矛盾杂糅

婚恋价值观是指人们在恋爱和婚姻过程中所持的价值取向和标准。改革开放前人们的婚姻价值观总体上还是比较传统的，随着市场经济的发展人们的思想愈加开放，婚恋价值观也发生了较大的变化。新世纪之后这种变化更加明显，其中变化不仅被当代大众文化所捕捉、反映出来，同时通过大众文化又被渲染甚至放大了。

爱情是大众文化作品最喜欢表现的主题，尤其是从琼瑶小说、琼瑶剧被追捧以来，爱情主题几乎支撑了大众文化作品的半壁江山。这些大众文化作品向大众传达的婚恋价值观首先就是爱情至上、爱情胜过一切。不管是小说、影视剧还是流行歌曲，只要是关于爱情的，爱情往往就会被表现得极为浪漫、纯真、唯美。湖南卫视 2009 年自制的偶像剧《一起来看流星雨》系列主要讲述的是四对青春男女的浪漫爱情故事，其中有来自父母的反对，男主角失忆，有世俗不能接受的姐弟恋，有第三者的介入，还有现实的残酷等方面的考验，但最终四对男女战胜了一切束缚，收获了美好的爱情。《男才女貌》《北京爱情故事》《新恋爱时代》等传达的都是爱情与阶级、年龄、金钱、地位无关的纯真美好，让大众觉得在现实生活中，爱情可以战胜一切，爱情是至高无上的。

与爱情剧相比，曾经热播的家庭伦理剧，如《牵手》《新离婚时代》等往往又把婚姻描绘成爱情的坟墓，让人感受到更多的不是婚姻的幸福而是婚姻的无奈，甚至婚姻成了人生痛苦的源泉，这与爱情剧中所传达的爱情至上相比，形成了极大的反差。于是类似于《金婚》《王贵与安娜》《金太郎的幸福生活》这种调和爱情与婚姻之间关系的都市婚恋轻喜剧则填补了由众多浪漫爱情剧与貌似严肃的家庭伦理剧之间的裂缝，消除了爱情与婚姻之间的紧张关系。江苏卫视的《非诚勿扰》更是以轻松娱乐的方式将现实征婚（婚姻）与爱情幻想（一见钟情）两者融合在一起，而又基本不偏离主流意识形态话语。虽然名曰"大型生活服务类节目"，但运用的却是典型的大众文化手法。

大众文化之所以常选择爱情与婚姻为主题，一方面是由于该主题涉及的是"饮食男女"的问题，不容易触碰敏感的政治问题，可以确保作品的政治安全；另一方面可以制造更多的市场卖点，进行相关的炒作，引申出众多的生活话题，使该类作品容易走进大众的视野，获得比较大的市场份额。除此之外，还有一个隐蔽的秘密就是，爱情与婚姻主题中总是蛰伏着某种与"感性欲望""性"有关的看点。21 世纪以前，中国大众文化作品涉及"感性欲望""性"等问题一般比较隐晦，而新世纪以来随着人们思想观念的开放，在这方面的描写也开放。比如未婚同居、未婚先孕，还有借助所谓"一见钟情"的外衣，渲染一夜情、婚外情等。如获得国外诸多电影大奖的《色戒》，很多看过该电影的人都说是冲着电影里的婚外情以及床上的"激情"去的。中国当代大众文化作品的这种追求刺激、激情和性的婚恋价值观，也容易误导某些受众群体，特别是涉世不深的青少年对爱情、婚姻、性产生误判。

### （四）消费价值观：弥散着消费主义的气息

消费价值观是指人们对不同消费对象、消费方式、消费行为所持的一种价值选择、价值评价的标准。随着市场经济体制的确立以及人们生活水平的提高，大众选择的消费对象不再只是满足于衣食住行的基本需要，而是有了更高的消费需求。大众文化为了迎合大众的消费需求，会有意无意通过各种手段刺激大众的消费欲望，甚至直接鼓吹消费主义。事实上，目前我国不少大众文化作品中所反映的消费价值观受到西方消费主义较深的影响，各类大众特别是涉世未深的青少年常以大众文化所宣扬的"崇尚享受"作为选择消费对象和消费方式的评价标准。新世纪以来，物质财富的增长使大众文化中这种消费价值观更加凸显，从一定意义上可以说现在中国的大众文化就是一种崇尚享受的消费主义文化。

消费主义是指这样的一种消费价值观："消费的目的不是为了传统意义上的生存需要的满足，而是为了满足被现代消费文化刺激起来的欲望，人们消费的目的不仅仅是商品的使用价值和服务，而是它们的符号象征意义。"[1]大众文化本身就是一种文化符号系统，它的使用价值远不如其作品所承载的符号意义。法国后现代主义思想家鲍德里亚曾说："要成为消费的对象，物品必须变成符号。"[2]而以消费为特征的大众文化布满了符号消费的印记，处处折射着消费主义价值观。例如，大量消费者在购买日常生活用品时，大到空调、洗衣机等家用电器，小到厨房用的锅碗瓢盆都会选择广告上出现的、影视剧里用过的、报纸杂志里描述的品牌。包含着消费主义价值观的中国大众文化不断刺激着人们追求"符号

---

① 徐海波：《意识形态与大众文化》，北京：人民出版社 2009 年版，第 193 页。
② 〔法〕鲍德里亚：《物体系》，林志明译，上海：上海人民出版社 2011 年版，第 183 页。

消费"，让人们把大众文化作品里的消费行为作为参照物，试图在自己的实际生活中也进行这样的消费。大众特别是某些青少年会认为穿上时尚杂志介绍的、偶像剧男女主角穿过的名牌服装就是一种成功的象征，误以为使用"大宝"、穿着"真维斯"的人与使用"倩碧"、穿着"Dio"的人的人生价值根本就不在一个层次上。2013 年湖南卫视推出了一档亲子节目《爸爸去哪儿》，其中五个爸爸和五个小孩在节目里穿的衣服、背的包、戴的手表等都成了人们争先恐后消费的对象，而且你会看到很多淘宝网店打出的就是"爸爸去哪儿，KIMI 同款书包，王诗龄同款羽绒服"等宣传语。拥有众多粉丝的郭敬明创作和执导的电影《小时代》近乎一种对消费主义赤裸裸的宣扬。毋庸置疑，中国当代大众文化所营造的符号消费氛围、消费主义的气息已经深深影响了普通民众的消费心理、消费伦理和消费行为。

中国当代大众文化的另一个消费价值观就是以是否为人提供享受或快乐来评判消费对象和消费行为的价值和意义。大众文化本来就是一种供大众消遣娱乐的文化，人们选择大众文化作为消费对象往往为的就是能够从中感受到快乐。比如说人们去电影院看电影，去 KTV 唱歌，在家躺着看电视剧等，就是为了能感受到轻松，获得快乐。为此，大众文化的生产制作者想要使其投入的资本能更好地得到增殖，确保获得利润的话，那么就会在大众文化产品生产之前进行充分酝酿，精心策划，研判其产出的大众文化产品能否满足潜在消费者有关崇尚享受、追求快乐的需求，在后期的制作、宣传中也都会为那些潜在的消费大众制造快乐的想象空间。"我消费我快乐，我快乐我消费"是大众文化消费价值观的集体体现。2011 年央视播放的美食纪录片《舌尖上的中国》，巧妙地汲取了大众文化要素，使得电视纪录片这种电视领域的"精英文化"出现了出人意料的大众文化转向。它的最为成功之处就是将"快乐""愉悦""享受"等因素浸透到美食之中，通过介绍全国各地有特色的美食，不仅给大众带来视觉享受，激发出由美食所包裹的"文化记忆"，同时更为重要的是挑逗了大众的味觉神经，鼓动着大众去用实际的消费行为去追求味觉的享受，通过激发食欲，释放馋欲换取感性的快乐和满足。不过，在此需要指出的是大众文化研究将不会也不能"忽视资本的操作力量及生产的创作结构，但仍必须继续坚持消费的积极复杂性及受情景制约的能动性"①。这就是说，我们批判现实生活中的消费主义，也批判大众文化中所宣扬的消费主义，但消费大众文化，即使是消费那种弥散着消费主义的大众文化，大众也并不必然就一定会被消费主义所俘虏，因为消费本身对人生也具有积极的生成意义和文化价值。因此，面对当今诸多大众文化作品中忽隐忽现的消费主义，一方面我们需要保持警惕、反省、批判的心态，另一方面也要有抵制消费主义的信心、信念。

从中国当代大众文化价值观的世俗面相的分析中，不难发现中国当代大众文化价值观具有很强的包容性和相对多元性的特点。这是因为，中国当代大众文化主要是在港台大众文化和西方大众文化的影响下逐步发展起来的，虽然经历了自身市场经济逻辑的内生性改造，但一开始就对境外大众文化价值观采取了某种吸收和包容的态度。新世纪以来，随着国际局势的变化、全球文化发展态势的演进，港台与内地大众文化深度交融合作，中国当代大众文化逐渐形成了自己的风格、特色，包括在价值观的选择上也越来越有着自己的偏好，但依然能够辨析出西方大众文化的价值观经历了相应调整转化后渗透到国内大众文化作品中的痕迹，如个人英雄主义、消费主义、冒险精神等都在中国当代大众文化中有所体现。不过，它们又往往受到中国传统的集体主义、勤俭节约思想和中庸心态等观念的调和。当代大众文化与传统文化虽然分属于不同的两种文化类型，其文化结构、要素、内容、形式等都存在明显的差异，但源远流长的中国传统文化精神，无论是"天行健，君子以自强不息""仁、义、礼、智、信"等良性价值观还是农耕社会的保守、封建、

---

① 〔英〕约翰·斯道雷：《记忆与欲望的耦合——英国文化研究中的文化与权力》，徐德林译，桂林：广西师范大学出版社 2007 年版，第 197 页。

愚昧、因果报应等思想观念，都在中国当代大众文化众多作品中得到多方面的体现，包容、杂糅、多元成为中国当代大众文化价值观的世俗面相的重要特征。

## 二、中国当代大众文化对主流价值观的守望

社会主流价值观是指继承了优秀民族传统文化的思想精髓，体现了鲜明的时代精神与核心价值理念，承载了人类真善美的价值取向，包含着人类乐观进取的心态、积极的思想情怀，追求自由的文化境界的价值观念，它在社会诸多价值观念中具有被高度认同和广泛接受的特性，居于社会价值观的主流地位，并拥有强大的价值观话语权。不可否认的是，我国众多大众文化作品的思想主旨与主流价值观还是契合的，或者说在努力契合着主流价值观。中国是一个非常讲求"文以载道"的民族，历来重视文化的社会教化功能，《礼记》中的"乐者也，圣人之所乐也，而可以善民心。其感人深，其移风易俗，故先王著其教焉"，《毛诗序》中的"正得失、经夫妇、成孝敬、厚人伦、美教化、移民俗"，都是针对文艺的教化作用而言的。我国当代大众文化在某种意义上还是继承了这一"文以载道"的优秀民族文化传统的，众多比较优秀的大众文化作品具有明显的主流价值观守望的自觉。

弘扬爱党、爱国、爱民族、爱人民是主流价值观大众文化作品经常涉及的主题。电影《第一书记》和电视剧《永远的忠诚》都是以安徽凤阳县小岗村第一书记沈浩为原型的，讲述的是沈浩在小岗村六年任职期间，呕心沥血带领这个"中国改革开放第一村"全体村民奔小康，最后因过度劳累倒在工作岗位上的故事。在沈浩身上充分体现了一名党的基层领导干部对国家、党和人民的无限忠诚，通过影视作品的精彩演绎更让大众深刻体会到了他对人民的大爱、对党的事业的忠诚，以及作为人民公仆所需的那种廉洁、奉公的朴实和高尚的品质，同时以沈浩为典型，以点带面艺术地再现了中国共产党的"立党为公、执政为民"的执政理念。

曾热播的《潜伏》《悬崖》反映了一代地下工作者对革命信念的坚守;《人间正道是沧桑》表现出了共产党人对信仰的执著;《士兵突击》通过许三多这个有些"傻气"且"倔强"的士兵形象的塑造,传达了"不抛弃、不放弃"的社会伦理责任意识;《钢铁年代》彰显了一代产业工人对社会主义建设事业的忠诚;《知青》《厂花》《北风那个吹》表现了人们在不同的人生逆境中依然保持着对人性中善良、美好的守望;《医者仁心》直面当今比较紧张的医患关系的问题,赞扬了有良知的医生对医德的坚守、对生命的敬畏;《夫妻那些事》呈现了在当前中国婚姻家庭关系发生众多不尽如人意的裂变的情势下,现代夫妻对传统爱情观、婚姻观的回归与坚守。这些渗透着主流价值观的电视剧坚守政治信念、呵护生命尊严、赞扬人性美好、守护生活理想,充分表现出了人们对幸福生活的向往和追求的情愫。

还有一类大众文化作品所反映的故事是以基层普通人的真实生活为原型的,却也深刻地切入对主流价值观的思考上。电影《美丽的故事》是根据第二届全国道德模范陈美丽的真实故事改编创作而成的,它描述了德兴市大山深处的一位普通农妇陈美丽在丈夫救山火不幸身亡之后,坚持以诚信为本,主动贴出通告替亡夫还债,并不论有无借条都将给予如数归还的故事,从而彰显了人性中诚信的分量,守护着平凡人的道德尊严和伦理价值,传达和培植着社会主流价值观的精神力量。像这种用影视艺术的手法再现普通人高尚的道德品质和令人折服的人格魅力的大众文化作品近年来多有出现,并在社会上产生了积极引导作用。这也在另一个侧面反映出中国当代大众文化在总体上依然保持着对主流价值观的坚持。

## 三、我国当代大众文化价值观问题聚焦

我国当代大众文化是伴随着改革开放尤其是市场经济体制建立而逐步兴起、繁荣起来的一种文化形态,特别是进入新世纪,国家对文化产

业的重视程度不断提高，大众文化在产品数量、生产规模等方面都得到了大幅度的提升，在塑造普通民众的世界观、价值观、人生观方面发挥着重要的作用，甚至对社会精英分子的思想意识和日常生活也产生了不可小觑的影响。由于"我们时代的根本疾患是价值的沦丧"，"我们还处在旧的价值体系已陷入困境，而新的价值体系尚未产生的断裂时期"①，在这样一个时代的大背景下，大众文化的价值观出现问题也是在所难免的，加之大众文化在生产运作过程中常受到资本的控制、利润的诱惑，在价值观问题上容易走向拜金主义、享乐主义、功利主义等误区，低俗化、庸俗化、媚俗化倾向比较明显，放弃崇高、放逐理想的问题日益突出，在价值观问题上往往会出现不同程度的偏差。

目前我国当代大众文化在价值观上出现的问题主要聚焦在以下四个方面。

第一，价值观过于世俗化，"三俗"现象有所蔓延。大众文化是一种世俗文化，衡量其价值观的标准不宜悬置过高，而应以世俗公民文化的标准加以对照。即便如此，我们发现中国部分当代大众文化作品中所出现的某些价值观上的偏颇问题，并不是脱离"终极关怀"或缺乏"家国天下情怀"，而是所反映的内容、表达的主题、使用的话语等一味遵循市场导向，"三俗"现象较为普遍，与主流价值观相悖的情况也屡见不鲜，诸如无限渲染所谓的"暴力美学"，毫不掩饰的色情，赤裸裸的炫富、津津乐道于黑厚之学、权谋之术等，甚至失去了世俗与公民伦理道德的底线。目前相当多影视作品无意触及或刻意回避善恶、正义与非正义、道德与非道德等这些具有价值观倾向的问题，只是将复仇、阴谋、仇恨、欲望等不分青红皂白地放在混乱的价值观坐标中，极大地钝化了大众的道德反思与批判意识。

第二，有意在价值观上做出"另类"选择，搅乱人们最基本的价值

---

① 〔美〕马斯洛：《人类价值新论》，胡万福译，石家庄：河北人民出版社1998年版，第1—2页。

观评定标准。我国当代大众文化在价值观选择和表现上确实存在诸多问题，诸如对个体欲望无限制地放大，私人化的畸形情感被有意张扬，贪官、奸商、流氓、娼妓等一度成为某些大众文化作品热衷表现的对象，并在作品中肆意描述其不良行为的细节，而失去对其基本的价值批判；某些历史宫廷、历史穿越题材的通俗文学作品或影视作品以宣扬所谓的"娱乐精神"为宗旨，任意裁剪历史，对帝王妃嫔淫靡生活透露出艳羡心态；一些都市情感剧，追求低俗的情爱，误用性爱代替了两情相悦的爱情，追求感官刺激，迎合低级趣味，制造商业卖点；还有的大众文化作品过度描述同性恋、杂居、换妻等非主流生活，对有违人之伦常的生活的表述乐此不疲，刻意丑化现实，夸大社会与生活中尔虞我诈的丑恶面与阴暗面。这些"另类"生活及价值观的表现与传播，对人们原本尚清晰且多年来普遍遵守的价值评定标准产生了冲击，对人们积极健康的生活理念产生了负面影响。

第三，改革开放以来，经济全球化的速度越来越快，网络也迅猛发展，在开放且信息爆炸的时代，西方的大众文化产品不断涌入国内市场，一些作品在宣扬本国的价值观特别是美国大片宣扬"美国精神""普世价值"的同时，潜移默化地对我国也造成了类似于"文化入侵"的负面影响。当我们众多的青年学生"反复观看那些贴近生活、简单易懂的好莱坞电影和美剧，如《阿甘正传》《老友记》等，在不知不觉中接受或亲近美国文化及其背后的价值观念"①。另外，西方发达国家的大众文化作品中所蕴含的某些解构式的后现代主义精神对我国民族精神也产生了强大的冲击，其裹挟着的享乐主义、消费主义，拜金主义，弱化了中国传统的人文精神与伦理道德。

第四，我国缺乏具有国际影响力的大众文化品牌，例如提到美国，我们会想到美国电影；提到日本，我们会想到日本动漫；提到韩国，我

---

① 周凯：《西方国际如何通过文化产业传播核心价值观》，载《红旗文稿》2016年第1期。

们会想到阵阵"韩流";提到印度,会想到"宝莱坞",甚至提到伊朗,会想到"纯净"的儿童剧。这就是"品牌的力量"。虽然我国当前大众文化已走出国门,但能成为中国的符号,为中国尤其是"中国精神"代言的大众文化作品却很少。由于大众文化具有很强的对外传播国家形象和民族价值观的功能,如果缺乏国际影响力的大众文化的品牌,势必对该国的民族价值观的对外传播和整体构建带来不利。因此,如何打造有影响力的全球性大众文化的品牌,也是我国当代大众文化在价值观建设上一个不可忽视的重要方面。①

由于长期以来国内普遍将大众文化定位在休闲娱乐产业上,认为大众文化是不求思想、不求精神、不求品质的肤浅文化,甚至是"负文化"与"反文化",这其实是一个误区。② 大众文化固然更多地属于追求感性愉悦层面上的消费型文化,但只要我们对其生产进行有效的管理与引导,注重从思想内涵、文化价值观入手,自觉以社会主义核心价值体系、社会主义核心价值观来加以引导,大众文化也能够与主流意识形态和谐相处,实现两者的良性互动、互荣共进。

## 四、中国当代大众文化价值观的社会影响

马克思曾说过:"意识在任何时候都只能被意识到的存在,而人们的存在就是他们实际生活过程。"③ 大众文化价值观也是一种社会意识,这种社会意识具有鲜明时代性,深刻烙着"实际生活过程"的印记。由于大众文化价值观对古今中外、良莠不齐的价值观进行了广泛吸纳

---

① 参见李明:《以社会主义核心价值体系引领我国当代大众文化价值观建设》,载《天府新论》2014 年第 1 期。

② 目前国内学术界在大众文化的定位问题上依然存在分歧,具体内容可参见赵凯:《大众文化的定位与批评尺度——兼与陶东风商榷》,载《文艺研究》2013 年第 6 期;陆扬、路瑜:《大众文化研究在中国》,载《天津社会科学》2003 年第 6 期。

③《马克思恩格斯选集》第 1 卷,北京:人民出版社 1995 年版,第 72 页。

和整合，呈现的包容性和多元性既能使之具有强大的生命力、广泛的影响力，也能造成使之泥沙俱下，对社会主流价值观念产生的冲击力、破坏力。

当然不可否认，中国当代大众文化价值观在社会上也产生了积极影响。优秀的中国大众文化作品大都具有主流的价值取向，如追求孝道、正义，弘扬诚实守信的伦理价值观，提倡树立崇高职业理想的职业价值观，以责任和忠诚为标准的婚恋价值观，还有倡导勤俭节约和追求生活发展型的绿色消费价值观等。这些都对人们的实际生活和价值观念产生了正面影响。但是我们更要看到一些错误的，甚至腐朽的价值观也广泛存在于当代大众文化中，混乱的、畸形的中国当代大众文化价值观对大众的日常生活已经产生了诸多负面影响。这些消极的影响主要表现为大众的信仰出现迷失、道德出现滑坡、审美出现庸俗、消费出现盲从等。当然这些消极价值观及其现象的出现虽然不能仅仅归因于大众文化，但众多不良的大众文化及其价值观至少起了推波助澜的作用。

### （一）信仰迷失

中国当代大众文化作品塑造了众多英雄人物的形象，但是当我们仔细分析这些英雄人物时，会发现他们其实只是一种"机器英雄"，因为他们没有信仰，有的只是个人的恩怨情仇。他们大多是怀有一身绝技、不怕死而又每每都死不了的草莽大汉。社会大众在这种英雄模式的诱导下反而会怀疑英雄存在的真实性，同时弱化了主流意识形态中弘扬的那些真正的英雄在实际生活中的激励作用。例如2010年一部名叫《抗日奇侠》的电视剧，讲述一个八路军队长在民间结识几位身怀绝技一心抗日的同志联合起来用中国功夫抗日的故事。整部电视剧都是在宣扬缩骨功、棉砂掌、鹰爪功等各种绝世神功的奇人们，他们所到之处，令日本鬼子闻风丧胆，而且不管遇到多强大的日本鬼子队伍，他们总能取得胜利。很多观众看完之后调侃道："如果抗日时真有这些神人，那么中国何苦需要抗战十四年才把日本鬼子赶出了中国？”因此，这部电视剧表面上看似很有英雄情结，其实是在扼杀、消解民族英雄的真实形象。

另外，中国当代大众文化本身并没有坚定的政治意识形态观，它追求的是那种在现实生活中可以实现的个人价值，这种个人价值与主流意识形态无关，与信仰无关，甚至有意拒斥主流意识形态和政治信仰，或者假借主流意识形态和信仰之名肢解着主流意识形态和人们的理想信念，以简单而快乐的生活叙事模式掩盖信仰虚无的事实。大众文化作品展现给大众的更多的不是有着坚定信仰的“英雄人物”，而是一些耀眼的明星、一些成功的企业家或一些只是为了“过日子而过日子”的庸常的人物形象。

中国当代大众文化的价值观给人们所造成的信仰迷失应该值得我们关注，一个民族和国家如果没有共同的信仰就等于没有了灵魂，就无法在世界民族强林中立足。虽然我们不能要求大众文化承担起大众信仰教育的功能，但大众文化需要自觉地培育和践行社会主义核心价值观，自觉地抵制拜金主义、享乐主义的侵袭，自觉地贯彻科学发展观中的以人为本的核心立场，如果能做到这些或者向这个方向努力，中国当代大众文化就会有利于中国人重塑自身的精神信仰。

## （二）道德滑坡

中国当代大众文化过度追求个人价值的实现，崇尚物质享受和感性快乐，这让大众的个体意识在得以成长的同时，也导致私欲膨胀、道德沉沦，极端个人主义价值观有所抬头。大众文化所宣扬的追求享乐的价值观让不少大众执迷于现实生活的享乐。他们接受了大众文化作品里的享乐主义价值观，不再以艰苦奋斗、劳动创造价值作为人生信条而是把及时行乐、“今朝有酒今朝醉”作为自己的人生格言。众多大众文化作品尤其是都市情感剧和偶像剧中，男女主角们住在豪宅，吃在高级餐厅，开的是香车，用的都是奢侈品，诱导大众去追求物质享乐，去放纵自己的物质欲望，并诱发读者和观众认为活着的意义就是为了享乐。

美国著名社会学家丹尼尔·贝尔在批判 20 世纪 50 年代美国大众文化时指出，它已完全发生了"享乐主义的转向"。"享乐主义的世界充斥着时装、摄影、广告、电视和旅行，这是一个虚构的世界，人在其间过着期望的生活，追求即将出现而非现实的东西。"① 当今我国的大众文化中也渗透着享乐主义之风，享乐主义的盛行必然会导致社会大众以追求快乐为生活准则而漠视别人的痛苦，甚至有些人将自己的快乐建立在别人的痛苦之上。不少大众文化作品中潜伏着这样一种价值理念：只要自己能够享受快乐就可以不顾道德的约束。众多大众文化作品为"小三"正名，让婚外情披上了合情合理的外衣，还有的宣传暴力和色情，放大人性的恶，以抽象的对人性"恶"的批判为幌子，张扬、放大人性中"馋、贪、色、懒、残"等弱点。总之，大众文化这种过度追求个人价值和享乐，而缺乏道德诉求的价值观，大肆渲染了道德滑坡、道德沉沦等消极现象，会使社会风气进一步恶化。美国著名媒介研究专家和文化批评家尼尔·波兹曼（Neil Postman）在《娱乐至死》中警告世人说："我们的政治、宗教、新闻、体育和商业都心甘情愿地成为娱乐的附庸，毫无怨言，甚至无声无息，其结果是我们成了一个娱乐至死的物种。"② 这句话无疑也可以用来形容中国当代大众文化价值观的部分现状及其产生的恶劣影响。

## （三）审美庸俗

中国当代大众文化过分追求感性直观的快乐、过度娱乐化已对大众审美趣味产生了消极的影响，审美出现了庸俗化甚至出现了"审丑"的

---

① 〔美〕丹尼尔·贝尔：《资本主义文化矛盾》，赵一凡等译，北京：生活·读书·新知三联书店 1989 年版，第 118 页。
② 〔美〕尼尔·波兹曼：《娱乐至死》，章艳译，广西：广西师范大学出版社 2004 年版，第 101 页。

现象。我们现在已不难发现"'丑癖',已经日渐成为现代人的娱乐文化的共同特征。于是大众媒介为了赢利的需求就去迎合大众的这一欣赏品味和需求,并且强化这一心理暗示,把'审丑'当作吸引观众的砝码"①。在一个崇高、神圣被无情放逐的社会里,人们审美的观念会跟随着千篇一律的没有艺术创新性的大众文化自然走向庸俗甚至是恶俗。

大众在欣赏大众文化时,其审美对象已经不再是艺术表演而是耀眼明星的走秀,追求的不再是简洁大方、干净朴素的穿着,而是性感卖萌、时尚惊艳的扮相。以粗俗的风格、浅薄的内容为主的影视剧,各种庸俗的真人秀,名目繁多的玄幻小说,魔幻虚拟的网络游戏,已经对中国传统审美观产生了深深的戕害。而各种达人秀和综艺节目也在一定程度上揭示了大众出现了较为严重的审美庸俗化问题。上海卫视"中国达人秀"第五季季军达人"刘教授"受到热捧,这种现象是值得审美反思的。因为他的绝活只是带着墨镜、穿着皮草、跳着艳舞、唱着低俗的抨击社会现实的歌,最后竟然能获得大众评委、媒体评委和专业评委的认可喜爱,不禁让人大跌眼镜。已经连续十多年稳坐内地综艺节目霸主地位的湖南卫视的"快乐大本营",其实每期就是请一些当红的明星和几个主持人通过嬉笑怒骂、调侃等各种无厘头言行博得观众的笑声,透出表面的风光和热闹,其实看到的依然是内在的干瘪和粗糙。"我们不能忽略这样一个事实:迄今为止我们只是从艺术当中抽取了最肤浅的成分,然后用一种粗滥的形式把它表征出来;这其中,美失去了它更深邃的感动人的内涵,充其量也是游移在肤浅的表层,更甚者是伟大的崇高堕落成了浅薄的滑稽。"②德国哲学家沃尔夫冈·韦尔施(Wolfgang Welsch)的这句话很好地诠释了某些大众文化作品在审美方面对世人产生的消极影响。

---

① 蒋原伦:《媒介文化二十讲》,北京:北京大学出版社2010年版,第291页。
②〔德〕沃尔夫冈·韦尔施:《重构美学》,陆扬、张岩冰译,上海:上海译文出版社2002年版,第6页。

### （四）消费盲从

中国当代大众文化表现出的消费主义和享乐主义价值观在一定程度上激发着大众崇拜消费的心态。大众文化往往渲染着一种与消费情结相关联的英雄观和幸福观，即谁能消费谁就是英雄，谁的消费能力越强谁的幸福指数就越高。在大众文化作品中，人们的生活方式往往就是"以金钱为基础，以消费为中介，以享乐为目的"，[①]这种生活方式对大众产生了巨大的诱惑力，从而让他们在无形中产生了拜金主义、享乐主义、消费主义的价值观。

大众在日常生活中总是受大众文化的影响，把大众文化所宣扬的生活方式作为参照系，于是就开始追求所谓的人生至高目标——获取金钱。他们以"工作是为了挣钱，挣钱是为了消费"作为自己的"活法"，有了钱之后或幻想有了钱之后就开始随心所欲地盲目消费。如今越来越多的名牌服饰、首饰、高档手机、钟表等奢侈品充斥在大量的中国大众文化作品中，营造了一种消费至上的生活景观。不少普通大众尤其是年轻人往往抵挡不住这种景观的挑逗与诱惑，为了满足自己的消费欲望，不惜去做一些伤风败俗、违法犯罪的事情。郭敬明自编自导的电影《小时代》，讲述四个从小感情深厚的女生所经历的友情、亲情、爱情的故事，但是影片里到处都是美女帅哥、豪宅香车，那名牌荟萃、灯红酒绿、豪华奢侈的场景极大地满足了电影消费者的拜金欲望，这部影片对"物质主义生活美学做了淋漓尽致的阐释"，[②]更直白地说是对人的物欲赤裸裸的挑逗和撩拨。很多看完影片的观众接受采访时，都表现出艳羡的心理。中国当代大众文化的拜金主义和消费主义价值观已经像"毒瘤"一样侵蚀着大众心灵，使某些人深陷其中不能自拔。这种盲目消费、过度追求金钱利益和人生享受的价值观的泛滥已经给众多普通人带来更多的人生

① 金民卿：《文化全球化与中国大众文化》，北京：人民出版社 2004 年版，第 223 页。
② 蒋述卓、陶东风：《大众文化研究：从审美批评到价值观视野》，广州：暨南大学出版社 2015 年，第 20 页。

焦虑感和心理阴影。

从 20 世纪 70 年代末开始算起，中国大众文化经历了从海外引进、模仿与本土化、追求中国特色三个阶段[①]，目前正处于第三个发展阶段时期。随着全球化纵深发展、市场经济日趋完善、科技的日新月异，中国当代大众文化在制作方式上已经逐渐走向成熟，但内在文化内涵还比较肤浅，文化品格还有待提高。"优秀的大众文化固然离不开精良的制作技术，但从根本上说，价值观才是大众文化的灵魂和核心。"[②]我国大众文化建设若想取得实质性的成效，除了不断改进技术层面上的水平外，更为重要的是要在价值观的表现、渗透、融入上下大功夫。中国当代大众文化要想真正成熟起来，所表达的价值观就必须能传达更多的正能量。无论是社会主义核心价值体系还是社会主义核心价值观都凝聚着时代精神的精华，体现着民众内心的共识追求，充盈着价值观的正能量，所以，毋庸置疑，目前需要积极以社会主义核心价值体系来引领我国大众文化价值观建设，在培育和弘扬社会主义核心价值观中大力推进我国大众文化价值观建设。

## 第三节　以社会主义核心价值体系引领我国当代 大众文化价值观建设

市场经济的深入发展在提高经济发展水平的同时，也增强了广大民众的独立性和自主意识，人们有了更大的社会自由度和生活选择空间。客观上讲，大众文化的普及也在一定程度上起到了启迪"民智"的作用，

---

① 参见叶志良：《大众文化》，上海：上海文艺出版社 2003 年版，第 59 页。
② 蒋述卓、陶东风：《大众文化研究：从审美批评到价值观视野》，广州：暨南大学出版社 2015 年，导论第 2 页。

同时也带来了人们思想价值观念的日趋多元化、复杂化。不得不承认的是，当今是一个价值多元时代，尤其是随着社会改革逐步进入"深水区"和"攻坚期"，各种利益主体不断进行着思想上的博弈，意识形态领域内也是思潮迭起，人们所处的思想文化环境愈加复杂，不难发现多种理论主张、思想观点之间的交流、交融、争论、交锋日趋频繁，"众声喧哗"的局面中难免有杂音、噪声，一批诸如新自由主义、历史虚无主义、普世价值等错误思潮，善于利用大众文化手段在社会"抢滩登陆"。因此中国当代大众文化建设必须进一步与主流意识形态相结合，进一步起到凝聚社会共识的作用。

## 一、以社会主义核心价值体系引领我国当代大众文化价值观的必要性

人们在日常生活中离不开大众文化，大众文化的价值观业已浸入寻常百姓生活的各个领域。目前部分大众文化作品中所反映的"极端的个人主义""消费主义""享乐主义"之类的错误的价值观也在侵蚀着社会大众的精神世界，对人们的生活产生了消极影响，进一步催生了如前文所论及的信仰迷失、道德滑坡、审美庸俗、消费盲从等不良现象。要解决其消极影响就需要用科学的价值体系对大众文化的价值观进行合理引导和积极引领。2006年10月，《中共中央关于构建社会主义和谐社会若干重大问题的决定》提出了建设社会主义核心价值体系的文化战略，对包括大众文化在内的我国文化发展产生了积极的导向作用。社会主义核心价值体系的基本内容是由马克思主义指导思想、中国特色社会主义共同理想、以爱国主义为核心的民族精神和以改革创新为核心的时代精神、社会主义荣辱观四个部分构成。社会主义核心价值体系是兴国之魂，是社会主义先进文化的精髓，决定着中国特色社会主义的发展方向。社会主义核心价值体系以其强大的感召力、统摄力居于我国文化价值体系的主导地位，引领着中国特色社会主义的文化建设。

　　从社会主义文化建设的角度来看，我国大众文化建设是为了满足人民文化生活的需要，丰富百姓的精神世界。如果让拜金主义、享乐主义充斥着大众文化去吞噬人们的心灵、矮化人们的思想，这样的大众文化是有违社会主义文化建设的目的和宗旨的，将社会主义核心价值体系融入大众文化作品中，以社会主义核心价值体系来引领大众文化建设，将有利于提高大众文化作品的思想境界，丰富其人文精神，使大众文化避免低俗化、庸俗化、媚俗化的倾向。从社会主义核心价值体系建设的角度而言，由于大众文化是当今社会产量最大、受众最多、影响最大的一种文化类型，社会主义核心价值体系的有关内容、精神如果不能自觉而有效地融入到大众文化之中，在如今这个大众文化勃兴的时代，就难以获得真正意义上的广泛传播，肩负起引领各类社会思潮、整合社会价值观念、对人们日常生活产生积极正面引导的重任。而事实上，有关数据表明大众文化对人们接受、理解、认同社会主义核心价值体系具有较为显著的效果。如"前段时期热播的《长征》《亮剑》《开国大典》《青春之歌》《历史天空》《激情燃烧的岁月》等影视剧，84.2%的被访者认为这些电视剧对他们认同社会主义核心价值体系效果'很好'、'较好'"。[①] 因此，无论是从推进大众文化建设需要出发，还是就加强社会主义核心价值体系建设的要求而言，客观上都需要用社会主义核心价值体系来引领我国当代大众文化价值观建设。

## 二、社会主义核心价值体系何以能引领我国当代大众文化价值观建设

　　社会主义核心价值体系又何以能够引领我国当代大众文化价值观的建设呢？虽然目前大众文化价值观存在某些偏差，但从根本来说大众文

----

　　① 俞发胜：《文化安全——基于社会主义核心价值观嬗变与传播的视角》，武汉：华中师范大学出版社2010年版，第190页。

化不是天生的"堕落派"，它适应了工业文明和市场经济发展的要求，所蕴含的文化意识在总体上能体现出人们对时代精神的趋赴与追随。我们认为任何时代精神，都是在社会实践发展的内在要求下，在社会经济关系运动所决定的历史发展趋势下所形成的主流文化精神。这种文化精神不仅将被主导文化所表现，同时也能被大众文化所反映，只是表现、反映的方式、方法、侧重点等与主导文化存在差异。毕竟大众文化也是在当代社会经济关系运动所决定的历史发展总趋势下形成的一种文化样式，它同样是"具有内在的政治性"，并"涉及到各种形式的社会权力的分配及可能的再分配"①，这一点与主导文化之间是存在某种契合性的。

由于社会主义核心价值体系包含了中华民族自古以来的优秀传统文化精神，蕴含了中国近现代以来中国人民为民族独立、人民解放而选择的信仰和信念，因此，社会主义核心价值体系成为我国广大人民群众最普遍的文化认同与文化诉求的精神对象，同时它也是一种亟需被进一步大众化的价值观体系。社会主义核心价值体系所包含的某些要素或特质应该可以成为大众文化的价值追求。正是社会主义核心价值体系与大众文化价值观之间存在着一定契合性，这使得用社会主义核心价值体系去成功引领大众文化价值观建设具有了可行性。例如，强调改革创新、与时俱进的精神将有利于引领我国当代大众文化走科学发展、创新发展之路。打造以爱国主义为核心的民族精神，注重树立民族意识，塑造民族品格，内化民族气质，将有利于塑造我国当代大众文化的民族特色。社会主义核心价值体系本身的广泛性和包容性，强大的感召力、亲和力和凝聚力为大众文化的建设也提供了有主导性的多元、有原则性的宽容的价值观选择空间。

---

① 〔美〕约翰·费斯克：《解读大众文化》，杨全强译，南京：南京大学出版社 2006 年版，第 1 页。

## 三、社会主义核心价值体系如何引领我国当代大众文化价值观建设

我们需要从战略与对策两个层面深入研究社会主义核心价值体系如何来引领我国当代大众文化价值观的建设。就战略层面而言，一方面需要从宏观上深入研究文化发展与经济发展、政治发展、社会发展的内在关系，处理好各种类型文化之间的协调发展、和谐发展的关系，梳理好当前文化建设中的重点难点等问题，并在深入研究与合理解决这些问题的过程中为大众文化传播、落实、践行社会主义核心价值体系创造条件、平台和空间。在战略实施过程中，必须坚持大众文化的社会主义方向，在社会主义核心价值体系的引领下使其与建设社会主义和谐文化、提高国家文化软实力、实施文化强国战略等紧密联系起来。

在目前文化全球化形势下，各国、各地区之间的社会价值观必然存在碰撞，"文化全球化从根本意义上说，应该是在尊重和保护文化个性基础上对文化共性的发扬和推广，是在保持差异性前提下的人类文化的互相交流和融合，是文化多样性和文化统一性的双向互动"①。正是如此，各国、各地区的大众文化之间也存在交流和融合的问题，加之各国的社会核心价值体系或观念又常渗透在大众文化中，并通过大众文化而得以传播与彰显。所以我们要在坚持促进社会主义文化大发展大繁荣这一战略要求的基础上，深入研究大众文化与社会主义核心价值体系之间的具体关系，学习某些发达资本主义国家将其社会核心价值体系或观念融入大众文化中的成功经验与做法。好莱坞大片中所折射出的价值观往往就是美国社会核心价值观念的集中体现。例如，曾居中国电影票房首位的《阿凡达》讲述了杰克带领外星人抵制地球人对土耳其进行开发并且获胜的故事，彰显了美国的个人英雄主义。虽然表面上是对美国早期资本主义殖民侵略的反思，但这种反思并不是该影片的主导价值观。从影片中

---

① 金民卿：《文化全球化与中国大众文化》，北京：人民出版社 2004 年版，第 1 页。

我们依然能够感受到或解读出如下意识形态信息：随着第三世界的逐步崛起与强大，美国只是调整了以往锋芒毕露的方式来称霸世界，以减少舆论争端，为其资本主义的长远发展获得空间，暗中仍然宣扬以美国为主导的所谓的自由、民主、人权等"普世价值"，以及平凡人可以通过努力成为英雄的"美国精神"。

大众文化成为美国向世界宣传美国精神、展现美国形象的主要载体，"美国梦""美国精神"几乎渗透在每部美国大片之中。好莱坞电影的意识形态功能主要是通过两种方法得以实现的，"有一种方法被称为'粉饰现实'，换句话说，娱乐电影都被美化了，在这些影片中，一切都那么美丽，那么令人愉悦。简言之，这些影片的功能就是娱乐大众，维持对于'美国梦'来说极其珍贵的乐观精神，最终让观众昏睡而非觉醒"，而"另一种极有特点的方法是对个人主义的激赏，这是美国影片意识形态上的真正信条"[1]。应该说，这两种方法深刻揭示了美国电影的主流意识形态运作的基本方法，我们认为美国主流意识形态运作的最成功的地方就是将社会主导价值观成功融入了以好莱坞大片等为代表的大众文化之中，也正因为如此，美国著名马克思主义理论家詹姆逊不无深意地警示世人，美国的"民主""自由""人权"等观念传播正被大众文化模式所取代，在这种背景下，我们常言及的"文化全球化"，其实是在为美国在全世界谋求经济霸权鸣锣开道。[2] 对此，一方面我们要提高意识形态方面的警惕，另一方面我们也要利用好大众文化方式来做好意识形态工作，艺术化地处理好大众文化与主流意识形态的融合问题。就这方面而言，近几年我国大众文化建设也取得了一些不俗的成绩，甚至是突破性进展，如《建国大业》《唐山大地震》等主流影片不仅在意识形态融入手法上取得新的突破，同时也获得了不俗的票房收入。不过，如何提高"润物细无

---

① 〔法〕雷吉斯·迪布瓦：《好莱坞：电影与意识形态》，李丹丹、李昕晖译，北京：商务印书馆 2014 年版，第 11 页。

② 参见陶国相：《科学发展观与新时期文化建设》，北京：人民出版社 2008 年版，第166 页。

声"的效果，并能部分地承担起重塑中华民族文化的新精神，让社会主义核心价值体系内化于心，让我国主流意识形态话语能不断"走出去"，围绕这些方面，包括电影在内的中国大众文化的建设工作还需要不断推进，可谓任重道远。

目前亟待解决的问题是首先要在充分尊重精神文化产品的创作规律的前提下，在"融入""转化""渗透"上下功夫，创作出一批既为百姓所喜闻乐见，又能体现社会主义核心价值体系内容和要求的大众文化精品，促使大众文化成为社会主义核心价值体系的重要文化载体，使大众文化价值观自觉地以社会主义核心价值体系为统帅。其次，要加强文化类企业的经营管理工作，强化大众文化行业的自律，使其在生产制作与经营管理中自觉贯彻和践行社会主义核心价值体系。再次，要净化大众文化市场，通过经济、法律、行政等手段对大众文化作品的生产、流通等环节进行合理把关，使那些反映社会主义核心价值体系内容的优秀大众文化作品能成功占据市场。最后，加强对大众文化的受众进行社会主义核心价值体系的教育，提高其政治素质、审美能力、媒介素养，从而对当代大众文化价值观起到真正有效的提升作用。

当然，我国当代大众文化在自觉接受社会主义核心价值体系引领的同时，也要主动与现代生活结合，"融入现代人的价值观、人生观、世界观等，特别是融入现代的法制观念、民主观念、创新观念等，使自身随着社会的发展而发展，也使大众文化的现代理念最大限度地扩展和影响到社会的各个层面，使大众紧跟现代新理念、营造现代新生活"[1]。由于社会各阶层、各群体、各组织都有不同的思想观念、价值追求、生活方式、生活理想、风俗习惯等，在践行社会主义核心价值体系的过程中必须充分尊重这种多元性和差异性，才能使其成为被不同阶层和群体所接受的价值共识，但社会主义核心价值体系作为主流意识形态又必须对各种思想形态进行有力的引领，融入多种文化样式中，方能更有作为。其

---

[1] 徐海波：《意识形态与大众文化》，北京：人民出版社 2009 年版，第 185 页。

中能否成功地融入大众文化作品中，进而引领当代大众文化价值观建设，将成为社会主义核心价值体系能否在人民群众生活中成功落地和加以践行的一个关键环节。

## 四、社会主义核心价值体系向当代大众文化价值观的渗透与转化

首先，在坚持马克思主义为指导思想的基础上来引导和培育当代中国大众文化的价值观。不可否认，中国自从有了"马克思主义先进思想的引领以后，经过中国共产党人长期不懈的宣传阐释，经过实践的验证和榜样的力量，中国人从中找到了共同理想、信念、精神支柱，在人民中形成了强大的精神力量"[①]，而在当今的大众文化语境下，"'文化商品'已经成为我国新时期承载马克思主义主流意识形态的载体"。[②]马克思主义是一种经过实践证明了的科学的世界观与方法论，只有用马克思主义的观点和立场来辩证分析中国当代大众文化价值观的种种现象，用马克思主义的方法论去解决中国大众文化价值观出现的各种问题，才能从较为杂乱的中国大众文化价值观的"图像"中看清实质，才能明确中国大众文化价值观建设的方向。反之，就会使大众文化建设出现价值上的偏差，导致价值观上的混乱。这就需要在中国的大众文化实践中自觉地坚持马克思主义的指导地位，贯彻解放思想、实事求是、与时俱进的当代中国马克思主义理论品格，积极消除当代大众文化价值观的消极因素。

其次，坚持中国特色社会主义共同理想来培育当代中国大众文化的价值观。大众文化的建设过程中要坚持中国特色社会主义共同理想。为此，一方面需要提升人们精神需求的层次和消费水平，另一方面引导大

---

① 陈学明、黄力之、吴文新：《中国为什么还需要马克思主义——答关于马克思主义的十大疑问》，天津：天津人民出版社，第 179 页。

② 徐海波：《中国特色社会主义意识形态在"大众文化"中的转化研究》，载《社会主义研究》2007 年第 1 期。

众文化不断向先进文化方向靠拢和升华。无论是大众文化创作者、生产者还是欣赏者、消费者，只有坚持中国特色社会主义这一共同理想，才能把社会大众个体的文化生活与国家的、民族的文化实践紧密地联系在一起，破除大众文化价值观中的极端个人主义的消极影响，树立集体主义价值观念和中国特色社会主义的共同理想。

再者，坚持以爱国主义为核心的民族精神和以改革创新为核心的时代精神来培育当代中国的大众文化价值观。一个民族赖以生存和发展的精神支柱就是这个民族的民族精神和时代精神。"也许一个人身着苹果牌牛仔裤，脚踏耐克运动鞋，吃着汉堡包，喝着可口可乐，听着摇滚乐或欣赏好莱坞大片之时，其内心深处的价值观仍旧属于某一民族的传统文化。"[1]这说明传统文化的价值观即使在大众文化高歌猛进的时代，依然具有顽强的生命力和精神穿透力，大众文化要想获得长久的生命力也必须与民族优秀传统文化的价值观相吻合、相融合。中华民族在五千多年的历史长河中，汇聚成以爱国主义为核心，爱好和平、勤劳勇敢、自强不息的伟大民族精神。改革开放以来，中华民族又产生了敢于突破陈规、大胆探索、勇于创新的时代精神。在加快推进社会主义文化现代化的语境下，我们要促进大众文化推陈出新，突破其内容的重复性、单调性，走出一味追求形式上的"怪异""新奇"的误区，生产和制作出能体现民族精神和时代精神的大众文化产品，增强大众文化价值观的思想力、创新力和凝聚力。只有渗入更多民族精神和时代精神，中国大众文化价值观才会发生根本性的改观，才能在精神文明建设中发挥出更多的"正能量"。所以在中国大众文化建设过程中，要围绕以爱国主义为核心的民族精神和以改革创新为核心的时代精神做好大众文化的文本创作、作品制作、市场开发和发行传播、质量监控、效果评估等工作。

最后，坚持用社会主义荣辱观来培育中国当代大众文化的价值观。中国当代大众文化价值观中出现的拜金主义、享乐主义以及极端个人主

---

[1] 惠敏：《当代美国大众文化的历史解读》，济南：齐鲁书社2009年版，第275页。

义，在一定程度上对道德滑坡、精神堕落、不良风气等现象起到了推波助澜的作用。有些大众文化作品中所表现出的价值观不仅不能引导大众形成正确的价值观和思想观念，反而破坏信仰，败坏道德，给社会大众的身心带来了诸多不良的影响。要解决这些大众文化价值观的问题，就需要坚持将"八荣八耻"为主要内容的社会主义荣辱观渗透乃至彰显在我国当代大众文化作品中，弘扬正确的是非观、善恶观、审美观，让大众在欣赏大众文化时把握是非、善恶、美丑的标准，懂得什么必须坚持、什么应该坚决反对、什么应该值得倡导、什么需要抵制。由于社会主义荣辱观的内容具有很强的日常生活性，又相对比较容易被大众文化所表现出来，因此，大众文化有能力、有责任成为传播社会主义荣辱观的重要的文化场域。

## 第四节　在培育和弘扬社会主义核心价值观中推进我国当代大众文化价值观建设

任何时代精神，都是在社会实践发展的内在要求下，在诸多社会矛盾运动共同推动下所形成的符合历史发展趋势的主流文化精神。这种文化精神不仅被主导文化、精英文化所表现，同时也能被大众文化所折射。大众文化所反映、体现折射的是一个社会最为普遍的价值观，它在潜移默化地影响和改变着人们的价值观的同时也可以弘扬和巩固该社会的核心价值观。我们应该看到，一方面当代大众文化已经成为各国传播其社会核心价值观的一个重要领域；另一方面各国的大众文化在建设过程也在有意吸收自己国家和民族的核心价值观中的养分来提升精神品位。我国当代大众文化理应一方面成为推进社会主义核心价值观宣传教育工作的重要文化途径，另一方面也需要在积极参与培育和践行社会主义核心价值观的过程中使自身的价值观建设获得更大的成效。

## 一、大众文化要成为弘扬社会主义核心价值观的重要文化载体

党的十八大明确指出："倡导富强、民主、文明、和谐，倡导自由、平等、公正、法治，倡导爱国、敬业、诚信、友善，积极培育和践行社会主义核心价值观。"社会主义核心价值观与社会主义核心价值体系虽然在内容的表述上存在差异，但它们之间具有内在的相通性。社会主义核心价值体系是社会主义核心价值观的基础，社会主义核心价值观则是社会主义核心价值体系中关键思想的高度凝练。目前所倡导的社会主义核心价值观主要是从国家、社会、公民三个层面凝练出的一个有关国家的价值目标、社会的价值取向以及个人的价值准则的有机结合体。这三个层面划分其实是相对的，或者说只是理论上的区分，在社会实践上却是紧密相联、有机统一的。社会主义核心价值观既与中国特色社会主义先进文化要求相契合，也与中华优秀传统文化和人类文明优秀成果相承接，是我们党凝聚全社会价值共识所做出的重要理论创新，它对于提高社会大众的思想道德素质、人文素养、精神生活质量等具有不可替代的重要作用。

社会主义核心价值观对于我国人民群众来说具有根本性、基础性、广泛性等特征，体现了人们最普遍的文化认同与价值诉求。社会主义核心价值观所包含的某些要素或特质也应该能成为大众文化的价值追求，这使得在培育和践行社会主义核心价值观过程中推进我国大众文化价值观建设成为一种可行性的文化战略。"如果说中国价值观对于中国来说是国家精神和民族命脉，那么，对于世界来说它则是中国声音和大国形象。"[①] 无论是让国人能形象化地把握抽象的"国家精神""民族命脉"，还是让国外人士愿意接受和认同来自异域的"中国声音""大国形象"，这些其实都离不开大众文化这个具有跨文化交流性质的文化沟通桥梁。

---

① 江畅：《培育和践行社会主义核心价值观与中国价值观构建》，载《思想理论教育》2014 年第 4 期。

这就反过来也使得在我国大众文化建设过程中推进社会主义核心价值观的培育、传播、弘扬、践行成为一种必要的文化策略。

培育中国当代大众文化的价值观需要坚持社会主义核心价值观的主导地位。社会主义核心价值观不是空洞的道德说教，它渗透在每一个中国人的日常生活行为之中。社会主义核心价值观的培育和践行应该贯穿在大众文化的生产、流通、消费的整个过程中，当代中国大众文化价值观也应该主动地向社会主义核心价值观靠拢，主动吸收社会主义核心价值观的内容。

大众文化产品对人们的价值判断、思想观念、道德情操、日常生活有着"滴水穿石"式的潜移默化的影响，它也是当前建设社会主义核心价值观的重要载体，尤其强化人们对社会主义核心价值观的认知、感悟和认同具有不可替代的独特作用。因此，大众文化生产机构要在尊重精神文化产品的创作规律的基础上，创新文化样式，在社会主义核心价值观的"融入""渗透"上下功夫，使作品的内容与形式有机结合、相得益彰，让人们在蕴含着丰富的社会主义核心价值观内容的优秀作品中既获得思想上的启迪、理论上的感召，同时也能获得美的享受、情感的熏陶。在大众文化建设过程中，要积极发挥社会价值观的承载作用，使大众文化成为弘扬社会主义核心价值观的重要文化载体。

大众文化建设的实效与文化产业发展的成效是紧密联系在一起的。近年来，我国文化产业发展势头迅猛，"自 2004 年以来，全国文化产业年增长速度保持在 15% 以上，以超同期 GDP 增速 6 个百分点的高速增长成为拉动宏观经济的新引擎"[①]，尤其是 2009 年国家出台了《文化产业振兴规划》之后，文化产业实力得到了进一步的提升。不过在这些庞大的文化产业群及其产出的大量的大众文化产品中，以社会主义核心价值观为主题的产品相对较少。为此，除了要继续加大对文化产业的投入，

---

① 叶朗：《中国文化产业年度发展报告（2011）》，北京：北京大学出版社 2011 年版，第 1 页。

壮大以报业、出版、发行、演艺、广电为主的规模化的文化产业集团的实力外，特别需要关注那些融入社会主义核心价值观内容的文化产业项目，关注小微文化企业在传播社会主义核心价值观方面的作用，注重微电影、微视频、微小说、微信等"微型大众文化"作品在宣传社会主义核心价值观上的优势，制订相关政策给予这些项目、企业、作品相应的支持和扶持。做好市场推广与发行工作，一定要破除反映主流意识形态内容的文化产业及其大众文化产品的市场效果不佳的刻板印象与思想误区。此外，还可以将具有特色的饮食文化、服饰文化、旅游文化、体育文化等加以整合，形成优势互补的文化产业群，加快产学研的结合，开发富有文化表现力和文化辨识度的衍生产品，进一步推动社会主义核心价值观、地方传统文化、创意产业文化与大众文化产品之间相互结合，创新主流文化传播形式，提升传播形象，实施主流文化品牌化战略。同时也要认识到适应和满足经济社会的需要来发展文化产业，其本身也是在践行社会主义核心价值观。总之，要以社会主义核心价值观引领优秀大众文化作品的创作，深入研究社会主义优秀大众文化作品的特质、创作机制等问题，要优化大众文化作品对社会主义核心价值观的诠释策略与艺术表达机制，促使其成为践行社会主义核心价值观的重要文化途径，成为提升人民精神素养、培育人民理想信念、彰显人性真善美的重要文化平台。

## 二、优化大众文化价值观的传播环境

对于大众文化，我们不能仅将其理解为一种由大众传播技术所制造的"视听骗局"，事实上，它是物化了的世界观。[①] 随着科技的发展、市场经济体制的确立，大众传媒越来越泛娱乐化，越来越成为"一股以消费主义、享乐主义为核心，以现代媒介为主要载体（电视、戏剧、网络、

---

① 参见〔法〕德波：《景观社会》，王昭风译，南京：南京大学出版社 2006 年，第 3 页。

电影等），以内容浅薄空洞甚至不惜以粗鄙搞怪、噱头包装、戏谑的方式，通过'戏剧化'的滥情表演，试图放松人们的紧张神经，从而达到快感的思潮"①。大众传媒的兴起是当代大众文化作品得以广泛传播的基础，建设好中国当代大众文化的价值观必须进一步提高大众传媒管理科学化水平，以优化社会传播环境。

首先，大众传媒自身应该提高公信力。信息泛滥、鱼目混珠、是非不分、善恶颠倒是大众传媒受人们诟病最多的地方。大众传播媒介要将"传递真实有益的信息、弘扬主旋律的价值观"为己任，这样才会受到社会大众的认同和尊重，能够更好地为社会大众服务同时也提高了自己的公信力。

其次，政府要加强对大众传媒的管理。大众传媒在大众文化产品的生产、价值观的传播过程中有时会片面地迎合部分社会人群的低俗需求和庸俗趣味，恶化传播环境。政府作为社会的监管主体，有责任而且必须对大众传媒进行有效的管理，通过加强管理，净化传播氛围，打造一个和谐的传播环境。相关党政部门要对从事大众传媒领域的工作人员进行思想道德素质和职业素养教育，对大众文化市场出现的混乱情况进行及时整顿。对于国外大众传媒机构及其产品进入中国应该进行相关审查和跟踪调查，坚决抵制那些带有文化殖民价值观的大众传媒入驻。通过多管齐下，为培育和优化中国当代大众文化价值观创造一个良好的传播环境。

最后，加大对中国当代大众文化价值观传播环境的法律监管和惩治力度。"文化的与传播的范畴不可避免地会重合。现代传播已成为文化，特别是大众文化的观念和现实这一整体的组成部分。"② 所以优化大众传播媒介，提升当代大众文化的价值观不仅是一种有效的手段也是必要的

---

① 王琪森：《"泛娱乐化"倾向不足取》，载《文汇报》2006 年 5 月 26 日。

② 〔美〕切特罗姆：《传播媒介与美国人的思想》，曾静生等译，北京：中国广播电视出版社 1991 年版，第 2 页。

策略。要针对当前大众传媒的运营、运作、传播环境现状制订有关法律法规，完善现行法律法规，对那些传播不良价值观念、导致社会秩序混乱的大众传播媒体要给予严厉打击，严惩那些利用大众媒体传播虚假信息和扰乱社会治安的人员。通过系统而有效的法律法规来进一步优化我国大众文化价值观传播环境，保障大众文化传播媒介领域有法可依、违法必究、执法必严，这样才能更有利于建设好中国当代大众文化的价值观。

## 三、倡导丰富多彩与健康文明的大众文化活动

在全社会培育社会主义核心价值观不等同于要鼓励空洞的理论宣传和灌输，它需要务实多样的文化活动及其平台来做依托，才能将培育工作真正"落地"，其中大众文化活动将有充分的用武之地。与社会主义核心价值观建设有关的大众文化活动在内容的选择上，需要做到传统文化与现代文化的相结合、乡村文化与都市文化的相结合、阵地文化与民间文化的相结合、高雅文化与大众文化的相结合，通过大力扶持基层综合文化站建设，夯实农家书屋工程，积极打造文化信息资源共享平台，继续落实与完善广播电视村村通工程和农村电影放映工程，开辟市民、村民文化活动专用场，建立文化大院、社区文化广场、文化宣传长廊、文体活动室等。在文化活动的形式设计上，坚持多样化与地方特色化相结合，群众广泛参与性与民间艺人展示相结合，同时，充分利用各种重大节日开展丰富多彩、积极向上的文化主题活动。通过上述平台建设，丰富我国人民的精神文化生活，打造绚丽的文化风景线。"我们不知道有任何一种力量能够强制处在健康清醒状态的每一个人接受某种思想"[1]，只能想方设法将这些思想输入他们的心坎中。在丰富培育和弘扬社会主义核心价值观的文化活动中推进大众文化价值观建设，化说教为感召、灌

---

[1]《马克思恩格斯选集》第1卷，北京：人民出版社1995年版，第426页。

输为渗透、封闭为开放、单向为互动，实现传统价值观教育由抽象化、政治化、学理化向感性化、生活化、审美化的形式转变。

## 四、打造具有正能量的大众文化新媒体平台

新媒体主要是指以数字化技术、互联网技术、移动通讯技术为基础，以有别于传统纸媒或单一的广播电视方式实现传播的新型媒体，它具有交互性、超时空、个性化、虚拟性、即时性等特点，其中互联网、手机、移动电视等各种移动媒体是新媒体的典型代表。近年来在"三网融合"的大背景下，媒介形成了除传统电台、电视台之外的多元发展模式，社交网站、视频网站、博客、微博、QQ、微信等对人们的日常生活越来越产生重要影响。同时这些新媒介、新的传播方式为社会主义核心价值观建设提供了新的途径、新的空间。

利用新媒体来传播社会主义核心价值观，一是加强日常维系，实现上下贯通，形成核心价值观多方位、立体式的传播体系。通过新媒体传播手段的运用，构筑、夯实、创新社会主义核心价值观通向社会大众的传播渠道，有关党政部门特别是宣传、文化机构与群众之间通过新媒体形成良好的上下连通的日常维系。二是发挥新媒体的情感传递功能，实现情感共鸣。新媒体形态多样，进一步细分各种新媒体特点又各不相同，博客擅长分析、微博擅长表达情感、论坛擅长多元沟通、微信更加适合即时亲切的交流等。通过新媒体挖掘公民道德中的闪光点，发掘普通百姓身上的"真善美"，聚沙成塔将社会主义核心价值观建设中的"小事件"通过新媒体的力量打造成优化社会环境、改善社会风气的"大舆论""大环境"。三是促进理智沟通，实现矛盾化解，展现新媒体的理性交流功能。培育社会主义核心价值观，不仅需要情感表达，还需要理智沟通，相关部门和机构应更多利用微博、手机报、公益短信或公开政务信息，达到与民沟通、化解矛盾、形成共识的目的。在新媒体技术及其应用中，目前微博受到了极大的关注，它将 IM（即时通信）、Blog（博客）、

SNS（社交网络）等具有代表性的 Web2.0 技术融于一体，"以集大成者的姿态后来居上，令诸多风光一时的互联网应用黯然失色"[①]。各级政府及相关组织不仅要开通微博还要积极利用好微博，使之成为社会主义核心价值观建设的一条"温暖"之径。另外，开设微信公共号也是利用新媒体宣传社会主义核心价值观的一条重要路径。四是强化深度培育，实现舆论引导，激发新媒体的深度宣传作用。对于社会主义核心价值观中的那些偏重于理性认识和需要深度培育的内容，运用主题网站方式来开展宣传，效果会更好些。与传统媒体相比较而言，主题网站的优势在容量巨大，资料详实，兼具文字、图片、图表、音频、视频等多媒体表现形式，运用它们展示社会主义核心价值观在当下的践行状态可谓生动活泼、易读易看易被接受，同时相对于微博、微信等而言也更利于进行深度报道与宣传。

## 五、融入更多社会价值共识到大众文化作品中

大众文化与以社会主义核心价值观等为代表的主导文化共生共荣是文化生态发展的必然格局，我国当代大众文化在不断培育和践行社会主义核心价值观的同时，更为重要的是要主动地与现代人的日常生活相结合，在融入科学的世界观、人生观、价值观基础上，还要特别注重融入现代的法治观念、民主观念、自由观念、创新观念等，促进大众文化能以自己的方式彰显社会主流观念和时代强音，传达社会主义核心价值观的思想力量，使其紧跟时代步伐，不断营造新型的更符合现代人需要的新的精神生活。由于社会各界的思想观念、价值追求、生活方式、生活理想、风俗习惯等都存在差异，因而我国当代大众文化在培育和践行社会主义核心价值观的过程中必须充分尊重这种多元性和差异性，这样才

---

① 夏雨禾：《微博空间的生产实践：理论建构与实证研究》，北京：中国社会科学出版社 2013 年版，第 3 页。

能使其包含、反映、渗透、融入、折射和传播的社会主义核心价值观内容能够成为被不同阶层和群体所接受的价值共识。让社会主义核心价值观走出国门，参与人类精神家园和国际价值话语体系建设是当前我国社会主义文化建设的一项重要的战略性任务。在这方面，大众文化有其优势，我们需要将该方面的功能和优势更深入地挖掘出来和更好地发挥出来。长期以来，国人有一个误区，"把许多人类共有精神价值看成是西方文化，而一说西方文化又立即产生民族主义的防范心理。结果，明明置身在人类共同精神价值之中，却偏说民族主义的话语，硬把自己降低了，又被人陌生化"[①]。社会主义核心价值观包含着众多的人类共有的精神价值的质素，我们不能仅将其囿于政治话语、民族话语、意识形态话语之中，以致在海外被冷处理、陌生化和扭曲化。利用大众文化形式让社会主义核心价值观展现出人类共有精神价值的内涵，是当代中国大众文化向海外发展的一个重要方向。

---

[①] 余秋雨：《中国处于"文化孤立"之中吗？》，载邢悦：《文化与国际关系精选文化导读》，天津：天津人民出版社 2011 年版，第 391 页。

# 第六章　推动我国当代大众文化科学发展的
路径探索

　　建设大众文化、推动大众文化科学发展是一项重要的系统性工程。目前我国当代大众文化在发展过程中存在的最为突出的也是最为重要的问题就是在具体建设大众文化之际常偏离科学发展观，至少未能很好地遵循科学发展观的要求做好自身的文化提升工作，这导致目前大众文化缺乏必要的文化担当意识与能力，忽视基层群众的文化诉求，漠视底层特别是弱势群体的文化需求。在商业化逻辑的布控下，"三俗"问题比较突出，文化乱象时有发生，在一定程度上脱离了以人为本，更谈不上促进人的自由全面发展了。就现实状况而言，大众文化总体上与精英文化之间的关系较为紧张，与主导文化之间也存在矛盾。"中国当代大众文化在 20 世纪 90 年代一跃成为文化巨流，与具有行政权的官方主导文化、拥有话语或思想权的精英文化、复兴势头强劲的传统文化、以广大乡村为依托的民间文化构成了一种多重紧张关系。"[①] 在这样一个关系复杂、问题丛生的背景与视域下，推动我国当代大众文化的科学发展，就需要积极做好有关大众文化建设的战略规划和对策谋划工作，需要在科学发展观的指导下走出一条中国特色社会主义大众文化发展道路，形成一套科学有效的当代大众文化建设方案。

---

　　① 傅泽：《文化想象与人文批评——市场逻辑下的中国大众文化发展研究》，北京：中国传媒大学出版社 2007 年版，第 158—159 页。

# 第一节　我国当前大众文化建设中存在的主要问题

　　我国当代大众文化建设存在各种问题有着诸多主客观方面的原因，有问题并不可怕，关键要把问题梳理清楚，找到症结所在，并有的放矢地逐步加以解决。总的来讲，我国当前大众文化的问题主要原因还是在于没有很好地坚持和落实科学发展观的要求，对中国特色社会主义大众文化的认识还存在模糊地带，没有把大众文化作为社会主义的一种真正的"文化"来加以深入研究和认真建设，从而导致社会主义大众文化应有的文化功能及具有的文化正能量没有被充分激发出来，反而是某些负面效应被有意无意放大，从而影响了大众文化的科学发展。

## 一、大众文化建设尚未充分贯彻落实科学发展观的要求

　　当前大众文化建设没有很好地贯彻落实科学发展观的要求，主要表现在如下几个方面。首先，大众文化建设不能自觉根据以人为本的理念来做好相应的建设规划，主要是依据市场导向、利润原则、经济效益来定制自身的发展方向，忽视了人的本真的文化需求、文化权益和大众文化本身所应有的社会效益。其次，大众文化建设总体上未能较好地促进人的自由全面发展，大众文化与主导文化、精英文化等之间未能做到协调发展。再次，大众文化内部各类别之间发展也不均衡，尚未做到有机统一、协调发展、相互促进。第四，我国当代大众文化建设尚缺乏整体的规划，可持续发展的机制尚未形成，大众文化之间的恶性竞争形势严峻，以炒作、低俗、恶搞甚至恶俗为手段来造势，以博得市场份额为目的的生产与宣传机制尚未得到改观。第五，大众文化精品严重缺乏，国家与社会尚没有形成统一的大众文化评价机制，也没有独立建立有关大众文化的精品工程。除此之外，目前我国大众文化在建设上还出现了如下的困境，即在市场运作方面要求按照类似于西方大众文化的生产、消

费模式进行，在社会效益方面又要求其担负类似于主导文化的责任，这就使得我国大众文化出现某种"分裂"的症状。

如何平衡大众文化的经济效益与社会效益之间的关系是一个需要认真对待的重要课题。目前我们对待大众文化问题，需要像 20 世纪 80、90 年代重新认识商品经济、市场经济那样，在实事求是、解放思想、与时俱进中重新审视、反思当代大众文化的建设问题。要认识到建设大众文化是为了繁荣文化，但又不是仅仅局限在繁荣文化上，它深刻地预示着几千年农耕文化模式、农耕文化心态可能将在大众文化的冲击下实现现代转型，当然这种转型的过程可能伴随着文化阵痛、文化迷失、文化困惑和文化焦虑。为此，社会主义大众文化必须在科学发展观的指导下，成为弘扬先进文化的重要力量，进一步彰显其内在的应然的精神特质，努力实现社会效益和经济效益的统一，做到有利于促进人的自由全面发展，在丰富中国人精神生活的过程中，成为塑造中国人精神世界的积极因素，成为构建中华民族共有精神家园的重要文化资源、文化载体、文化平台。

## 二、大众文化建设中缺乏文化担当意识

随着我国社会主义市场经济体制的确立和不断完善，国民经济得到了快速发展，人民生活水平也有了大幅的提高，在这个过程中，广大人民群众的自主意识、民主意识也在增强，人们在生活中有了更大的自由度和更为广阔的文化选择空间。由于中西方大众文化产生的背景和兴起的社会历史条件等都存在明显差异，这也使得中西方大众文化的社会效应存在区别。大众文化在西方社会的兴起，不仅预示着一种日常生活文化的勃兴、文化产业的壮大、文化市场的成熟，同时也意味着资产阶级意识形态的控制作用的日益精细化，对大众产生了一种高级的"蒙昧"作用。大众文化在我国的普及不仅折射出中国经济社会的发展，更意味着大众文化在当代中国社会承担着某种文化"启蒙"，甚至是思想"启

蒙"的作用，虽然这种启蒙是不完善、有缺陷的，也带来了众多思想弊病和文化弊端，但它所蕴具的市场意识、张扬个性意识、平等民主意识无疑打开了当代中国人僵化的文化思维，特别是"20世纪80年代的大众文化对于公共领域的建构功不可没"①。但随着中国社会多元化发展趋势越来越明显，大众文化的"启蒙"作用日益弱化，甚至走向自身的反面。当下的中国在现代性与后现代性的碰撞下出现了前所未有的文化焦虑问题。这种焦虑主要表现在对主导价值观念的认同度的下降，"犬儒主义"文化心态的盛行，大众的文化身份意识的弱化，国家推行的主导意识形态和核心价值观念引发大众的普遍共鸣度仍需要加强，虚无主义、功利主义、新自由主义、普世价值论、民主社会主义等思潮不仅在学界得到关注，也在社会上有所流行。这些思潮中的观念也或多或少、有意无意间在一些大众文化作品中表现出来。在这种文化大环境和总体态势下，对于如何建设大众文化亟待重新凝聚共识，这个共识就是大众文化建设更要不断适应当前的市场经济环境，在推进社会主义文化科学发展中起到更加显著的作用，同时汲取世界文化产业发展的经验进一步拓展民族优秀传统文化的现代生存空间。"产业和文化是不矛盾的，核心价值可以体现为多元的题材，也可以体现为某一视觉上或者生活上的品位。"② 在大众文化建设过程中，我们需要深刻认识到，大众文化在追求通俗化、市场化和利润之外，必须自觉地为中国文化的科学发展和中国精神的新生担负起必要的责任。

当前在建设大众文化过程中往往刻意强调它的消费性、娱乐性特征，突出它的经济效应，而忽视了大众文化作为"文化"所应有的精神性特质。客观地讲，大众文化生产也属于一种精神生产，这种精神生产在形式上往往体现为"一定的重复生产，如印刷发行书籍、复制艺术品、艺

---

① 蒋述卓、陶东风：《大众文化研究：从审美批评到价值观视野》，广州：暨南大学出版社2015年版，第12页。

② 叶朗：《中国文化产业年度发展报告（2011）》，北京：北京大学出版社2011年版，第59页。

术重复表演等，但这只是对已经创造完成并客观化了的精神产品的再现，并不体现精神的本质"[1]，甚至也不能体现出大众文化的精神生产性。作为精神生产行业的大众文化是"由头脑来实现的行业，应当比那些由手脚起主要作用的行业有更多的自由"[2]，在一定程度上无论对于生产创作者还是消费者也应该能起到促进其自由全面发展的作用。长期以来，我们习惯性地认定大众文化只是一种消费文化，有意放弃大众文化的文化担当，消解神圣、放逐理想，失去对人文、精神、生命、自然等的敬畏，一味追求感官刺激，以制造瞬间的快乐来满足大众的感性欲望。

不可否认，大众文化的娱乐性、商业性在目前的大众文化建设中被过度张扬，从而降低了大众文化作品的艺术品位，甚至使大众文化变成纯粹的逗乐、庸俗的调侃，大众文化应该负载的意义、价值受到严重的冲击，使其与社会主义文化的理想追求、道德净化、精神家园构建等方面相矛盾，并导致整个社会人文精神的失落。大众文化作品中充斥的炫富、拼爹、等级等观念，宫廷斗争题材、历史穿越题材的盛行彰显了浓厚的男尊女卑、实用主义、个人主义、物欲主义的色彩。为了迎合市场、取媚大众往往使大众文化呈现出以洋为荣、以俗为雅、以"丑"为美、以假为真、以陈腐为新奇、以暴力为强悍等怪状，这些怪状所导致的直接后果是整个民族的精神力量的弱化、社会心态变异、社会不良情绪的失控。

在我国文化建设过程中，需要切记的是"倘若人的一切文化事业及其创造的文明价值，归根到底以人的存在的遗忘做代价的话，或者说，以人之物化、人的生存之客体化为代价的话，那么，一切文化的成就终将归于虚无"[3]。这就是为什么文化建设，特别是大众文化建设中一定要坚持"以人为本"之深层原因所在。文化建设要"以人为本"就是要让

---

[1] 肖前主编：《马克思主义哲学原理》（合订本），北京：中国人民大学出版社1998年版，第231页。

[2]《马克思恩格斯全集》第1卷，北京：人民出版社1956年版，第83页。

[3] 王德峰：《哲学导论》，上海：上海人民出版社2000年版，第278页。

文化来扬弃人的异化，避免人的物化，因此，坚持"以人为本"既是我国大众文化建设的基本要求，也是提升大众文化的文化担当意识的必然要求。

## 三、大众文化建设中忽视基层群众的文化诉求

大众文化原本是"民享、民用"的文化，但在市场逻辑的支配下，我国大众文化在受众的指向上，几乎完全倾向于都市群体。原本民间文化可以成为基层群众精神生活的"自留地"，但在大众文化的挤压下其立足之地已经越来越狭小了。有学者认为"大众文化不是民间文化，不是民间产生的，恰恰是工业文化制造出来然后强加给民间的。民间文化的萎缩是工业文化造成的灾难之一"①。不可否认，伴随着大众文化的兴起，民间文化的凋零已是一个不争的事实。不过问题是一旦民间文化被削弱，大众文化又无法填补、代替原本由民间文化所充当的基层群众精神生活的角色，这样基层群众的文化诉求就被压制和漠视，他们的精神生活就会出现真空地带。

纵观目前我国大众文化的消费群体其实已经不是普通的大众了，而是更多地成为中等收入阶层，甚至是有钱有势的人。大众文化演变成"有闲阶层"或"贵族式"的休闲文化，这无形中扼杀了大众文化的"大众性"，也使得普通大众的文化权益无法得到应有的保障，同时更谈不上通过"寓教于乐"的方式对普通大众进行思想引领和精神滋养了。当前或者说在未来较长一段时期内文化建设的推动主体依然是政府，这就决定了大众文化在我国还相应承担着文化民生的功能。随着民间文化的流逝与萎缩，客观上迫使农民、农民工对大众文化的需求越来越强烈，然而目前针对农民、农民工群体的大众文化产品恰恰较少。例如近年来上映的各类电影"大片"主要针对的观众是都市群体，所反映的内容、表

---

① 《韩少功王尧对话录》，苏州：苏州大学出版社 2003 年版，第 116—117 页。

达的主题既不符合农民、农民工的社会心态，也不符合农民、农民工的审美心理，更不能表达农民、农民工的文化诉求。为此，我们要高度重视农村文化建设，大力推进农村公益性文化事业和经营性文化产业的发展，满足广大农民群众的精神文化需求，真正使包括农民在内的广大基层群众共享社会主义先进文化建设的优秀成果。

## 四、大众文化与精英文化之间矛盾凸显

大众文化与精英文化之间存在差异，甚至是一定程度的矛盾，并不为奇。在法国著名社会学家布迪厄（Pierre Bourdieu）那里，存在两种文化生产场域，一种是不太专业而批量化的文化生产场域，其目标是为了获得商业的成功和迎合大众的趣味；一种是专业的文化生产场域，也被称为"有限文化生产场域"，它抵抗商业标准，是"纯科学"或"为艺术而艺术"的文化作品。布迪厄把大众文化视为前一种文化生产场域的产物，而精英文化属于后一种文化生产场域的产物。由于文化生产场域的不同，两种文化存在一定对抗也实属正常，不过这不应该阻碍大众文化和精英文化在各自的文化实践中寻找和确立自己应有的位置。只要二者占据各自的位置，在自身相应领域中发挥出正常的文化功能，两者之间纵然有摩擦，关系也不应是紧张的，矛盾也不应是凸显的。但事实上，当前不容忽视的一个文化事实就是，"精英文化、高层文化、学术以及科学文化……被淹没在商业信息系统和商业化的大众文化的大海之中"[1]，成为一个较为普遍的全球性的文化现象。由此观之，大众文化与精英文化之间的关系是不和谐的，是不生态的。有学者指出自"超级女声"之后，"文化从过去少数精英（无论是思想精英还是艺术精英）对民众的启蒙教育，

---

① 〔英〕戴维·赫尔德等：《全球化、文化与国家命运》，载邢悦：《文化与国际关系精选文献导读》，天津：天津人民出版社 2011 年版，第 139 页。

变为由公众广泛参与的娱乐狂欢"①。这种现象在我国文化领域多有体现，诸如文学被畅销书代替，戏剧、戏曲被歌星演唱会代替，艺术电影被贺岁大片代替，含蓄隽永被血腥暴力、赤裸性感所代替。不过，导致我国大众文化与精英文化之间的关系紧张、矛盾凸显还有着更为深层的原因。

在我国一方面大众文化在价值取向上日趋与精英文化发生背离；另一方面在大众文化的冲击下，作为精英文化生产者的知识分子，似乎也迷失了自我，逐渐丧失了文化人的高尚品格，所谓的精英文化也日渐堕落为迎合大众的平面文化，变得缺乏深度，或故弄玄虚，缺乏新意和活力。那些固守精英文化立场的人往往对大众文化嗤之以鼻、不屑一顾，而大众文化的生产者则对精英知识分子也同样抱有鄙视的态度，例如对诗歌、哲学等常抱嘲讽姿态。在市场经济大潮中暂时获势的大众文化生产者占据或填补了精英知识分子的位置，不仅对文化生产拥有相当大的支配权，同时对文化发展规划与战略设计也具有比较大的话语权，而这无疑"侵占"了精英知识分子的话语空间，因而导致部分精英知识分子文化情绪低迷、文化心态失衡、文化理想失落。主导文化虽然有赖于精英文化的趋附与认同，但在社会主义文化要"大众化"和"接地气"的要求下，一方面精英知识分子并没有完成自身的学术话语的通俗化转型，也没有与大众话语进行良好的对接，更有甚者，精英文化的批判性话语有时过于偏激"刺耳"，会引发主导文化的反感与警惕。大众文化则以积极主动的姿态去反映主导文化的某些主题，比较顺利地发挥自身话语容易融入大众日常生活中的优势，从而博得主导文化的欢心，获得主导文化的认同甚至是纵容。总之，目前我国的主导文化在大众文化与精英文化之间并没有做好统摄和协调工作，如此不仅导致大众文化与精英文化对主导文化都存在成见，同时也加深了大众文化与精英文化之间的隔阂与误解。

---

① 许纪霖：《世俗社会的中国人精神生活》，载《天涯》2007 年第 1 期。

## 五、低俗文化盛行与大众文化乱象丛生

大众媒体在利益的驱使下，为疯抢眼球，获得更高的收视率或票房收入，一些大众传媒不讲社会责任，出现娱乐媚俗化、新闻绯闻化，甚至炮制虚假新闻来制造"看点"等现象。近年来，电视节目频频出现了选秀、娱乐、真人秀、相亲节目，相当多的嘉宾只是借机来炒作自己，赤裸裸宣扬自己的拜金主义和享乐主义的价值观和所谓的"娱乐精神"。名车、靓女、大款、别墅等成为这些节目的看点，这些泛物质化的价值观在很大程度上影响了当代年轻人的婚恋观，甚至"炫富女""拜金男""高富帅""白富美"成为部分年轻人的偶像。

目前互联网已成为大众文化传播的重要载体，但是由于互联网有着内容庞杂、良莠不齐、监控困难、传播迅速等特点，使其在拓展大众文化发展空间的同时也变成了网络犯罪、色情泛滥等违法乱纪活动的温床。过度娱乐化的网络文化乱象已经渗透到社会生活的各个领域。从对性描写的迷恋到"暴露癖"式的自我表现以及对"下半身写作"的顶礼膜拜，使部分网络文化极其低俗和恶俗。

网络文化乱象还是一种价值解构性文化，其中"恶搞"最具有典型性。纵观网络上的一些"恶搞"作品，往往具有以下一些特点："一是富有个性，具有解构传统、突出个性、追求自由的特点。二是幽默风趣，和肥皂剧一样具有较强的娱乐功能。三是讥讽反叛，通过夸张、讽刺、搞笑的风格反映现实问题。四是富有创意、标新立异、突破传统，具有很强的'眼球'吸引力。"[1] 不可否认当"恶搞"开始出现的时候，它或多或少还体现了部分网民对现实的反思与批判，但当"恶搞"成为一种时尚、一种网络文化的常态，以戏仿、调侃或游戏的心态来肆意曲解、解构人们长期形成的"价值共识"的时候，"恶搞"就演化成为一种必须

---

[1] 黄敬宝、莫晓红：《透视网络恶搞：当流行文化时尚走向浅薄粗鄙》，http：//news. qq.com/a/20070923/000454.htm

加以严厉整治的"文化乱象"。

　　某些网络文化乱象甚至在挑战传统的伦理道德底线和审美底线。无论是"芙蓉姐姐""郭美美""艳照门",还是所谓的"拜月神教""二奶小三"等在网络横行,都是在不断挑战社会的审美观念、伦理道德底线,甚至是法律的底线。另外,互联网还成为低俗文化的传播渠道,如提供大量的淫秽色情网站和低俗信息的链接、图片、文字等内容,大肆炒作明星绯闻,传播"一夜情""换妻"等不良信息。网络媒体通常把这些明显违背社会公德良俗的"新闻"放在显眼的版面,以迎合公众的猎奇心理,这不仅严重背离了"网法网德"的基本要求,也破坏了人类最基本的道德共识、思想共识。

　　某些电视剧作品或演艺类节目也在用低俗的手段来挑逗观众的视听神经和审美底线。当前流行音乐制作上也充斥着低俗之气,如被坊间称作"十大恶俗歌曲"《那一夜》[①]《两只蝴蝶》《一万个理由》《不怕不怕》《老鼠爱大米》《你的妈是我的丈母娘》《芙蓉姐夫》《冲动的惩罚》《我爱人民币》《别说我的眼泪你无所谓》,大都内容庸俗,却具有相当广的流行面,这足以说明中国当代大众文化建设的确问题重重。而类似于"芙蓉姐姐""凤姐"的走红,与其说是少数人的无聊,不如说是某些大众媒体及其推手的无耻。近年互联网上的"水军"事件不断兴起,庞大的网络"水军"也直接推动了网络文化乱象发生。以此观之,如何引导我国大众文化科学发展,不断努力消除大众文化中的各类"文化乱象",使人们在欣赏大众文化之际,也有"精神家园"可栖之感,是一项任重道远的文化战略任务。对于这个任务,我们既要认识到实现它所面临的重重困难,更要认识到实现它的必然性和紧迫性。

---

　　① 著名词作家阎肃说:"《那一夜》这样低俗、没文化的网络歌曲,就是在西方也很少见。这些低俗的歌曲简直是对音乐、对人心灵的一种亵渎和糟蹋。"参见人民网,http://culture.people.com.cn/GB/87423/6411630.html

# 第二节　我国当代大众文化建设的战略思考

"在一定程度上，人们眼下普遍关注的文化全球化，也可以理解为大众文化传播的全球化。"[1] 伴随着文化全球化的推进，"在全球范围内流动的绝大多数人工制品和图像都成了大众文化竞争的对象"[2]。在全球化形势下，各国、各地区之间的大众文化相互交流，我们应充分吸收国外优秀大众文化建设的经验，但也要深入研究大众文化与意识形态的关系，批判某些大众文化中宣扬或潜伏的错误思潮，探索符合科学发展、和谐发展要求的我国当代大众文化建设战略。该战略设计重在处理好文化性质多重性、文化形式多样性、思想意识多元化与指导思想一元性之间的辩证关系问题，处理好大众文化的民族性与世界性、艺术性与市场性、文化性与政治性的辩证关系问题，并通过对这些问题的深入研究与合理解决，着力提高我国当代大众文化的国际竞争力，推进我国当代大众文化建设战略的成功实施。在战略实施过程中，必须坚持当代大众文化建设的社会主义方向，使其与发展文化产业、构建社会主义和谐文化、建设社会主义核心价值体系和提高国家文化软实力等紧密联系起来。

## 一、以科学发展观为指导走中国特色社会主义大众文化发展道路

伊格尔顿曾指出，就目前整个人类文化建设而言，"我们的文化鼓吹贪婪、攻击性、不加思考的享乐主义和日益严重的虚无主义"，而"要对上述问题进行富有成果的讨论，离不开马克思主义传统的积淀"。[3] 科学

---

[1] 孙春英：《大众文化：全球传播范式》，北京：中国传媒大学出版社 2005 年版，第 1 页。
[2]〔英〕戴维·赫尔德等：《全球化、文化与国家命运》，载邢悦：《文化与国际关系精选文献导读》，天津：天津人民出版社 2011 年版，第 143 页。
[3]〔英〕特里·伊格尔顿：《马克思为什么是对的》，李杨、任文科、郑义译，北京：新星出版社 2011 年版，第 4 页。

发展观不仅积淀了深厚的马克思主义传统，而且直面当代人类所面临的发展困境和中国难题，是马克思主义中国化优秀的标志性成果，它对我们认清和破除当代文化中存在的"鼓吹贪婪、攻击性、不加思考的享乐主义和日益严重的虚无主义"问题有着积极而重要的理论指导价值和实践指向意义。

就我国当代大众文化建设而言，必须坚定地坚持走中国特色社会主义文化道路，进一步突出科学发展观在整个文化建设上的指导地位，这是我们建设大众文化的根本指针，是实现文化强国目标的前提。我们所要建设的是具有鲜明中国特色的社会主义大众文化，它不同于资本主义社会的完全商业化的大众文化，更不是对西方大众文化模式的简单复制，在相当大程度上它是要通过对"以人为本"的核心立场与核心理念的贯彻、书写、表达来化解西方大众文化受控资本逻辑限制的窘境，扬弃大众文化的市场功利性、商品性，彰显大众文化的人民性、文化性。

我国当代大众文化建设的基本目标，就是要使大众文化成为不断增强中国特色社会主义文化的生命力、感召力、凝聚力，不断提高人民群众的思想道德素质和科学文化素质的重要文化手段。在坚持贴近实际、贴近生活、贴近群众的原则下能为人民服务、为社会主义服务，成为面向现代化、面向世界、面向未来的民族的科学的大众的社会主义文化的重要组成部分，通过在丰富和升华大众文化的日常性中成为构建中国人的精神家园的重要文化资源。我国当代大众文化建设要始终围绕这个基本目标展开。

不可否认大众文化最初脱胎于资本主义的市场经济，"大众文化最初的引人注目之处就是它与资本主义文化工业的孪生关系"[①]。从市场经济层面来讲，大众文化是经过工业生产和商业运作而制造出来的商品，消费性、商业性是大众文化区别于其他类型文化的典型特征。在社会主义市场经济条件下，大众文化的创作、生产、流通等各个环节也都基本体

---

① 蒋原伦：《媒介文化二十讲》，北京：北京大学出版社 2010 年版，第 20 页。

现了这些特征。固然由于商业化的冲击可能会使得我国大众文化的审美价值与人文关怀有所弱化，不过社会主义大众文化依然需要依靠市场求生存、谋发展，只是商业价值的实现要以质量、品格赢得市场的认可和人民群众的认同。因此，当前我国大众文化建设必须正视和恰当地理解大众文化的商品属性，在科学发展观的指导下，利用市场规律、经济杠杆、法律政策等来引导与扶持大众文化的科学发展，在充分发挥大众文化优点的同时尽量避免乃至杜绝"三俗"现象的出现，实现大众文化的文化价值性与商品价值性、艺术性与商业性的统一。

## 二、以"五大发展理念"为引领深刻把握我国当代大众文化科学发展的内在机理

党的十八届五中全会提出"创新、协调、绿色、开放、共享"五大发展理念是马克思主义发展观、发展哲学在新的国际环境和我国经济社会进入新常态的历史条件下的一次新的发展与应用，是党对改革开放和新世纪，特别是十八大以来我国经济政治文化社会以及生态文明建设中出现的新问题、新情况、新实践的提炼总结，是在对未来中国发展道路的深刻思考的基础上进一步贯彻和落实科学发展观所提出的发展战略思想。五大发展理念是对科学发展观的继承和发展，尤其是五大理念中把创新置于首位，将其看作"引领发展的第一动力"，要求"必须把创新摆在国家发展全局的核心位置"，包含"理论创新、制度创新、科技创新、文化创新"等各方面创新，可以说是对科学发展观的一个重大突破，而协调发展、绿色发展、开放发展、共享发展也都从不同侧面既体现了科学发展观中的以人为本的核心立场，全面、协调、可持续发展的思想，又将这些理念的内涵加以丰富和完善。

具体到大众文化建设上，五大发展理念既提出了发展的新要求，又提供了建设的新思路。首先，"五大发展理念"要求社会主义大众文化建设是为了人民能更好地享用社会主义的文化建设成果。"树立新发展理

念，首先要解决为什么人、由谁享有这个根本问题。"①"五大发展理念"从根本来说就是以人民为中心的发展思想。正如习近平总书记在 2014 年 10 月 15 日文艺工作座谈会上所指出的那样，"社会主义文艺，从本质上讲，就是人民的文艺"②，按照这个指导精神，虽然社会主义大众文化有着商品属性，需要遵循市场的逻辑和规则，但从根本上来讲，市场是社会主义大众文化服务于人民的手段和渠道，社会主义大众文化需要利用市场，但不是市场的奴隶，而是应成为市场的主人，通过市场的手段，实现其满足人民精神文化需求的目的。从这个意义上来讲，"五大发展理念"对我国大众文化建设提出的根本要求与习近平总书记在文艺工作座谈会上对社会主义文艺发展所提出的根本要求是一致的。

其次，"五大发展理念"为我国当代大众文化建设提出了符合国情、顺应时代的具体要求。这就是需要我国当代大众文化建设也必须遵循和体现"创新、协调、绿色、开放、共享"的理念要求，探寻新的历史条件和经济社会环境下进一步推进发展的新思路。就创新而言，不能把简单地"翻新"和包装视为大众文化的创新，而应在大众文化的题材与体裁、话语表达、形式呈现、创作手段、技术应用、市场渠道等方面多去思考还存在哪些瓶颈问题，还存在哪些可以改善的地方，还存在哪些"路径依赖"和"惯性思维"，从这些方面寻找创新点或创新的突破点。就协调而言，大众文化建设要与整个国家的经济社会文化建设相协调，要与整个文化环境相协调，要与主流意识形态相协调，要与各种类型的文化发展相协调，其内部生产、流通、发行、消费等也要协调起来，促使大众文化有机地融入社会主义先进文化建设的主流之中。就绿色而言，大众文化的主题要健康、文明、生态，建设上反对泡沫化，防止大众文化短时期的虚假繁荣，造成"产能"的过剩，例如大量影视作品等无法

<hr>

① 中共中央宣传部：《习近平总书记系列重要讲话读本（2016 年版）》，北京：学习出版社、人民出版社，2016 年版，第 127—128 页。

② 中共中央宣传部：《习近平总书记系列重要讲话读本（2016 年版）》，北京：学习出版社、人民出版社，2016 年版，第 198 页。

上院、上线造成人力、物力和资源等的浪费，遵循绿色理念建设大众文化就要不刻意制造其"井喷"之势，更关注可持续发展的能力。就开放而言，大众文化建设在遵从相关政策和法律法规的基础上应该向各生产主体、投资主体、各级各类市场、各国家和地区市场、各消费主体开放，对内以此作为激活全民族文化创造力和活力的一种重要手段，对外作为我国文化"走出去"的一种重要方式。就共享而言，社会主义大众文化需要真正为"大众"服务，成为名副其实的"大众"所能享用的文化，不能因为资本、市场、经济、利润等因素剥夺了广大人民群众的大众文化共享权。

最后，也要考虑到大众文化发展的某些内在机理，关注其在贯彻"五大发展理念"时的一些特殊要求。就创新来说，大众文化一直是被作为抹杀"个性"的文化看待的，无论是法兰克福学派的阿多诺，还是美国文化马克思主义者詹姆逊，基本上都持这种观点。我国一些大众文化创作者，如王朔认为，"大众文化最大的敌人就是作者的个性，除非这种个性恰巧正好为大众所需要"[1]。应该说对于一般大众文化来说确实存在这个问题，但优秀的社会主义大众文化作品，其创新关键就在于既要保证它具有流行性、娱乐性的特征，又能形成雅俗共赏的艺术个性和美学特质。从这点来说，大众文化的创新是很有难度的，也是非常有价值的。对于大众文化建设而言的协调，其特殊性在于要协调好市场与文化、经济效应与社会效应之间的复杂关系，协调好其与主导文化、精英文化之间微妙的矛盾关系，使其能成为社会文化冲突、思想矛盾的缓冲器。大众文化建设上的开放理念更多的体现在市场的开放性上，而这种开放性又是建立在市场的开拓性基础上的，即我国的大众文化建设一方面需要不断巩固国内市场，另一方面也要加强向海外市场的进一步拓展，将大众文化的包容性、渗透性、国际交流性与大众文化市场的广阔性、多层级性、强竞争性等结合起来。而共享则需要大众文化在遵循文化市场基

---

① 王朔：《我看大众文化港台文化及其他》，载《天涯》2000 年第 2 期。

本规则的前提下，既要有大制作、大手笔、强势营销等针对高端市场或城市白领的"大作品"问世，更提倡小制作、巧手笔、低调营销等针对中低端市场的"好作品"的涌现，鼓励走薄利多销的市场路线，进一步落实文化惠民政策，更好地实现文化共享。

### 三、善用大众文化构建和传播中国话语体系

大众文化在当今国际文化舞台上扮演着重要的角色，在全球大众文化交流互融的时代大背景下，一方面要清醒地认识到我国大众文化发展还处于关键的上升期，相关的体制机制还不健全、不成熟，还需要向西方发达资本主义国家借鉴成功的经验；另一方面更为重要的是我们必须加强和深化与其他各国的文化交流合作，促使我们的大众文化在保持自身特色的基础上，有效地"走出去"，流通到更大的国际大众文化市场中，而不至于被西方发达国家的大众文化体系所整合，甚至可以为世界大众文化提供可供效仿的运作模式和表现形式，努力引领国际大众文化的风向。而要做到这一点，就必须成功构建中国特色社会主义大众文化的话语体系。

不可否认，话语是一种语言方式，但它不是抽象的概念表征，而是蕴含丰富的实践内容和关系的范畴。"语言是一种实践的、既为别人存在因而也为我自身而存在的、现实的意识。语言也和意识一样，只是由于需要，由于和他人交往的迫切需要才产生的。"[1]话语是在实践基础上形成的人与人、人与社会、人与世界的一种由语言形式链接而成的关系场域。所谓的中国话语，绝不是中国人的自话自说，而是在全球化的场域中呈现出"中国化"，在现代性的语境中彰显出"中国性"，它"应切中当代中国的历史性实践，应符合当下中国人的生存体验"[2]，中国话

---

① 《马克思恩格斯选集》第 1 卷，北京：人民出版社 1995 年版，第 81 页。
② 陈曙光：《中国话语与话语中国》，载《教学与研究》2015 年第 10 期。

语就"如同中国特色、中国理论、中国道路、中国制度、中国经验、中国声音、中国故事、中国梦、中国风格、中国气派等一样,体现了固有的独特性,是一种可以反映和再现中华民族的历史经验并表达其真实的现实需要的本土话语,表现为中国特定的文化语境、价值观和行为方式等"[①]。当代中国大众文化建设不能脱离中国话语的内容、形式和逻辑语境,应将中国话语进行有效内化、转化、表达、展现。首先,当代大众文化需要积极传播我国在国际上具有较大影响力的话语内容,如和平与发展的时代主题、共同价值观、人类命运共同体等。其次,需要将社会主义核心价值体系、社会主义核心价值观的内容通过形象化、艺术化方式塑形、体现、落实在具体大众文化作品中。再次,对若干重要的中国传统价值话语,如"礼义廉耻""仁义礼智信"等进行大众文化式的话语转化。最后,将某些具有世界意义的话语,诸如"和谐""创新""绿色"等用大众文化方式向全球传播,传达中国理念,传扬中国精神。

善于运用大众文化构建和传播中国话语体系就需要充分、合理、深度挖掘中华民族优秀传统文化的当代价值,并以大众文化方式进行当代演绎,讲活、讲好、讲美中国故事。任何民族优秀的传统文化既是民族的也是世界的,中华文化源远流长、博大精深,是世界文化多样性的重要组成部分,是中华民族能积极参与世界文化建设的最为重要的资源与最为关键的资本。"中华优秀传统文化是我们最深厚的文化软实力。"[②]构建中国特色社会主义大众文化的话语体系需要将优秀的传统文化进行相应的话语转化和重新编创,要便于大众传媒传播、便于大众接受、便于融入当代大众文化结构体系中,实现与现代文化、全球化文化的有效沟通。

随着经济全球化的不断推进、现代科学技术的快速发展,特别是媒

---

① 杨鲜兰:《构建当代中国话语的难点与对策》,载《马克思主义研究》2015 年第 2 期。

② 中共中央宣传部:《习近平总书记系列重要讲话读本（2016 年版）》,北京:学习出版社、人民出版社 2016 年版,第 208 页。

介技术、网络技术的不断更新升级，世界各国的交往愈加频繁，在文化层面上的交流合作也在不断加深，呈现出一种形式上的趋同化的态势，但是这并不意味着中国当代大众文化建设也要走西方那套完全市场化、商业化的路子。中国特色社会主义大众文化植根于社会主义现代化建设的伟大实践之中，在本质上是对当前社会实践和人们日常生活在意识观念层面上的一种通俗化的反映，也在一定层面上折射着当代的"中国精神"。中国特色社会主义大众文化需要继承优秀的传统文化，将五千年的悠久文明这一我国无可比拟的文化优势与资源宣传好、发展好、开发好、利用好。"艺术的基本原理有其共同性，但表现形式要多样化，要有民族形式和民族风格。"[1] 总之，中国在大众文化建设上也要树立高度的文化自觉和文化自信，构建有中国风格、中国气派、中国特色的当代大众文化的话语体系。

## 四、妥善处理好大众文化与主导文化的关系

在大众文化建设的实践中，主导文化与大众文化之间存在着矛盾甚至冲突是不可否认的一个事实，也是难以完全避免的一种情况。大众文化所指向的受众是一个庞大的群体，否则就不能成为"大众文化"，但"大众文化"中的"大众"并不就是"乌合之众"。长期以来，我们批判大众文化是庸俗文化，其理论的潜台词，或批判者的潜意识里是将"大众"误认为"乌合之众"。这种误认会严重忽视、遮蔽、损毁大众的"文化潜力""审美潜能"和"道德潜质"，从而把大众推到了理想性文化的"对立面"，这妨碍了大众对主导文化的认同，不利于大众参与主导文化的建设，而当前的主导文化建设恰恰需要的就是大众的广泛认同和积极参与。

主导文化是在官方意识形态的指导下所建构起来的文化体系，目的

---

[1]《毛泽东文集》第7卷，北京：人民出版社1999年版，第76页。

在于巩固政权的合法性，展示发展成就、指导现实工作、弘扬核心价值观以凝聚全社会对国家和政权的认同。其主要话语生产机器包括各级各类党报、党刊、电视台等。由于主导文化在很大程度上是借助官方的话语机器来生产和传播的，本身又担负着很强的政治功能，具有严肃而浓厚的政治意义，表现为"大叙事"特征，难以有效按照市场规律来运行。大众文化通过市场规则来运作，强调多元化的"小叙事"，注重个体体验，主张个性张扬，关怀日常生活，这些都与主导文化有着明显的区别。

在大众文化建设的过程中，主导文化往往凭借其文化强制力直接干预大众文化。作为国家层面的话语体系，主导文化利用自身优势来宣传合乎政权需要的意识形态和价值观，制订各种文化政策，引导大众文化产品的生产和消费，利用官方主导话语权，对大众文化的价值取向等各方面进行规制和评价。我国每年创作的大量电影、电视剧从摄制到最后公映都要得到有关部门的许可，接受审查，做好必要的备案工作，这样做的目的并不在于确保其艺术水准而是把脉是否存在有违主导文化的内容。大众文化生产者深谙商业化的市场机制和媒介运作机制，往往会巧妙规避主导文化的监控，拓展自身的发展空间，形成对主导文化的"避让"之势。主导文化其实是一种包含"梦想"的理想性文化，但往往由于自身宣传普及方式、话语体系或其他方面原因导致其理想因子无法被大众所接受和认同，因而时常开启大众"梦想之门"的却是大众文化。"无论哲学取得了多大进步，它迄今仍没有给群众提供任何能够让他们着迷的理想，这恰恰与大众的本能不相符，大众无论付出多大的代价，他们必须拥有自己的幻想。"[①] 作为精英文化的哲学是如此，主导文化（马克思主义哲学在我国既是学术层面上的精英文化，也是官方倡导的主导文化）也是如此。大众文化生产者在一定程度上确实摸透了大众"必须拥有自己的幻想"这样一种普遍心理。

---

① 〔法〕古斯塔夫·勒庞：《乌合之众——大众心理研究》，戴光年译，北京：新世界出版社 2010 年版，第 94 页。

一部大众文化作品之所以能够被大众追捧，总是深深地包含了大众幻想性的意义构成和激发快感的符号结构，为大众"做梦"提供必要的幻象空间。正是如此，好莱坞才被称为"梦工厂"，这里不仅实现着电影投资人的"财富梦"、演员的"明星梦"，也有观众的"白日梦"。大众文化的商业化生产机制、利用大众媒介造势的运作机制等提醒我们，"主导文化要学会大量使用大众文化的运作机制来推广自身，借助现代化的大众传媒和文化工业体系，来展示自身的魅力"①，而其善于运用"梦想"机制来吸引受众的方式也是可以被主导文化借鉴的，当然这里的"梦"无论从形式和内容都应与大众文化有所不同，它更多地体现的应是主导文化所内蕴的理想、信念、信仰的力量，并在这种理想、信念、信仰支配下激发出来的行动能量和实践动力。

## 五、实现大众文化与精英文化之间的良性互动

首先，精英文化在我国主要是指由知识分子群体所主导的文化，确切地说，"精英文化是知识分子阶层中的人文科技知识分子创造、传播和分享的文化"②。知识精英阶层凭借其广博的文化知识、高雅的审美情趣、深厚的学术修养，承担着思想启蒙和社会教化的使命，扮演着价值"领军人物"的角色，他们具有独立思考的个性和终极关怀的气度，对商业化、同质化特征比较明显的大众文化往往持批判态度和排斥心理。

其次，实现大众文化与精英文化之间的良性互动，要充分认识到大众的"常识思维、实践经验和日用知识，作为大众文化的基本成分，既是涵养和支持精英文化的社会意识基础，又是精英文化赖以丰富和发展的知识源泉，还是精英文化下渗生活世界，变为大众化的实践力量的承

---

① 金民卿：《大众文化论：当代中国大众文化分析》，北京：中共中央党校出版社 2002 年版，第 19 页。

② 邹广文：《当代中国的主流文化、精英文化与大众文化》，载《杭州师范学院学报》（社会科学版）2002 年第 6 期。

接点与过渡环节"①，因此，不能人为地将精英文化与大众文化对立起来，要注意到两者之间其实是可以相互支撑、实现互利共赢的。精英文化无须始终保持精神上的"贵族化"和思想上的"高姿态"，就如大众文化未必就一定要流俗才能通俗和流行一样。

再次，精英文化与大众文化所关注的社会层面、文化追求的侧重点是不同的。精英文化代表着社会的先进理念和高尚道德情操，承担着宣扬社会理想、传播文明价值、弘扬社会公平正义、阐释人生理想信念等义不容辞的责任，这与大众文化追求感官享受、迎合多样化需求之间确实存在差异。"精英文化是优秀规范和标准的当然继承者，它所关注的是审美的永恒价值，讲求伦理的严肃性、创造性和个性风格，因而形成了不断超越自身的内在动力"②，而大众文化以盈利为导向，制造新奇，夺人眼球，追求流行性，风格各异。为此，精英文化必须敢于担当，勇于承担起自身的使命，通过对现实社会的积极介入和热切关注来传播人文价值和科学精神，敢于针砭时弊，评议现实，确立价值尺度和审美情趣的标准，负责向大众传递符合实际的社会理想和理性精神。

第四，要充分认识到精英文化在当前大众文化建设的实践中也能大有作为。一，精英知识分子可以借鉴大众文化形式来讲解、演绎、传播、弘扬民族优秀文化传统，重建中国文化的价值系统，重塑现代国民性与民族魂，从而使中国文化走向世界，在与世界文化的对话交流中，真正呈现自己的价值和魅力，并为中国的现代化实践注入持久的文化支持力。二，通过对大众文化的合理批判，为大众文化的发展注入人文精神与科学理性，在整个社会建设过程中承担起社会良知的角色并发出社会公正和正义的呼声，为提高全民族的文化素养和精神境界做出不懈的努力。

最后，要清醒认识到精英文化自身也面临着发展困境。面对市场经

---

① 胡潇：《守望精神家园——文化现象的哲学叩问》，长沙：湖南大学出版社 2011 年版，第 408 页。

② 邹广文：《当代中国大众文化及其生成背景》，载《清华大学学报》（哲学社会科学版），2001 年第 2 期。

济的大潮，精英文化遭遇到前所未有的冲击，主要表现是，整个社会人文精神衰落，知识精英阶层犬儒化心态开始蔓延，道德自律性开始弱化，往往沦为各类庸俗潮流的附庸；知识分子追名逐利，学术追求的内在动力削弱；知识精英阶层对社会发展的推动力、对社会现状的批判力明显不足；知识分子在社会上的影响力和在价值观上的感召力呈下降之势；人文知识分子的地位更是岌岌可危，人文学术著作出版发行困难，很多人文学术著作沦为作者"孤芳自赏""自怜自艾"的无读者的文本。面对此状况，部分知识精英分子未能从社会变迁和时代发展角度出发来辩证分析其中的原因，而是主观武断地认为这都是大众文化兴起惹的祸，这就进一步造成精英文化与大众文化之间的隔阂，激化了两者之间的矛盾。部分大众文化作品为了制造卖点、笑点、兴奋点，在人物形象塑造、情节设置上有意无意地简化、扭曲甚至是丑化知识分子形象，对知识分子以及对人类的思想、精神、理论等为知识分子最为看重的成果进行挖苦、嘲讽，从而引发了知识分子的文化焦虑，甚至伤及他们的尊严，如此自然招致其对大众文化的反感。

在当代中国的语境下，知识分子既是一个社会学意义上的阶层概念，也是政治学意义上的一个意识形态概念，大众与知识分子之间在经济利益、政治利益上终究是一致的，文化权益也是相通的，这为大众文化与精英文化之间的良性互动奠定了基础。正如俞吾金教授指出的那样，精英文化与大众文化之间的距离，没有我们想象的那么远。历史上很多文艺作品，像乔叟的《坎特伯雷故事集》、薄伽丘的《十日谈》、德莱塞的《珍妮姑娘》等，原本都是通俗的大众化的作品。这些作品经过一段历史时期的沉淀后，渐渐地升格为经典作品。由此可见，在精英文化与大众文化之间并没有不可逾越的鸿沟。①再如，已故著名作家路遥的长篇小

---

① 2011年《解放周末》推出"文化思考"专栏对复旦大学三位著名教授俞吾金、葛兆光、陈思和围绕中国文化的三大关系——传统与现代、中国与世界、精英与大众进行采访，访文参见《精英文化和大众文化之间的距离没我们想象的那么远》，http://www.culturalink.gov.cn/portal/pubinfo/107/20111121/53f7be3cd1ca42118ba57abebe9eb161.html

说《平凡的世界》，曾获第三届茅盾文学奖，无疑属于精英文化的作品，却也深受广大普通读者的喜爱，自问世以来，近三十年畅销不衰，发行量惊人。特别是随着同名电视剧的热播，青年人中掀起重读路遥作品的热潮，这也说明精英文化与大众文化并非是对立的，有时甚至相互融合、相得益彰。因此，无论是大众文化还是精英文化都需要秉承"各美其美，美人之美，美美与共"的原则，将自身发展好、建设好，善于借鉴对方的优势来弥补自身的不足，实现两者之间的良性互动，这将对我国整个社会主义文化建设大有裨益。

## 六、促进大众文化建设与传统文化资源开发相结合

传统文化资源是大众文化重要的故事素材来源和创作灵感源泉，中华传统文化资源丰富而精深，建设大众文化需要积极利用、合理开发我们的文化资源宝库，充分借鉴它的叙事方式、故事题材、思想主题，特别需要将我国优秀传统文化的内在精神和价值观渗透到当代大众文化作品中。妥善保护和合理开发是辩证统一的，某些传统文化资源具有不可再生性，在建设大众文化过程中既要充分挖掘传统文化资源的价值以满足当代人的需要，同时也不能只顾眼前利益过度使用，如大肆拍摄古装戏可能会造成拍摄场地古代建筑的破坏，将名人故居肆意进行商业化开发不仅可能会破坏名人故居的器物原型，更可能伤及其内在的文化价值，电视鉴宝类节目的过度娱乐化会遮蔽文物本真的价值等。

合理开发优秀传统文化资源，首先要尊重我们民族的历史、民族的文化，不能本着所谓的"娱乐精神"对历史与传统进行想当然的创编和改造，更不能"恶搞"历史与传统，混杂历史虚无主义的内容。其次，要采取适当的大众文化形式来表现传统文化内容，不是所有的大众文化形式都适合呈现传统文化的内容，也不是所有的传统文化资源都可以开发或一定要开发成大众文化作品。最后，开发要"出精品""求品质""重创新"，不能粗俗模仿传统、简单地复制传统，更不能恶意篡改

传统，要让优秀传统文化不仅通过大众文化能老枝长新芽，也能更好地渗透到现代人的日常生活之中，融入现代文化发展的大潮之中。

总之，中国当代大众文化在发展过程中应自觉以主导文化为指导，弘扬主导文化的核心理念，不断拓展发展空间，扩大社会影响力；主动融合精英文化以提升其精神内涵和人文价值；合理彰显、整合优秀传统文化，突出民族性特点；大胆吸收世界文化的优秀成果，提升国际影响力和整体竞争力。

## 第三节　我国当代大众文化建设的对策谋划

我国当代大众文化建设的基本对策是在总体建设思路和发展战略设计基础上的进一步细化和具体化。其大体上又可划分为宏观保障性对策、微观业务性对策和包括消费主体、建设主体在内的文化"双主体"提升对策。三种对策在实际应用过程中是组合使用、互相支撑的，目的是在大众文化具体建设中切实贯彻"以人为本"的方针，协调好大众文化与主导文化、精英文化等之间的关系，兼顾大众文化的经济效益与社会效益，统筹安排各项建设措施，真正促使我国当代大众文化全面、协调、可持续发展。

### 一、宏观保障性对策

#### （一）提升文化治理能力为大众文化建设提供先进的管理机制保障

党的十八届三中全会通过的《中共中央关于全面深化改革若干重大问题的决定》对于构建国家治理体系、提升国家治理能力现代化进行了全面部署。至于何谓文化治理，在理解上主要存在两种视角、一种是运用文化手段和发挥文化功能来治理社会；另一种是对文化进行治理。前者指的是将文化引入治理中，强调的是在国家与社会治理过程中积极发挥文化功能，该意义上的文化治理，突出的是"利用和借助文化的功能用以克服与解决国家发展中问题的工具化"①，也就是要善于利用文化方式和手段来治理社会；后者指的是将治理引入文化之中，强调传统文化管理模式要向现代治理方式转变，也就是把文化作为治理对象来看待。本文中所言及的文化治理是在后者意义上加以使用的，这种文化治理从内容和对象上来看，主要包括三个方面，即宏观上，文化治理是国家经济、政治、文化、社会、生态五大领域整体治理方略的一个部分；中观上，以目前我国文化行政管理体制为基本依据，文化治理以新闻出版、广播电视和文化艺术为主；微观上，以现行文化部管理内容即文化艺术领域为主。②无论是从宏观、中观还是微观上来看，文化治理都是国家和社会治理的有机组成部分，也是一个国家文化及其管理走向现代化的必然选择。随着时代的发展，过去的单一主体、条块分割的文化管理体制不能完全适应时代要求，这就亟待一方面要继续提升文化管理主管部门的业务水平和管理能力；另一方面要积极有效地构建多元参与、双向互动、协同运作的文化治理机制。它旨在通过优化顶层设计、强化基层协调运作、注重多元参与合作，更好地激发当下社会主义文化系统中的各类文化形态的潜力和活力，并使之良性互动发展。提升国家文化治理能力现代化无疑能为大众文化建设提供先进的管理机制保障。

首先，文化治理实行的是文化建设过程中的多元主体参与式管理。这就需要在大众文化建设过程中积极处理好政府、社会、市场三者之间的关系，通过政府的决策引导、弹性管理，社会力量的多元参与和市场机制优化为大众文化的发展创造良好的制度环境、社会环境和市场环境；除了文化企业外，各社会组织以及公民个体也要积极参与到大众文

---

① 胡惠林：《国家文化治理：发展文化产业的新维度》，载《学术月刊》2012 年第 5 期。
② 参见廖胜华：《文化治理分析的政策视角》，载《学术研究》2015 年第 5 期。

化创作中，丰富大众文化产品的内容、拓展大众文化的主题，创新大众文化的体裁。

其次，文化治理强调的是文化建设过程中的协同与合作管理。这就需要在大众文化建设过程中处理好国家、地方、企业等之间的关系。在国家层面上，实行"大文化"管理体制，解决好条块分割、各主管部门分治的问题；在地方层面上，实施区域文化管理的联动机制，进一步推进文化生产经营机制的创新，有效实行"三分开一分离"，即政企分开、政事分开、政府与市场中介组织分开和管办分离；在文化企业层面上，进一步扩大生产经营自主权，激发生产制作、市场开拓的活力和动力，既要积极扶持小微文化企业，又要努力组建有区域和国际竞争力的大型文化企业航母，让各类、各层文化建设单位及相关组织结成自上而下、自下而上、左右平行、大小平等的协同、合作关系，构建国家大众文化治理体系的协同合作管理机制与网络化的运作平台。

最后，文化治理追求的是在文化建设目标上实现文化善治。善治原本是一个政治学和公共管理理论的术语。从过程论的角度来看，善治是一个追求公共利益最大化的社会管理过程。在这个过程中，管理主体上体现的是政府主导的驾驭性与社会参与的多元有效性的结合，管理方式上体现的是刚性与弹性的耦合，管理方法上体现的是科学与艺术的融合。从效果论上来说，善治是达到一种和谐治理的形态，虽然社会的矛盾与冲突仍会不断出现，却能最大限度地被社会所包容、被制度所容忍、被体制所接受、被机制所化解。将善治理念引入文化建设上来，就是要追求文化善治。所谓的文化善治，简单地讲，就是要通过相应的社会治理方式和各种治理手段，在提升国家文化治理能力现代化的过程中，逐步实现人民群众文化权益最大化的过程，并能不断包容、接纳进而化解各类文化矛盾，促成整个社会文化体系相对和谐的状态。我国当代大众文化一方面需要在不断吁求提升国家文化治理能力现代化的大环境中进一步谋划自身的发展战略和建设策略；另一方面也需要不断以文化善治为价值取向，促使自身更深度地融入中华民族文化建设和复兴大潮中，发挥自身的特色和优势，以更加自觉的姿态参与到整个国家文化治理体系构建之中。

### （二）发展文化生产力为大众文化建设提供物质技术保障

马克思在《1857—1858 年经济学手稿》中指出，"一切生产力即物质生产力和精神生产力"[①]。这说明在马克思视界里，生产力不仅有物质生产资料、劳动对象等物质要素作为基础，科技知识、伦理道德等精神因素也十分重要。马克思的有关精神生产力观是构成当代文化生产力思想的最基础的理论依据。从文献学角度来看，党的十六届四中全会通过的《中共中央关于加强党的执政能力建设的决定》首次明确地提出了"文化生产力"这一概念，并对就如何深化文化体制改革以进一步解放和发展文化生产力做出了全面部署。所谓的文化生产力是指"人们围绕满足人类自身的精神需求，把人类自身思想、意志和情感作为文化资源，生产文化产品、提供文化服务和创造社会财富的能力"[②]。这就是说文化生产力既是指一种以文化为载体的精神性力量，也是指在这种精神性力量影响下所能转化为现实的物质力量。

从学理上讲文化生产力的提出是对马克思主义生产力理论的丰富和发展，是对马克思精神生产力观的继承与创新。从现实的角度来看，党中央之所以提出文化生产力这个概念，主要是鉴于文化越来越成为综合国力的重要体现，特别是文化产业对一国经济的发展和生产力水平的提升起到了重要的推动作用。如果忽略理论上的细枝末节，在一定程度上讲，一国的文化生产力就是一国文化产业发展的能力。将文化产业打造成我国重要的国民经济的支柱性产业是中央既定的文化战略方针。党的十八大报告把文化娱乐业、广播影视、音像、网络、旅游、

---

①《马克思恩格斯全集》第 46 卷（上），北京：人民出版社 1979 年版，第 173 页。

② 曹爱军、杨平：《公共文化服务的理论与实践》，北京：科学出版社 2011 年版，第 29 页。

广告等大众文化或与大众文化密切相关的产业作为我国文化发展战略的重要主攻方向。随着国际文化贸易往来日益频繁，世界性文化思潮此起彼伏，国际大众文化市场竞争愈加激烈，"为推动中国大众文化的国际化发展，不断增强我国大众文化的实力，更好的满足人民群众不断增长的文化需求，以产业化的方式发展大众文化是必然的选择"[①]。为此要通过各项措施，如加快高科技特别是数字化技术向文化产业领域的渗透，深度推进"互联网+"向文化新业态的延伸，提高文化企业的生产效率，加快文化市场的网络化渠道构建，做好大众文化产品电子商务平台建设，全面实施"互联网+"，从而为我国当代大众文化发展提供坚实的物质技术保障。

### （三）加强文化立法为大众文化建设提供更加完善的政策法规保障

从文化管理和文化治理的角度来看，当前党和政府需要综合考量国际文化发展趋势、市场需求和大众文化建设的规律来制订相关的发展规划、政策法规以促进社会主义文化的科学发展。大众文化的建设同样离不开相应的文化政策、产业政策的规范与扶持，需要一整套法律法规的保护和激励。

新世纪以来国家及有关部门制定了一系列与大众文化产业化发展相关的政策，如《关于加快电影产业发展的若干意见》《关于促进广播影视产业发展意见》《文化部"十二五"期间文化产业倍增计划》等，以促进文化产业的进一步健康、合理、快速的发展。《关于文化体制改革试点中支持文化产业发展若干税收政策问题的通知》则明确要求对文化产业要实施税收方面的优惠政策。近年来出台的《关于推进文化创意和设计服务与相关产业融合发展的若干意见》《关于深入推进文化金融合作的意见》《关于支持小微文化企业发展的意见》等无疑对推动我国当代大众文

---

① 金民卿：《文化全球化与中国大众文化》，北京：人民出版社 2005 年版，第 412 页。

化的发展起到了积极作用。

　　但总体而言，我国有关促进大众文化建设方面的政策法律还不完善。"我国现有 64 部文化领域的行政法规中有 48 部属于文化行政方面的'管理条例''管理办法'，有 7 部属于文化遗产方面的'条例保护'，只有 8 部属于保护文化权益和促进文化发展方面的立法。"[①] 而其中直接关涉到大众文化发展的就更少。由此说明了我国有关大众文化领域内的法律法规尚不完善，与大众文化蓬勃发展的态势与趋势还不匹配，特别是在网络立法方面与我国繁荣的网络文化、新媒体文化发展现状相比明显滞后，有关大众文化产品的知识产权保护的政策法规还有待于继续完善。为此需要积极推进制订一系列与大众文化建设密切相关的法律法规，严格加以执行，并在实践中不断调适完善。如《文化产业促进法》《文化市场管理法》《印刷发行业促进法》《视听创业促进法》《电影产业促进法》《互联网管理法》《文化产品知识产权保护条例》以及相关地方性法规等都应尽快提到立法的议事日程和实质性的立法程序之中，并争取早日付诸实行。

　　除了政策法规不甚完善外，目前还存在一些对大众文化发展不利的政策，主要体现在国家对大众文化发展的干预有时过于具体，如一些限播令的出台、一些影视的审批等还具有较强的计划经济的痕迹，某些该限播的没有限播，而有些可以播放的，由于在意识形态安全和保持社会稳定方面过于谨慎却不能播出或延期播出。有些限播的政策或具体的限播指令不是依据市场的需求和内容的本身优良来制定，有时则是根据领导的好恶来评定。影视审查是必要的，但审查的标准往往较为模糊，有形式主义之嫌，或者说影视审查并没有对我国影视文化的发展起到很好的引导作用。

　　正是由于促进大众文化建设方面的政策法规的不完善，甚至还存在某些不利于其科学发展的具体政策和规定，因此在未来一段时期，要积极从文化发展规划、文化建设立法、宏观政策扶持、具体部类政策、大

---

① 张振鹏：《我国文化体制改革方向与路径论析》，载《新华文摘》2016 年第 3 期。

众文化产品产权保护等方面来构建更为完备、合理的促进中国当代大众文化建设的政策法规体系，从而为我国当代大众文化科学发展提供强有力的政策法规保障。

### （四）扎实推进文化产业发展为大众文化建设提供科学的产业化保障

相对于公益性文化事业来说，文化产业是指从事文化产品生产和提供文化服务的经营性行业，它主要是为社会公众提供有关文化、教育、娱乐等产品与服务。2004年，国家统计局在与中宣部及国务院有关部门共同研究的基础上，制定了《文化及相关产业分类》的统计标准。根据这个分类，文化产业的范围包括为社会公众提供实物形态文化产品的生产活动，如书籍、报纸的出版、制作、发行等；为社会公众提供可参与和选择的文化服务和娱乐服务，如广播电视服务、电影服务、文艺表演服务等；为社会公众提供文化管理和研究等服务，如文物和文化遗产保护、图书馆服务、文化社会团体活动等；为社会公众提供文化、娱乐产品所必须的设备、材料的生产和销售活动，如印刷设备、文具等生产经营活动；为社会公众提供文化、娱乐服务所必须的设备、用品的生产和销售活动，如广播电视设备、电影设备等生产经营活动；与文化、娱乐相关的其他活动，如工艺美术、设计等活动。这个标准尚不是一个严格的产业分类标准，只是一个对文化及相关产业便于进行经济学意义上量化统计的行业分类细则，不过，这对于我们理解和把握我国当前文化产业的产能、生产经营状况、经济效益等还是具有重要的参考价值。

文化产业很特殊，它既有普通产业所涉及的经济效益问题，同时比其他产业更多地牵涉到社会效益、意识形态等方面的问题。正因为如此，詹姆逊主张第三世界国家为了摆脱西方发达资本主义国家意识形态的干扰和文化控制，必须发展自己的文化产业。这一点对于我国大力发展文化产业不无启示作用。随着文化全球化浪潮涌动、文化贸易不断走高、文化交流日益高涨，按照市场准入原则，国外的文化产品中主要是大众文化商品会以更猛的势头纷纷涌入国内文化市场。在一定程度上，文化全球化也可以理解为大众文化的全球化，正是在这种情况之下，我国如何应对国外大众文化商品的冲击，如何保护民族文化产业的发展就成为一项重要课题。笔者认为，只有从根本上肯定大众文化，重视大众文化，创作更优秀的大众文化作品，大力发展我国的文化产业，进一步规范和繁荣文化市场，才是最有效的应对与保护。[①]

就现状而言，我国文化产业仍然处于发展阶段，无论是规模总量还是质量效益，无论是对内满足人民群众的文化需求还是对外扩大中华民族文化的影响，都还存在较大的提升空间。还有个问题就是目前我国的文化产业虽然得到了政策上的支持，发展势头强劲，但也不排除部分地区、领域存在"文化产业虚热"的现象，相当多的地市纷纷建立文化产业园、文化科技产业园以及各类文化产业基地，但实际在招商引资、文化实体经济方面还很薄弱，并不是以高度负责的态度和高质量的业务来推进文化产业的发展，这给我国文化产业的科学发展带来了隐患。但随着我国整体经济实力的进一步增强，经济新常态下经济结构的进一步调整优化，人均收入水平持续提升，文化体制改革不断深化，综合国力和国际影响力明显提高，文化产业迎来一个加快发展的黄金期，随之大众文化也将会迎来更好的发展机遇，开创更好的建设局面。

## 二、微观业务性对策

### （一）扶持优秀大众文化作品创作

大众文化作品的创作是大众文化建设的基础工作，大众文化最终能否获得社会尊重也要靠优秀作品来支撑。大众文化创作具有自身的特点，

---

① 参见李明：《当代大众文化建设问题聚焦——兼论后现代主义大众文化理论对我国当代文化建设的启发意义》，载《内蒙古社会科学》2013 年第 2 期。

这要求我们必须深入而系统地研究优秀大众文化的特质、创作机制等问题，探索大众文化之所以深受人民群众欢迎和得以流行的深层原因，研究国内外优秀大众文化产品的创作、传播等方面经验。目前我国在创作优秀大众文化的过程中需要注意的问题主要包括如下几个方面。

首先，大众文化创作要走正道。不可否认近年来我国大众文化在创作上出现一些问题，不少通俗文学、影视剧，大写特写人性的丑恶，夸大无所不能的金钱功能，有意放大人的动物性，过分取媚大众，追求娱乐性和经济效益，成为市场和金钱的"奴隶"。习近平总书记在文艺工作座谈会上，对目前我国文艺创作中的不良倾向进行了深刻剖析，并就社会主义文艺创作原则问题进行了高屋建瓴的阐述，对于我国文艺创作具有重要的指导意义。习总书记在文艺工作座谈会上的讲话，虽然主要针对的是我国整个文艺创作，但必将对我国当代大众文化建设产生重要而深远的影响，将进一步推进我国大众文化更坚定地走正道。这里所谓的正道，即大众文化创作者的心态要摆正，摒弃功利之心、浮躁之气和因袭之风，自觉走中国特色社会主义文化道路。社会主义大众文化创作从根本上来说不是为了市场、为了名利，而是要为社会主义的人民大众服务，不要因为大众文化的商品性、消费性就为种种不良倾向找托词、寻借口，要自觉地将大众文化创作融汇到社会主义先进文化创作和建设的大潮之中，要自觉地彰显主流价值观的思想力量和人性的光辉。优秀大众文化作品应着力于弘扬民族精神和时代精神，体现爱国主义和集体主义的精神要求，传达社会正能量，能从不同的侧面反映富强、民主、文明、和谐，自由、平等、公正、法治，爱国、敬业、诚信、友善等社会主义核心价值观的思想内容或精神要素。

其次，贴近百姓生活，以引发人们思想的普遍共鸣为基础，进一步在潜移默化中提升人的精神生活。优秀大众文化的创作应当坚持"以人为本"的方针，从人民群众生活中汲取灵感，经过艺术化的创作、加工，既能真实反映百姓的喜怒哀乐、真实心声，又能对大众生活产生积极有益的作用，有利于在社会上形成"向善向上"的文化力量。大众文化创作在内容上要贴近实际、贴近生活、贴近群众，在表现形式和传播手段上要善于创新，符合接受心理学、接受美学的要求。在这方面，英国的著名魔幻小说《哈利波特》系列可以给予我们一些启发。该系列小说不仅大卖，由此改编的电影也不断刷新票房纪录。《哈利波特》系列其实也就是通过表现形式和传播手段的创新将人们所熟知的勇敢、正义、忠诚、友善等人类正能量的价值观巧妙地、极富想象力地传达出来，从而在全球文化市场上获得了巨大成功。"寓教于乐"是优秀大众文化所要追求的目标，但真能做到这一点并不容易，这需要在内容、体裁、主题选择上富有生活气息而不流于俗气，富有时代气息而不割裂传统，富有创新意识而不故弄玄虚，更不能进行恶搞。在创作视角、表现方式、叙述和创作心态上具有平民意识而不是"居高临下"，也不是简单地让大众文化直接充当"说教"的角色和思想宣传的工具。在制作形式上，优秀大众文化作品并不一定需要惊天动地的所谓"大手笔、大制作、大宣传"，只要内容和形式能吸引人、打动人心，在"润物细无声"地传播真善美的过程中被大家所喜爱就是优秀的大众文化作品。

再次，大众文化要在精神塑造上下功夫。精神性的匮乏是我国当前大众文化的一种典型的通病。因此，如何在精神塑造上下功夫成为我国当前大众文化建设的一个重要的考量方面。一方面我国当代大众文化要自觉地传播民族精神和时代精神；另一方面它还需要不断充实人文精神。人文精神是"从各门'人文科学'中抽取出来的'人文领域'的共同问题和核心方面——对人生意义的追问"[①]，只有大众文化中内含丰富的人文精神才能真正吸引人，才能体现出"以人为本"的精神追求。

最后，在具体创作上，要力求做到精品与新品并举。能称为大众文化"精品"之作至少要包含以下两个方面的要素：一是重"精美"，即制作要

---

① 王晓明：《人文精神寻思录》，上海：文汇出版社 1996 年版，第 207 页。

专业不能粗糙，内容要饱满丰富不能粗俗、流俗、拖沓，每个细节都要经过精心打磨，尽一切可能，避免内容与形式上的瑕疵。二是重"精神"，即大众文化作品不仅能愉悦人的心情，满足人的感性需求，也能增长人的知识、启迪人的思维、丰富人的思想、开启人的智慧、升华人的情感、培育人的美感、净化人的心灵、传递社会正能量。只有做到"精美"与"精神"的统一，大众文化方能出"精品"，大众文化的文化品格才能树立起来。大众文化要出精品，既需要天马行空的"创造力"，也需要脚踏实地的"匠心"运作，更需要务实的"工匠精神"去全心投入、精心制作、用心打磨。只要是"精品"，自然就会有市场，或者经过合理的市场营销运作自然能获得大众的喜欢，做到"叫好"与"叫卖"的统一。大众文化的"新品"是指大众文化产品的创意要"新"、表现形式要"新"、传播形式要"新"、内容要体现出"新时代""新风尚""新思想""新成就"。在一定意义上来说，在大众文化领域内，"'新品'是'精品'文化'普通'化的必然之路，以'精'为内核，以'新'为表征"[①]。大众文化在具体创作时需要自觉贯彻这样一个要求，才能满足人的精神需求，赢得尊重，获得大众的喜爱，赢得市场，实现可持续发展，赢得更美好的未来。

## （二）强化大众文化企业管理

得到市场的认可是大众文化得以发展的重要前提，也正是在市场的磨练中，大众文化才能获得可持续发展和持久创新的动力。企业是市场的细胞，文化企业能否发挥活力，决定着整个文化市场肌体能否保持勃勃生机。这正如美国当代著名思想家丹尼尔·贝尔所指出的那样，"市场是社会结构和文化相互交融的地方"[②]，大众文化企业的生产和流通过程

---

① 张永红、梁建新：《马克思的文化产业观及其当代价值》，载《马克思主义研究》2010 年第 12 期。

②〔美〕丹尼尔·贝尔：《资本主义文化矛盾》，赵一凡等译，北京：三联书店 1989 年版，第 136 页。

其实与其他企业一样，都要遵循价值规律和市场规则。这就要求在一定宏观调控的基础上，对待文化企业要充分利用经济杠杆来引导它们将生产、传播优秀大众文化产品作为企业的自觉行为，使其能兼顾经济效益和社会效益，成为不断涌现优秀大众文化作品的重要领地。

无论是大中型文化企业还是小微文化企业，都要善于利用现代科学技术手段优化企业管理流程，合理配置资源，将积极利用和合理保护文化资源有机结合起来，积极运用网络技术、智能化技术、数字化技术提高高端文化产品和服务的供给能力。国有大中型文化企业还需要积极构建更适应时代要求的现代企业制度，创新科学管理方式，完善企业管理的顶层设计，加强企业管理的制度化、规范化、科学化建设，着力塑造文化产品的系列品牌，不断拓展国际文化市场的领地和范围。

大众文化企业在加强自身管理过程中要借助市场化的强大的激励作用，积极鼓励创新，将科学发展观的理念渗透到企业管理中来，在文化生产上讲求实事求是，量力而行，以市场为导向，体现出"以人为本"的精神。以影视公司为例，在影视大片的制作上要努力突破"大片"主题的固有模式，将其在武打、战争、贺岁题材下充分"解放"出来，使投资过亿的影视作品可以围绕社会主义现实题材甚至直接结合文化建设题材展开策划制作。挖掘"微电影"个性化、亲民化、艺术化表现主流文化观念的优势和潜能。增强大众文化"润物细无声"的社会教育、文化传承功能，让中国当代大众文化能够部分承担起民族优秀传统文化与社会主义先进文化，特别是科学发展观、社会主义核心价值体系、社会主义核心价值观等"走出去"的文化使命。

### （三）优化大众文化市场运作

优化大众文化市场运作需要重塑文化市场主体，特别是要理顺政府与文化企业之间的关系。文化产业格局和文化市场格局的形成，不能只靠单纯的行政命令来推进，而必须依循文化市场运作的规律来开拓。为此，一方面，我们必须努力促进文化创新，多出文化精品，不断提高民族优秀传统文化、社会主义先进文化的影响力和竞争力，努力将我们的文化资源优势转化为文化竞争优势；另一方面，我们必须按照一手抓繁荣、一手抓管理的方针，加快建立和健全统一、开放、竞争、有序的现代文化市场体系，完善文化市场的管理机制。

十八大报告提出，要加快完善文化管理体制和文化生产经营机制，基本建立现代文化市场体系，健全国有文化资产管理体制，形成有利于创新的文化发展大环境。大众文化市场运作机制的建设，从本质上说，就是要建立中国特色的现代文化市场体系。面对国外大众文化产品的冲击和人民群众日益增长的物质文化需求，以产业化的方式发展大众文化，构建现代文化市场体系是必然的选择。我们必须树立文化产业化的观念，让我国文化产业、大众文化去接受市场特别是国际市场的洗礼。对现行的文化管理体制进行全面改革，整合现有的文化资源，汲取传统文化的养分，打造支柱型文化产业和具有品牌效应的文化产品，拓宽文化资本、文化创作与生产主体的多元化渠道，确保大众文化市场健康发展。改善大众文化市场的运作方式，以科学发展观为指导，特别是要发挥"以人为本"的内在精神力量和现实感召力激发国内影视的"内生性"增长力量，打破进口大片的票房神话。例如，2011年中国电影市场票房前三甲皆为进口大片，其中《变形金刚3》高达11亿，这说明我国影视文化在市场运作方面依然存在严重不足，还有较长的路要走。为此，大众文化在市场运作过程中还需要积极做好以下几个方面的工作。

一是大众文化在市场运作过程中需要有关文化市场方面的法律和行业协会的规制来加以约束。通过建立健全相关法律，以法律的强制性和规范性使文化企业的经营活动和管理活动可以在法律框架内平稳运行，依法处理可能出现的各种矛盾冲突，保障文化企业的合法权益不受侵害。政府应当减少行政审批，给文化企业的生存发展创造更大的活动空间，同时又要做好市场引导和宏观监管工作，进一步发挥非政府组织（NGO）

的作用，借助行业协会来对文化企业进行具体监督，组织成立相关文化企业联盟或协会，加大行业协会对文化企业的业务指导和市场行为监控与评价的力度。设立产业基金或优惠性的文化项目贷款服务，利用现代金融手段和多元融资渠道对文化企业的经营管理实施正面引导。制订包括市场准入、生产、审查、评估、道德自律公约在内的各种行业规则，建立健全文化产品分级、分类、审核、准入制度，从而实现对大众文化产品的生产、流通等环节进行合理把关。

二是大众文化在市场运作过程中要充分尊重利用经济杠杆的作用。例如在融资方面，文化企业可引入社会资本，实现资金来源渠道多元化，解决文化企业资金来源不足的问题，让社会力量参与其中，以补充新鲜血液，带来更大的活力。政府可以建立优秀大众文化产品基金制度，为大众文化作品的个人创作和集体创作提供资金支持，解决他们的后顾之忧，激发他们的创作灵感和热情，奖励那些创作和发行优秀大众文化作品的先进个人和先进集体。合理使用税收手段，通过减免税收、实行差别税率等措施来鼓励优秀大众文化的创作、生产和销售。

三是深刻把握中国大众的文化需求，合理引入"供给侧"改革思维，将培育大众文化市场与净化大众文化市场结合起来。目前"人民精神文化需求日趋旺盛，人们思想活动的独立性、选择性、多变性、差异性明显增强"[1]。在此背景下，文化呈现出供需两旺的局面。大众文化的繁荣虽然需要市场的支撑，但中国当代大众文化绝不能成为市场的奴隶，它要在把握大众的文化需求及其趋势的基础上，通过引入必要的"供给侧"改革思维，即能"供"什么、应该"供"什么，用什么方式"供"、用什么渠道"供"等角度来研究如何利用大众文化满足人们精神生活的需要。目前我国大众的文化需求呈现出以下五种变化趋势：文化需求总量增长快，需求空间大；社会对文化产品和文化服务质量提出更高的要求；文

---

[1] 中共中央文献研究室：《科学发展观重要论述摘编》，北京：中央文献出版社、党建读物出版社 2008 年版，第 11 页。

化消费更加多样化和市场化；文化产品的制作、传播、消费手段和方式更加科技化、现代化、信息化；对外文化交流的诉求和程度日益提高。把握住这五种变化趋势对做好从供给侧改革的视角来优化我国当代大众文化的结构布局及提升大众文化市场建设的实效性，将具有很好的启发意义。中国当代大众文化建设就是要在全面把握大众的文化需求的基础上，在丰富和净化市场过程中，要以必要的供给侧改革为视角，充分合理地利用市场机制的方式生产和提供更多的优秀大众文化产品来满足广大人民群众的文化需求。

四是文化企业要注重培育自己的企业文化，实现企业文化和优秀大众文化相契合，做到经济效益和社会效益的有机统一。当前越来越多的文化企业认识到，要想在竞争激烈的市场环境中，使企业的生命力更顽强、更有竞争优势，就必须重视和加强企业文化的建设。实践证明企业文化有助于增强企业的凝聚力和提高工作效率，有利于塑造企业形象和打造企业品牌。优秀的企业文化所倡导的诚实守信、爱岗敬业、奋发有为、追求卓越等思想理念，在本质上与优秀大众文化作品所要传达的精神往往是相通的。建设好文化企业的企业文化将有助于创作和生产出更多高质量的优秀大众文化作品。

### （四）拓宽大众文化企业的融资渠道

当前我国大众文化企业的融资主要是通过民营资本投资、国家财政投入（含国家文化产业发展专项资金）、传统金融机构信贷、上市发行股票等渠道来完成的。财政投入和上市发行股票主要针对的是大型文化企业，小微文化企业的融资渠道相对狭窄。据国家统计局数字显示，2013年末，全国共有小微文化企业 77.3 万个，占全部文化企业的 98.5%。[①]

---

① 苏丹丹、蔡萌：《国家统计局首次发布小微文化企业统计数据》，载《中国文化报》2015 年 4 月 28 日。

它们在将来有可能成为我国大众文化建设的主力军和生力军。不可否认，大众文化需要大量的资金投入。不过，要保证我国大众文化产品的质量和具有国际竞争力，守牢国内文化市场，开拓国际文化市场，必要的资金投入是必需的。换句话说，如果过去是"经济搭台、文化唱戏"，那么现在和未来将是经济与文化相互支撑，共同"出演"，没有相应的文化支撑的经济走不远，反过来没有经济实力支撑的文化也难以真正强大起来，这点在大众文化建设上表现得尤为突出。

由于大众文化具有重创意、轻资产的特点，再加上后期成本回收风险较大，利润创收不确定因素较多，一般社会资本不会轻易流向大众文化企业；大众文化企业往往也从资金风险的角度考虑，不会轻易向银行等金融机构去融资。例如，动漫项目制作周期不固定，播出费用相对较低，预期收入又难以确定，这样就迫使众多动漫公司即使资金短缺也不愿意去银行申请贷款。因为市场预期收益不确定，倘若不能如期连本带息地偿还贷款，在目前金融机构严格控制风险的情况下，很可能就会倒闭。除了银行贷款不易外，社会资本的投资动力不足、企业融资渠道单一也使得众多小微文化企业面临"缺钱"的难题，特别是在初创期和项目启动期问题显得就更为严重。再加之当前经济下行压力较大，经济迈入新常态，投资公司、基金公司以及民间游资普遍对文化企业持谨慎的投资态度。这在一定程度上也造成我国大众文化企业资金的短缺以及融资渠道不畅，从而给大众文化企业的可持续发展埋下了资金链可能断裂的隐患。为此，要在尽量改善财政投入、合理发挥金融信贷作用等传统方式的前提下，进一步推进并完善大众文化建设的投融资体系，拓宽和创新大众文化企业的融资渠道。

首先，多方面利用资本市场，盘活现有资金。鼓励、帮助有条件的大众文化企业在国内外资本市场上市或挂牌，推进大众文化企业进一步股改，对有发展前景的大众文化企业引入孵化机制，进行上市培育。政府及相关部门与社会组织可设立一批用于大众文化建设的专项基金账户，激活现有文化基金市场，促进文化资本市场和文化股权市场的有序健康发展，盘活现有的资金。目前可鼓励和支持大中型文化企业采取短期融资券、中期票据、资产支持票据等债务融资工具以优化融资结构。

其次，落实文化金融政策，切实建立文化金融合作试验区。2010年3月，中国人民银行、财政部、文化部等国家九部委印发了《关于金融支持文化产业振兴和发展繁荣的指导意见》。为了落实该指导意见，特别是为了贯彻十八届三中全会关于"鼓励金融资本、社会资本、文化资源相结合"的政策，2014年3月文化部、中国人民银行与财政部联合发布《关于深入推进文化金融合作的意见》。要求推进文化产业与相关产业融合发展，推动互联网金融业务与文化产业融合发展，鼓励电子商务平台类机构发挥技术、信息、资金等优势为文化创业创意人才、小微文化企业提供特色金融服务，并提出要建立文化金融合作试验区，积极发展文化金融业，其中就包括针对媒体类企业推出的影视制作融资、版权融资，针对艺术类企业尝试推出艺术品质押融资，针对广告会展类尝试推出应收账款融资、订单融资，针对数字内容类企业尝试推出有文化信用贷、文化履约贷、股权质押贷。大众文化企业要主动把握这个机遇，积极与银行等金融机构沟通，推介自己的产品项目，融入文化金融合作试验区的创设工作中去。

最后，务实利用互联网金融，完善文化众筹机制。众筹一词源于英文Crowdfunding，即公众筹资之意。"在大数据时代的背景下，众筹作为一种全新的融资模式，一经互联网相融合，便迸发出难以想象的成长潜力。"① 大众文化企业，尤其是小微文化企业利用互联网金融，合理采取众筹方式将是增强融资能力的一条重要途径。具有关数据显示，2015年国内共发起文化类众筹活动1940起，募资约9.58亿元。从统计数据来看，每起众筹平均融资金额为49万元，这恰好符合文化创意项目资金规模小的特点。对于小微文化企业而言，一般几万到几十万金额就能成为

---

① 徐京平、张荣刚，刘鹏飞：《网络众筹、激励相容与风险约束——基于产业演化视角》，载《学术界》2016年第1期。

一个项目的启动资金，由此众筹平台成了小微文化企业文化项目启动资金的一个重要来源。[①]但目前对于利用互联网进行文化众筹，法律环境尚未成熟，存在融资风险。2015 年 8 月，证监会发布了《关于对通过互联网开展股权融资活动的机构进行专项检查的通知》，并部署地方有关部门要对通过互联网开展股权融资中介活动的机构平台进行专项检查，但整体上目前对互联网金融的监控措施并不到位，文化众筹机制本身也还需要健全，大众文化企业，特别是小微大众文化企业在利用众筹融资时依然存在运行机制不完善、激励约束机制不健全、风险防范机制安全等方面的问题。

### （五）提升大众文化与高科技的融合度

科技创新是文化发展的重要引擎，是文化形态演进发展的催化剂，特别对大众文化形态演化起到了至关重要的作用。半导体电子技术催生了广播、电视、电影、音乐等文化业态，文化产品实现了以工业化方式进行批量生产；计算机技术催生了动漫游戏、数字特效、创意设计等文化业态，数字文化产品可实现大批量的存储和传输；互联网信息通讯技术催生了网络游戏、手机游戏、网络视频、无线音乐等文化业态。

目前文化科技融合的重点是推动文化产品数字化、网络化和智能化，推进文化科技产业与互联网、移动互联网等信息科技深度融合。推进文化与科技融合，就要把运用高新技术作为推进文化建设、提高文化创新能力和传播能力的新引擎。2014 年 2 月，国务院印发了《关于推进文化创意和设计服务与相关产业融合发展的若干意见》，要求重点落实"塑造制造业新优势、加快数字内容产业发展、提升人居环境质量、提升旅游发展文化内涵、挖掘特色农业发展潜力、拓展体育产业发展空间、提升

---

① 参见劳卓杰：《文化众筹现状尴尬政府应加强孵化》，载《中国文化报》2016 年 2 月 27 日。

文化产业整体实力"七项任务。2014 年 4 月，国务院办公厅印发了《关于文化体制改革中经营性文化事业单位转制为企业和进一步支持文化企业发展两个规定的通知》，提出加大财政对文化科技创新的支持，将文化科技纳入国家相关科技发展规划和计划，积极鼓励文化与科技深度融合，促进文化企业、文化产业转型升级，发展新型文化业态。2014 年 7 月，文化部、工业和信息化部与财政部联合发布了《关于大力支持小微文化企业发展的实施意见》，鼓励小微文化企业要及时把握传统文化与现代元素相结合、文化与科技相融合的发展趋势，不断催生新技术、新工艺、新产品、新服务。由此可见，文化与科技融合已成为当前我国文化建设的一个重点领域。

　　大众文化在建设过程中要充分运用数字化、网络、云计算、虚拟仿真、新型显示、新型广电传输、移动互联网等技术，形成新兴的创作方式、传播载体、销售网络系统和视听体验系统。总体上来说，目前我国大众文化建设在主动融入新科技方面相当积极也取得了较好的效果。据统计，2014 年通过手机 APP 和电脑网站订购电影票的比例达到 39%，其中国内最大的电影 O2O 在线平台"猫眼电影"的电影票交易额超过 50 亿元，占中国总票房的 20%，该交易方式还在继续保持高速增长的势头。动漫电影是大众文化与新科技高度融合的产物，2014 年上映的《熊出没之夺宝熊兵》获得 2.4 亿元高票房，而专为成年观众打造的《秦时明月 3D 电影龙腾万里》和《龙之谷：破晓奇兵》两部动漫电影也分别获得 5811 万元、5730 万元的较高票房收入。随着视频网站技术的成熟，大量视频网站成为大众观看视听性大众文化产品的主要方式，截至 2014 年 12 月，中国网络视频用户达到 4.33 亿人，比 2013 年增加 478 万，用户使用率达到 66.7%。[①] 并由此涌现出了优酷网、爱奇艺、腾讯视频、土豆网、乐视网等一大批知名的视频网站。

---

① 李凤亮、胡鹏林:《"互联网 +"时代的文化科技融合——2014 年文化科技创新总报告》，载《福建论坛》(人文社会科学版) 2015 年第 12 期。

不过，当前我国大众文化建设在融合高科技方面依然存在某些较为突出的问题，主要表现为高科技融入文化资源开发上的力度不够，在利用高科技开发新的大众文化产品和新的工艺方面存在短板和不足，高科技与大众文化融合的市场动力尚未充分激发出来，在"互联网＋"思维的具体运用上还有待提升。

为此，首先要提高文化资源与技术要素的融合度。这就需要一方面加强文化资源的技术性开发和数字化应用，实现文字、图像、声音、视频等各种信息和资源能以数字化的方式存储和展现；另一方面将技术要素结构性地融入文化资源中，提升文化资源的可利用率及利用效果，并且通过技术性手段对其加以合理保护。其次，强化产品融合。将产品内容的原创性和制作技术的创新性、展现方式的新颖性结合起来，将分散的媒体产品及形式向统一的多功能平台汇集，加强大众文化产品信息资源的共享性，同时利用信息化、数字化技术更好地开发新的文化产品和新的工艺。再次，促进市场融合。这需要在科技创新的支撑下，形成大众文化市场与其他市场之间的汇合与合并，积极鼓励第三方支付机构发挥贴近市场、支付便利的优势，提升文化消费便利水平。加强网上银行业务推广，提高网络支付的便捷性和安全性，改善演艺娱乐、文化旅游、影视传媒、电子阅读等行业的刷卡消费环境。最后，推进"互联网＋"为重点的融合方式。努力打造更为坚实可靠、引领文化发展风向的"互联网＋"平台。并以此为基础，进一步培育、孵化一批具有"互联网＋"思维的大众文化产品研发、生产、营销机构，带动大众文化的制作、传播、消费、客户体验等模式的创新。

### （六）塑造大众文化品牌

大众文化具有商品属性，市场上的大众文化产品本身就是商品，只不过是一种较之其他器物层面的商品而言有其特殊性罢了。"文化作为商品在广大的市场上买卖与交换，它是通过传播'硬件'制造出来的，并为硬件服务的'软件'。"① 只要是商品，就会涉及品牌问题，再好的商品失去强有力的品牌支撑也会失色许多。目前我国大众文化建设中最迫切要解决的问题就是大众文化缺乏品牌地位和品牌效应。其实，我国并不缺乏好的大众文化题材，美国的《花木兰》《功夫熊猫》在很大程度上就是利用我国的文化题材或文化元素而取得成功的，这一现象值得我们深思。

我国目前虽然也涌现出一批优秀的大众文化作品，但在国际上除了"功夫片"以外一直没有形成自己的大众文化品牌尤其是系列品牌效应。纵观欧美一些发达国家，其大众文化品牌可谓深入人心，甚至成为一个国度的文化符号。美国人打造的好莱坞电影占领了全球电影总票房的三分之二，仅一本《读者文摘》年创造利润就超过25亿美元；迪士尼及其打造的米老鼠与唐老鸭等品牌早已响遍全球；柏林国际电影节已经成为德国和世界电影的重要"窗口"；戛纳电影节则被打造成法国和世界电影的重要"秀场"；英国的大众文化创意产品的畅销使英国博得"创意之国"的美名。再环视我们邻国，不难发现，其中有些国家已经形成了自己的大众文化全球品牌效应，并打起品牌的组合拳，诸如日本的卡通、动漫，韩国的古装宫廷戏、都市纯情剧、青春励志剧都已在国际造势多年，且取得不俗的业绩，其品牌价值已得到国际业界的普遍认同。相对而言，我国的大众文化品牌塑造意识长期滞后，只是近年来才得到重视。当前世界大众文化市场竞争异常激烈，若缺乏强有力的品牌支撑，大众文化产品的市值及其营销效果无疑将会受到很大的影响。因此，当前要特别重视大众文化品牌的打造，善于进行品牌的策划、推广、运营管理。

首先，在大众文化品牌塑造上，我国大众文化生产、管理、销售等机构需要不断增强自身的创新意识和能力，在业已形成的大众文化品牌格局中，要以题材、体裁、形式、创作手法、传播方式等方面的创新脱

---

① 《麦奎尔大众传播理论》，崔保国、李琨译，北京：清华大学出版社2006年版，第79页。

颖而出，争取获得业界、市场和受众更大的认可。通过加强文化创意来推动品牌深度运作，逐步融入国际大众文化品牌的主流中，甚至在世界大众文化市场上起到品牌引领作用。

其次，对已经具有一定认可度的大众文化产品要积极进行更深层次的品牌培育，提升文化内涵，扩大品牌影响力，探索走系列品牌、组合品牌、差异化品牌竞争的路线，不断扩大自身的知名度和美誉度，打造标志性的大众文化业态及相应品牌标识。

再次，形成大众文化品牌产业链和衍生运作机制，并通过进一步的市场细分与多层级市场开发，增强大众文化的品牌连锁效应。

第四，将大众文化品牌建设与国家文化形象力构建结合起来，对反映我国当代社会实践、具有民族文化特色、弘扬中国文化精神、讲述中国故事的大众文化产品进行着力塑造、精心打磨和全力推广。

最后，在具体品牌管理和运营中要积极引导我国文化企业以马德里商标国际注册体系为重点，提高国际商标注册总量，在运作好原创品牌的基础上，积极联合、借用、并购、改造海外知名文化品牌，让我国大众文化产品能更好地"走出去"，产生更大的全球文化品牌效应。

另外，大众文化品牌在建设过程中还需要打好情感牌，铸造民族精神力量。美国著名的营销管理学家菲利普·科特勒（Philip Kotler）认为，"最强大的品牌提供的不仅仅是对商品的理性追求，更多的是情感上的诉求"[1]。当然，品牌的意义还不仅如此，它甚至能帮助消费者认识、维护和建立"社会自我"，这种通过品牌消费来实现的自我认同其实也就是一种文化认同，并且越来越成为当代人的一种独特的文化生活体验。因此，大众文化品牌在建设过程中还需要打好情感牌。一方面要善于将人类共同的情感记忆、民族情感、人与人之间的美好情感，渗透到大众文化之中，让受众能在消费大众文化产品之际感受到人类情感的伟大，激发其作为普通人的情感力量，从而使我国当代大众文化在日益激烈的

----

①〔美〕菲利普·科特勒:《营销管理》,上海:上海人民出版社2003年版,第468页。

国际竞争环境中，对世界普通民众产生特有的文化吸引力、感召力和影响力；另一方面通过塑造品牌，铸造品牌文化，提升大众文化品牌的人文内涵和精神品格，借助品牌的影响力来传播更为科学、健康、文明的生命理念、生活方式和文化意识，从而在国际上进一步彰显中国精神，体现中国力量。

## 三、文化"双主体"提升对策

### （一）消费主体：大众的文化审美能力提升

高雅文化与大众文化共生共荣是文化生态发展的必然格局，提高大众的文化素质和人文修养，离不开高雅文化的熏陶以及其自身审美能力的提升。中国当代大众文化的建设需要努力做到更好地"反映中国人审美追求"，达到"思想性、艺术性、观赏性有机统一"，"弘扬中国精神、凝聚中国力量"。[①] 只有如此才是从根本上对当代大众文化的文化性、艺术性、美学性及其价值的真正维护与引导，这也是促使当代大众文化全面、协调、可持续发展的关键所在。

虽然近年来我国经济发展水平不断提高，人们生活条件持续改善，大众的文化素质也有了较大提高，但总体上而言，我国大众的人文修养和审美能力还有待进一步提升。同时，我们也应看到，我国经济发展存在地区差异，贫富差距较明显，部分地区经济滞后，教育水平仍然比较落后。加上我国幅员辽阔，人口基数大，民族众多，分布广泛，审美差异性大，提高大众的审美能力的任务还很艰巨。在大众文化感性化、世俗化的背后虽然存在着必然性和合理性，但这并不意味着没有必要对其进行人文观照和美学审视，相反更需要以人文精神和美学意识来中

---

① 中共中央宣传部：《习近平总书记系列重要讲话读本》（2016 年版），北京：学习出版社、人民出版社 2006 年版，第 200 页。

和其商业化气息和世俗性特征。文化沉思的主体不能仅仅局限在学者和理论工作者群体内，随着大众的人文素质和美学素养的提升，他们也应成为具有美学意识与文化反思能力的主体，当然这需要一个相当长的历史过程。

首先，要加大教育投入，提高全民族整体的文化素质。只有大众的文化素质得到全面提升，才能营造出良好的审美环境，才能塑造大众高雅的审美情趣，为高雅文化的普及推广提供社会环境和生存土壤。在文化教育中，还应融入思想道德教育和审美教育，灌输正确的价值观、审美观，充分发挥高雅文化净化心灵、陶冶情操的作用，促进大众的道德水准、文化素质、人文素养、审美能力等的协同提升。

其次，要加强公益性文化工程和文化项目建设，完善公共文化服务体系。一是要进一步推动高雅文化、精品文化进社区、进校园、进乡村、进企业的"四进"工作，让更多具有审美价值的各类文化形式能有效地传播到社会基层；二是结合各地区实际，促进新时期的"三下乡"活动正常有序开展，落实广播电视"村村通"工程和数字化改造工程，开展各种形式的免费展演巡演，建立和完善城乡基层文化娱乐基础设施，丰富城乡群众文化生活，让大众有必要的审美平台、审美空间、审美资源；三是继续落实文化馆、博物馆的免费开放政策，邀请各级各类专家学者开展文化讲座与学术报告进社区活动，让普通百姓有更多的机会领略文化艺术乃至学术的魅力。

再次，提升大众审美能力还要做好统筹兼顾工作。要注意到我国幅员辽阔，各地区风俗习惯和文化环境存在差异，所以要有针对性地开展具体的美育工作；要注意到不同地区由于经济发展水平的差异而导致的精神文化需要和审美倾向上的差别；要注意到城乡之间的精神文化生活的联系和区别，要尊重城乡之间不同的审美习惯，因势利导地逐步提高不同群体的审美能力。

最后，把审美能力提升与科学的消费观、幸福观的构建统一起来。大众文化的商品性决定了其发展需要在具有较为浓郁的消费社会的气息和环境下才能发展，人们的消费理念如何，对于大众文化无论是量的规模扩张还是质的水平提升都至关重要。反过来，大众文化也深刻地影响着普通民众的消费观以及与消费观紧密联系的幸福观。因而目前在大力发展文化产业、繁荣大众文化之际，有必要引导大众的消费观及其消费行为，进而努力将人们的大众文化消费活动、审美体验及相关的生活实践与构建科学的消费观、审美观、幸福观有机地结合起来，这将对我国大众文化乃至整个社会主义文化的建设、人们文化生活品质的提升和民族精神家园的构建产生重要而深远的影响。

### （二）生产主体：大众文化建设人才的综合素质提升

文化产品和文化服务既具有一般商品的特征，同时因其能满足普通百姓的心理和精神的需求，所以它又是一种特殊的商品。优秀的大众文化作品不仅在于能够满足大众的精神文化生活与娱乐的需要，更在于它承载着丰厚的文化价值观念，这就决定了有关大众文化的创作、传播、营销和管理等工作需要那些掌握了丰富的专业知识和扎实的专业技能，且具备较高的文化素养和道德水准的专门文化人才去具体操作。美国、欧盟、韩国、日本、印度、澳大利亚等这些文化产业比较发达或比较有特色的国家及地区制作的电影、电视剧、流行音乐、动漫等大众文化产品之所以能够在全世界流行，一个很重要原因就是，这些大众文化产品是由众多优秀的专业文化人才参与策划、设计、制作和传播的。

大众文化人才的培养是一项系统工程，需要政府、市场和社会广泛而积极地参与。为了更好地培养我国的大众文化人才队伍，目前急需做好以下几个方面的工作。一是要加大政策引导和人才培养力度，鼓励有关高等院校，尤其是艺术类、传媒类院校改善软硬件水平，创新人才培养机制，提高教育质量，尝试开设有关大众文化创作与经营管理的战略性新兴专业或课程，鼓励各科研机构开展相关研究，为大众文化人才的培养建言献策，提供理论指导。二是建立市场竞争机制，为有天赋有能力的人搭建更多能充分施展才华的舞台，做到不拘一格选人才，让优秀人才可以脱颖而出，让有利于创作优秀大众文化作品的人才的潜能得以充分释放出来。三是吸收和借鉴发达国家在大众文化人才培养上的先进经验，有针对性地引进外来的各类优秀大众文化人才，创造条件鼓励国内大众文化实务工作者、理论工作者、管理工作者赴境外访学、交流。四是加强大众文化企业家队伍建设，积极培养一批善于开拓大众文化新领域、掌握现代传媒技术、深谙文化企业经营管理之道的大众文化建设的复合型人才。

改革开放以来，伴随着整个社会改革大潮的兴起，文化改革、文化发展热潮涌动，大众文化的勃兴是历史必然，符合文化发展的规律和趋势，也是中国不断努力向现代化挺进的一个重要缩影。它既体现了我国文化建设取得的巨大成就，也暴露了在文化发展中的诸多问题。有问题是正常的，关键在于能认清问题的本质、面对问题时有端正的态度、解决问题时有相应的战略和对策。我们需要注意的是，我国当代大众文化是在启蒙、法治、市场等社会环境都并不十分成熟，同时社会体制和思想观念处于大变革的背景下进入人们的日常生活的，而大众文化本身又以自己的方式直接或间接地参与这场大变革。在这样的背景下，中国当代大众文化的发展与当代中国人的文化生存、精神生活深刻地交织在一起。不可否认，当代大众存在着精神迷惘的现象、文化焦虑的心态，特别是物化意识、商品拜物教意识以及由此造成的个人主义、功利主义、享乐主义对大众心理造成了诸多负面影响。作为一种体现当代中国人的文化生存、精神生活状态的大众文化能否坚守自己的"文化底线"，提升自身的"文化品格"，走出一条中国特色社会主义的大众文化发展道路，事关中国特色社会主义文化大业，乃至整个中国特色社会主义事业能否顺利推进。科学发展观既为中国未来指明了努力的方向，更为中国文化建设开拓了新的境界，特别是为我国当代大众文化建设提供了基本的战略思路和对策路径。

总之，我国当代大众文化建设在具体路径的构建上必须贯彻"以人为本"的方针，协调大众文化与主导文化、精英文化等之间的关系，兼顾大众文化的经济效益与社会效益，统筹安排各项建设措施，不断深入贯彻科学发展观，具体落实"五大发展理念"，以文化治理能力提高为切入点，以人才队伍建设为基点，以文化品质提升为重点，适当引入和借鉴供给侧结构性改革思路，以合理引导、不断满足人民群众的文化需求为出发点和落脚点，努力探索出一条中国特色社会主义的大众文化科学发展道路。

# 主要参考文献

《马克思恩格斯选集》（第 1—4 卷），北京：人民出版社 1995 年版。

《马克思恩格斯文集》（第 1—10 卷），北京：人民出版社 2009 年版。

《马克思恩格斯全集》第 26 卷第 1 分册，北京：人民出版社 1972 年版。

《马克思恩格斯全集》第 42 卷，北京：人民出版社 1979 年版。

《列宁选集》（第 1—4 卷），北京：人民出版社 1995 年版。

《毛泽东选集》（第 1—4 卷），北京：人民出版社 1991 年版。

《邓小平文选》（第 1—3 卷），北京：人民出版社 1993、1994 年版。

中共中央宣传部：《习近平总书记系列重要讲话读本（2016 年版）》，北京：学习出版社、人民出版社 2016 年版。

《坚定不移沿着中国特色社会主义道路前进为全面建成小康社会而奋斗——在中国共产党第十八次全国代表大会上的报告》，北京：人民出版社 2012 年版。

《高举中国特色社会主义伟大旗帜为夺取全面建设小康社会新胜利而奋斗——在中国共产党第十七次全国代表大会上的报告》，北京：人民出版社 2007 年版。

《中共中央关于深化文化体制改革推动社会主义文化大发展大繁荣若干重大问题的决定》，北京：人民出版社 2011 年版。

中共中央文献研究室：《毛泽东邓小平江泽民胡锦涛论科学发展》，

北京：中央文献出版社、党建读物出版社 2008 年版。

中共中央宣传部、中共中央文献研究室：《论文化建设——重要论述摘编》，北京：学习出版社、中央文献出版社 2012 年版。

刘云山：《坚持中国特色社会主义文化发展道路努力建设社会主义文化强国》，载《新华文摘》2012 年第 1 期。

黄楠森、庄福龄、林利：《马克思主义哲学史》（第 1—8 卷），北京：北京出版社 1996 年版。

庄福龄：《马克思主义史》（1—4 卷），北京：人民出版社 1995、1996 年版。

肖前：《马克思主义哲学原理》（合订本），北京：中国人民大学出版社 1998 年版。

李秀林、王于、李淮春：《辩证唯物主义和历史唯物主义原理》，北京：中国人民大学出版社 2005 年版。

孙正聿：《马克思主义基础理论研究》，北京：北京师范大学出版社 2011 年版。

陈先达：《马克思主义基础理论若干重大理论问题研究》，北京：经济科学出版社 2009 年版。

陈学明、黄力之、吴新文：《中国为什么还需要马克思主义——答关于马克思主义的十大疑问》，天津：天津人民出版社 2013 年版。

衣俊卿、胡长栓等：《马克思主义文化理论研究》，北京：北京师范大学出版社 2012 年版。

何萍：《马克思主义哲学与文化哲学》，武汉：武汉大学出版社 2002 年版。

任洁：《唯物史观视野中的文化与制度变迁关系研究》，北京：中国社会科学出版社 2010 年版。

罗文东：《中国特色社会主义文化理念论》，北京：中国法制出版社 2003 年版。

辛向阳：《中国特色社会主义道路研究》，石家庄：河北人民出版社

2011 年版。

张世英：《哲学导论》，北京：北京大学出版社 2002 年版。

王德峰：《哲学导论》，上海：上海人民出版社 2000 年版。

刘进田：《文化哲学导论》，北京：法律出版社 1999 年版。

洪晓楠：《文化哲学思潮简论》，上海：上海三联书店 2000 年版。

俞吾金：《科学发展观》，重庆：重庆出版社 2008 年版。

刘会强：《发展观的范式变革》，上海：上海社会科学院出版社 2010 年版。

姜建成：《科学发展观：现代性与哲学视域》，南京：江苏人民出版社 2008 年版。

夏文斌：《当代中国的发展哲学：科学发展观的哲学解读》，北京：人民出版社 2009 年版。

周向军：《科学发展观·文化建设论》，济南：山东人民出版社 2006 年版。

邹广文、任丽梅：《科学发展观与中国文化产业实践》，北京：中央编译出版社 2009 年版。

韩永进：《新的文化发展观》，北京：文化艺术出版社 2006 年版。

陶国相：《科学发展观与新时期文化建设》，北京：人民出版社 2008 年版。

孙鹤：《科学发展观与当代中国文化发展方略》，北京：时事出版社 2013 年版。

陈刚：《大众文化与当代乌托邦》，北京：作家出版社 1996 年版。

陆扬：《大众文化理论》，上海：复旦大学出版社 2008 年版。

陆扬、王毅：《文化研究导论》，上海：复旦大学出版社 2012 年版。

王一川：《大众文化导论》，北京：高等教育出版社 2009 年版。

刘自雄、闫玉刚：《大众文化通论》，北京：中国广播电视出版社 2007 年版。

周志强：《大众文化理论与批评》，北京：高等教育出版社 2009 年版。

吴世彩：《大众文化的和谐价值》，北京：中央编译出版社 2008 年版。

周宪：《文化表征与文化研究》，北京：北京大学出版社 2007 年版。

周宪：《当代中国审美文化研究》，北京：北京大学出版社 1997 年版。

戴锦华：《隐形书写——90 年代中国文化研究》，南京：江苏人民出版社 1999 年版。

陶东风：《大众文化教程》，桂林：广西师范大学出版社 2012 年版。

陶东风、徐艳蕊：《当代中国的文化批评》，北京：北京大学出版社 2006 年版。

陶东风等：《当代大众文化价值观研究：社会主义与大众文化》，沈阳：辽宁教育出版社 2014 年版。

孟繁华：《众神狂欢：世纪之交的中国文化现象》，北京：中国人民大学出版社 2009 年版。

赵勇：《大众媒介与文化变迁——中国当代媒介文化的散点透视》，北京：北京大学出版社 2010 年版。

赵勇：《透视大众文化》，北京：书籍出版社 2013 年版。

蒋述卓、陶东风：《大众文化研究：从审美批评到价值观视野》，广州：暨南大学出版社 2015 年版。

姚文放：《当代审美文化批判》，济南：山东文艺出版社 1999 年版。

徐海波《意识形态与大众文化》，北京：人民出版社 2009 年版。

陈立旭：《重估大众的文化创造力——费斯克大众文化理论研究》，重庆：重庆出版社 2009 年版。

姜华：《大众文化理论的后现代转向》，北京：人民出版社 2006 年版。

黄会林：《当代中国大众文化研究》，北京：北京师范大学出版社 1998 年版。

邹广文：《当代中国大众文化论》，沈阳：辽宁大学出版社 2001 年版。

徐国源：《典范转移——中国大众文化的出场视域》，南京：江苏人民出版社 2010 年版。

师力斌：《逐鹿春晚——当代中国大众文化和领导权问题》，北京：

中国言实出版社 2014 年版。

李炜：《中国大众文化叙事研究》，武汉：华中师范大学出版社 2010 年版。

傅泽：《文化想象与人文批评——市场逻辑下的中国大众文化发展研究》，北京：中国传媒大学出版社 2007 年版。

贾明：《现代性语境中的大众文化》，上海：上海人民出版社 2007 年版。

金民卿：《文化全球化与中国大众文化》，北京：人民出版社 2004 年版。

金民卿：《大众文化论——当代中国大众文化分析》，北京：中共中央党校出版社 2002 年版。

谢轶群：《流光如梦——大众文化热潮三十年》，桂林：广西师范大学出版社 2008 年版。

孙春英：《大众文化：全球传播的范式》，北京：中国传媒大学出版社 2005 年版。

朱效梅：《大众文化研究——一个文化与经济互动发展的视角》，北京：清华大学出版社 2003 年版。

惠敏：《当代美国大众文化的历史解读》，济南：齐鲁书社 2009 年版。

萧康：《野调无腔——中国当代影视文化另类批判》，北京：华文出版社 2004 年版。

霍启立、孙蔷：《在呈现中构建——传媒文化与当代中国人精神生活研究》，上海：上海文化出版社 2007 年版。

蒋原伦：《媒介文化十二讲》，北京：北京大学出版社 2010 年版。

夏雨禾：《微博空间的生产实践：理论建构与实证研究》，北京：中国社会科学出版社 2013 年版。

喻发胜：《文化安全——基于社会核心价值观嬗变与传播的视角》，武汉：华中师范大学出版社 2010 年版。

潘一禾：《文化安全》，杭州：浙江大学出版社 2007 年版。

熊澄宇：《世界文化产业研究》，北京：清华大学出版社 2012 年版。

叶朗：《中国文化产业年度发展报告（2012）》，北京：北京大学出版社 2012 年版。

叶朗：《中国文化产业年度发展报告（2011）》，北京：北京大学出版社 2011 年版。

祁述裕：《中国文化产业发展前沿——"十二五"展望》，北京：社会科学文献出版社 2011 年版。

邢悦：《文化与国际关系精选文献导读》，天津：天津人民出版社 2011 年版。

邹诗鹏：《三十年社会与文化思潮》，上海：复旦大学出版社 2012 年版。

胡潇：《守望精神家园——文化现象的哲学叩问》，长沙：湖南大学出版社 2011 年版。

孙若风：《建设社会主义文化强国》，北京：中共党史出版社 2012 年版。

俞思念：《社会主义文化建设的历史、理论与实践》，北京：中国社会科学出版社 2008 年版。

童世骏等：《当代中国人精神生活研究》，北京：经济科学出版社 2009 年版。

万侠光：《精神家园——关注当代中国文化建设的终极目的》，济南：济南出版社 2013 年版。

黄力之：《从俄罗斯到中国——后马克思主义时代的社会主义问题》，北京：人民出版社 2011 年版。

兰文华：《传统文化与信仰文化——中华民族共有精神家园现代构建的双重文化进路》，北京：中国书籍出版社 2013 年版。

郭建宁：《社会主义核心价值观基本内容释义》，北京：人民出版社 2014 年版。

陈赟：《现时代的精神生活》，北京：新星出版社 2008 年版。

童世骏：《文化软实力》，重庆：重庆出版社 2008 年版。

骆郁廷：《文化软实力——战略、结构与路径》，北京：中国社会科学出版社 2012 年版。

刘定德：《当代中国文化软实力研究》，北京：人民出版社 2013 年版。

马驰：《"新马克思主义"文论》，济南：山东教育出版社 1998 年版。

付德根、王杰：《20 世纪英国马克思主义文艺理论研究》，北京：北京大学出版社 2012 年版。

李凤丹：《英国文化马克思主义的逻辑与意义》，北京：人民出版社 2015 年版。

邹赞：《文化的显影——英国文化主义研究》，广州：暨南大学出版社 2014 年版。

张华：《伯明翰文化学派领军人物述评》，济南：山东大学出版社 2008 年版。

杨东篱：《伯明翰学派的文化观念与通俗文化理论研究》，济南：山东大学出版社 2011 年版。

徐德林：《重返伯明翰——英国文化研究的系谱学考察》，北京：北京出版社 2014 年版。

陈学明等：《社会水泥——阿多诺马尔库塞本杰明论大众文化》，昆明：云南人民出版社 1998 年版。

尤战生：《流行的代价——法兰克福学派大众文化批判理论研究》，济南：山东大学出版社 2006 年版。

〔英〕雷蒙·威廉斯：《文化与社会》，吴松江、张定文译，北京：北京大学出版社 1991 年版。

〔英〕雷蒙·威廉斯：《马克思主义与文学》，王尔勃等译，开封：河南大学出版社 2008 年版。

〔英〕约翰·斯道雷：《斯道雷：记忆与欲望的耦合》，徐德林译，桂林：广西师范大学出版社 2007 年版。

〔英〕约翰·斯道雷：《文化理论与大众文化导论》，常江译，北京：

北京大学出版社 2010 年版。

〔英〕多米尼克·斯特里纳蒂:《通俗文化理论导论》，闫嘉译，北京:商务印书馆 2014 年版。

〔英〕安吉拉·默克罗比:《后现代主义与大众文化》，田晓菲译，北京:中央编译出版社 2006 年版。

〔英〕彼得·伯克:《欧洲近代早期的大众文化》，杨豫、王海良译，上海:上海人民出版社 2005 年版。

〔英〕保罗·克罗塞:《批判美学与后现代主义》，钟国仕、莫其逊等译，桂林:广西师范大学出版社 2005 年版。

〔英〕特里·伊格尔顿:《理论之后》，商正译，北京:商务印书馆 2010 年版。

〔英〕特里·伊格尔顿:《文化观念》，方杰译，南京:南京大学出版社 2006 年版。

〔英〕戴维·钱尼:《文化转向:当代文化史概览》，戴从容译，南京:江苏人民出版社 2004 年版。

〔英〕西莉亚·卢瑞:《消费文化》，张萍译，南京:南京大学出版社 2003 年版。

〔美〕詹姆逊:《后现代主义与文化理论》，唐小兵译，北京:北京大学出版社 1997 年版。

〔美〕詹姆逊:《晚期资本主义的文化逻辑》，张旭东等译，北京:生活·读书·新知三联书店 1997 年版。

〔美〕马尔库塞:《单向度的人》，张峰、吕世平译，重庆:重庆出版社 1988 年版。

〔美〕约瑟夫·奈:《软实力》，马娟娟译，北京:中信出版社 2013 年版。

〔美〕塞缪尔·亨廷顿:《文明的冲突与世界秩序的重建》，周琪、刘绯、张立平、王圆译，北京:新华出版社 2010 年版。

〔美〕丹尼尔·贝尔:《后工业社会的来临》，高铦、王宏、周魏、章玲译，北京：新华出版社 1997 年版。

〔美〕丹尼尔·贝尔：《资本主义文化矛盾》，赵一凡等译，北京：生活·读书·新知三联书店 1989 年版。

〔美〕丹尼斯·德沃金：《文化马克思主义在战后英国》，李凤丹译，北京：人民出版社 2008 年版。

〔美〕约翰·费斯克：《解读大众文化》，杨全强译，南京：南京大学出版社 2002 年版。

〔美〕约翰·费斯克：《电视文化》，祁阿红、张鲲译，北京：商务印书馆 2005 年版。

〔美〕约翰·费斯克：《理解大众文化》，王晓珏、宋伟杰译，北京：中央编译出版社 2001 年版。

〔美〕道格拉·凯尔纳：《媒体文化——介于现代与后现代之间的文化研究、认同性与政治》，丁宁译，北京：商务印书馆 2004 年版。

〔美〕尼葛洛庞帝：《数字化生存》，胡泳、范海燕译，海口：海南出版社 1997 年版。

〔法〕雷吉斯·迪布瓦：《好莱坞：电影与意识形态》，李丹丹、李昕晖译，北京：商务印书馆 2014 年版。

〔美〕尼尔·波兹曼：《娱乐至死》，章艳译，北京：中信出版社 2015 年版。

〔法〕古斯塔夫·勒庞：《乌合之众——大众心理研究》，戴光年译，北京：新世界出版社 2010 年版。

〔法〕鲍德里亚：《物体系》，林志明译，上海：上海人民出版社 2011 年版。

〔法〕德波：《景观社会》，王昭风译，南京：南京大学出版社 2006 年版。

〔法〕罗兰·巴特：《神话修辞术：批评与真实》，屠友祥、温晋仪译，上海：上海人民出版社 2009 年版。

〔德〕霍克海默、阿多尔诺：《启蒙辩证法》，洪佩郁等译，重庆：重庆出版社 1990 年版。

〔德〕本雅明：《机械复制时代的艺术作品》，王才勇译，北京：中国城市出版社 2002 年版。

〔德〕沃尔夫冈·韦尔施：《重构美学》，陆扬、张岩冰译，上海：上海译文出版社 2002 年版。

〔德〕恩斯特·卡西尔：《人论》，甘阳译，上海：上海译文出版社 1985 年版。

〔加〕马歇尔·麦克卢汉：《理解媒介：论人的延伸》，何道宽译，南京：译林出版社 2011 年版。

〔加〕文森特·莫斯可：《数字化崇拜：迷思、权利与赛博空间》，曹进、黄典林译，北京：北京大学出版社 2010 年版。

〔意〕葛兰西：《狱中札记》，葆煦译，北京：人民出版社 1983 年版。

〔匈〕阿格尼丝·赫勒：《日常生活》，衣俊卿译，重庆：重庆出版社 1990 年版。

陈学明、罗骞：《科学发展观与人类存在方式的改变》，载《中国社会科学》2008 年第 5 期。

陈学明：《文化软实力与生活方式》，载《光明日报》2009 年 11 日 27 日。

俞吾金：《我们该在何种意义上使用文化——对于"文化自觉"的元批判》，载《探索与争鸣》2013 年第 1 期。

俞吾金：《当代中国主流文化三论》，载《湖北大学学报》（哲学社会科学版）2014 年第 1 期。

苗伟：《也论"我国该在何种意义上使用文化"》，载《南方论丛》2013 年第 3 期。

邹诗鹏：《中国文化转型如何参与全球现代性的建设》，载《江苏社会科学》2003 年第 2 期。

中国社会科学院哲学所"浙江经验与中国发展研究"课题组：《科学发展观与新文化观》，载《哲学研究》2006 年第 11 期。

贺来：《超越理想主义与犬儒主义的"辩证法"——对于当代中国人精神生活的分析》，载《学术月刊》2014 年第 1 期。

许纪霖：《世俗社会的中国人精神生活》，载《天涯》2007 年第 1 期。

陶东风：《寻找核心价值体系与大众文化的契合点》，载《光明日报》2012 年 1 月 21 日。

陶东风：《核心价值体系与大众文化的有机融合》，载《文艺研究》2012 年第 4 期。

赵凯：《大众文化的定位与批评尺度——兼与陶东风商榷》，载《文艺研究》2013 年第 6 期。

王一川：《主流文化与中式主流大片》，载《电影艺术》2010 年第 1 期。

陆扬、路瑜：《大众文化研究在中国》，载《天津社会科学》2003 年第 6 期。

常宗耀：《论中国特色社会主义文化建设的价值原则》，载《中国浦东干部学院学报》2013 年第 6 期。

邹广文：《当代中国大众文化及其生成背景》，载《清华大学学报》（哲学社会科学版）2001 年第 2 期。

苗元华：《当下中国大众文化发展的现实问题及其影响》，载《文艺理论与批评》2013 年第 2 期。

徐海波：《中国特色社会主义意识形态在"大众文化"中的转化研究》，载《社会主义研究》2007 年第 1 期。

傅守祥：《大众文化的审美现代性批判》，载《哲学研究》2007 年第 7 期。

杨顺利：《自由的辩证法：阿多诺论大众文化》，载《哲学研究》2012 年第 4 期。

张涵：《关于马克思著作中涉及"文化产业"的思想研究》，载《马克思主义研究》2009 年第 3 期。

谭劲松、程恩富：《国有文化企业要在文化产业中发挥主导作用》，载《马克思主义研究》2014 年第 3 期。

张永红、梁建新：《马克思的文化产业观及其当代价值》，载《马克思主义研究》2010 年第 12 期。

胡萧：《"从地上升到天上"的文化学理式——马克思文化唯物论思想探赜》，载《马克思主义研究》2009 年第 4 期。

欧阳谦：《大众文化与政治实践：法兰克福学派与伯明翰学派之比较》，载《马克思主义与现实》2010 年第 4 期。

韩震：《大众传媒、大众文化与民族文化认同》，载《马克思主义与现实》2010 年第 4 期。

罗剑明：《社会主义核心价值体系与当代中国大众文化》，载《南京政治学院学报》2007 第 5 期。

张伟：《大众文化与现代"公民性"构建》，载《学术界》2014 年第 1 期。

禹建湘：《文化产业意识形态性是建构软实力的基点》，载《社会科学战线》2013 年第 2 期。

宋婕：《将文化的话语权还于大众——毛泽东"文化革命"的价值理路》，载《现代哲学》2013 年第 1 期。

苑捷：《当代西方文化产业理论研究概述》，载《马克思主义与现实》2004 年第 1 期。

李琳：《俄罗斯联邦国家文化战略解析》，载《红旗文稿》2016 年第 8 期。

刘金祥、刘行健：《维护文化安全应借鉴发达国家文化产业政策经验》，载《红旗文稿》2016 年第 7 期。

尹宏：《文化科技融合促进文化产业发展研究》，载《江西社会科学》2015 年第 4 期。

文化部科技司：《国家文化科技创新发展与规划》，载《艺术百家》2011 年第 1 期。

李凤亮、胡鹏林：《"互联网 +"时代的文化科技融合——2014 年文化科技创新总报告》，载《福建论坛·人文社会科学版》2015 年第 12 期。

陈曙光：《中国话语与话语中国》，载《教学与研究》2015 年第 10 期。

廖胜华：《文化治理分析的政策视角》，载《学术研究》2015 年第 5 期。

杨鲜兰：《构建当代中国话语体系的难点与对策》，载《马克思主义研究》2015 年第 2 期。

景小勇：《国家文化治理体系的构成、特征及研究视角》，载《中国行政管理》2015 年第 12 期。

游尘：《试论政府在文化品牌建设中的作用》，载《东岳论丛》2009 年第 9 期。

欧阳友权、张振鹏：《我国文化体制改革方向与路径论析》，载《新华文摘》2016 年第 3 期。

孟华、王晓腾：《中国文化产业发展的财政政策研究》，载《新华文摘》2016 年第 1 期。

胡智锋、周建新：《中国影视行业如何形成世界级竞争力》，载《学术前沿》2015 年 10 月（上）。

陈宇翔、郑自立：《中国文化产业政策的框架、效能与完善方向》，载《南京社会科学》2016 年第 1 期。

吴晓明：《建设社会主义文化强国关键是增强全民族文化创造力》，载《中国社会科学报》2013 年 1 月 9 日。

赵晖：《主流价值观在电视剧中的守望——从近期热播剧谈起》，载《光明日报》2012 年 7 月 16 日。

辛鸣：《"软实力"背后的"硬要求"——关于文化发展中三个基本问题的思考》，载《学习时报》2011 年 10 月 24 日。

# 后　记

本书写作历时数年，而我也从青年迈入中年，岁月的积淀使我更加懂得了学术研究的艰辛和意义，从中感受到了研究的乐趣和责任。能将一种理论尽量阐述明白，能把一个问题力所能及地琢磨清楚，对社会上的不同文化现象、文化问题做出自己的理解，让研究成果既能为自己"释疑解惑"，也能为他人提供一些启迪，进而让自己的研究成果可以服务社会，为社会发展尽绵薄之力，这会使我倍感欣慰。当看到学界在自己所从事的研究领域和研究方向上有了新成果、新进展，当看到所处社会的风气和文化氛围有所改善，当看到自己、自己的学生和他人都有所进步的时候，作为一名以教书育人和科研学术为职业的人来说，就会油然产生一种幸福感。

本书在写作过程中，得到安徽大学马克思主义学院的领导和同事的鼓励和支持。复旦大学的陈学明教授、俞吾金教授、吴晓明教授、孙承叔教授等对本书的修改给予了很好的指导和点拨。国内从事文化哲学、文化研究的一批著名学者，如王一川、陶东风、戴锦华、何萍、黄力之、胡潇、陆扬、邹广文、邹世鹏、赵勇、刘进田、金民卿、罗文东、陈立旭等先生，或当面给予我指导，或其著作让我受益匪浅，在此特别予以鸣谢。另外，在研究过程中还大量参考了同行的研究成果，并尽量将其列入参考文献之中，但我想定会有遗珠之憾，还恳请有关专家谅解。

本书写作出版得到了国家社科基金项目（09CZX048）、教育部研究生思想政治理论课教学研究项目（15JDSZK128）、教育部高校思想政治理论课中青年优秀教师择优资助计划（15JDSZK021）、安徽省重点马克思主义学院建设项目、安徽省弘扬核心价值观名师工作室（Szzgih1-1-2016-3）、安徽省教育厅马克思主义基本原理学科领航建设项目（Szzgih2-3）等的资助，在此一并谢过！

　　逝者不可留，来者亦可追。本书的完成只是我学术探索之路上的一个阶段性成果，在未来的日子里，我将愈加勤奋学习、更加踏实工作，以此来回报曾在学术之路上给予我众多帮助的前辈和同行。

　　书稿完成之际，心情既平静也很忐忑，能力有限，成果中的不当之处还恳请各位专家批评指正。

作　者

二零一七年五月